SIYA KOLISI

# RISE

ラグビー南ア初の黒人主将

# シヤ・コリシ自伝

シヤ・コリシ

岩崎晋也 訳

TOYOKAN BOOKS

2019年ラグビーワールドカップ決勝のまえ、シリル・ラマポーザ大統領から気持ちを奮い立たせる激励を受けたあとで

2008年、11年生のとき、グレイ高校の先発として、宿命のライバル、ブルームフォンテーンのグレイ・カレッジと彼らのホームで試合を行う。この年唯一の敗戦だった

高校生最後の年、グレイ・カレッジとわが校のホームで戦い、またしても敗れる。スコアは0-16。このあと、南アフリカ高校代表でプレーする

グレイ・ハイスクールのファースト・フィフティーンに選ばれ、ヘラルド紙の取材で撮影される

グレイ・ハイスクール　ファースト・フィフティーン記念写真。2009年

2011年7月16日、ケープタウンで行われたカリーカップの1戦で、ウェスタン・プロヴィンスの一員としてグリークアズ戦に出場（そして得点！）　©Shaun Roy/Gallo Images/Getty Images

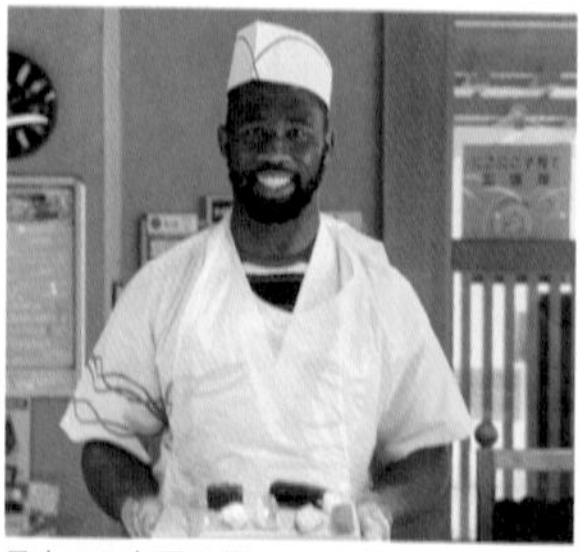

日本では寿司の握りかたを教わった。とても楽しい

怪しい寿司職人3人組

ヨハネスブルク。日本での2019年ラグビーワールドカップへ出発の日

2019年ラグビーワールドカップ準々決勝、日本対南アフリカ。ハンドレとともにアマナキ・レレイ・マフィにタックルする。26–3で勝利
©Colorsport/Craig Mercer

父と妻レイチェル、子供たちがワールドカップ決勝のあとフィールドに下りてきた。家族とこの瞬間を共有できたのは特別なことだった。家族でとった優勝メダルだ

決勝戦、イングランドのトム・カリーを倒す。フォワード戦を支配し、32–12で優勝　©David Ramos/World Rugby/Getty Images

エベンとわたしにとって非常に大きな瞬間。高校を卒業した2010年からウェスタン・プロヴィンスのU19チームでともにプレーしてきた仲間とワールドカップを制覇

妻と子供たち、義父、義兄、父、親友、母代わり、兄代わりと、ホテルでの試合後のパーティで。代表50試合出場の記念キャップも授与された

ケープタウンで、地元の人々と祝う。後ろの建物はネルソン・マンデラが刑務所から釈放されたあと演説を行った場所であり、わたしがデズモンド・ツツ大主教と会った場所だ

2019年ラグビーワールドカップの決勝で来たジャージを、これまでにしてくれたすべてに対する感謝のしるしとしてヴィンセント・メイに贈った

ワールドカップ決勝のあと、ホテルで家族、そして輝くトロフィーとともに

2019年のピース・アンド・スポーツ賞授賞式で、レイチェルと。光栄にもチャンピオン・オブ・ザ・イヤー賞を受賞した

レイチェルとパリで。ミディ・オランピック紙による年間最優秀選手賞授賞式に出席した

2020年、レイチェルとわたしはケープタウンの国会議事堂前でジェンダーに基づく暴力への抗議デモに参加した

昔通った小学校に戻り、iPadを用いたiSchoolAfricaというプログラムを立ち上げる。わたしの夢は子供たちにより多くの機会を与え、メンターとして、彼らが自分の望む、なんにでもなれると気づかせることだ

弟のリエマと、サービ・サンド動物保護区で。2020年

2020年4月のロックダウン中に、レイチェルと共同設立したコリシ財団で作業を行う。わたしたちの財団は南アフリカの不平等への意識を変えることを目指している

ケープタウンでのライオンズとのテストマッチ。第1戦を17–22で落としたあとの第2戦、ロビー・ヘンショーのトライを防ぐ。27–9で勝利を収め、シリーズをタイに持ちこむ　©David Rogers/Getty Images

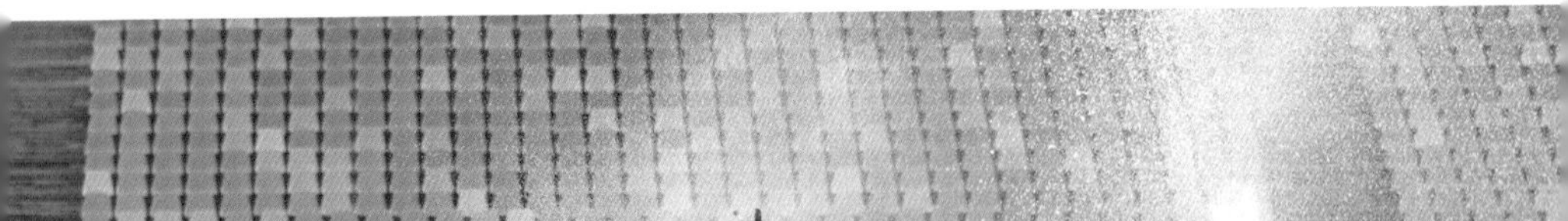

2021年8月7日に行われた第3戦は19–16で勝利。シリーズは2勝1敗となった。キャプテンとして、選手として特別な瞬間。2019年のザ・ラグビーチャンピオンシップ、ラグビーワールドカップ、そして2021年のライオンズ・シリーズを制した。このチームにとって、2年間のすばらしい旅だった　©EJ Langner/Gallo Images/Getty Images

妻のレイチェルへ。

この本は君に捧げる。君はわたしが毎日自分の目指す人間になろうとするのを助けてくれる。だから君がいなければわたしの物語は完結しない。君の優しさ、愛、気づかい、正直さ、支えがあるからこそ、人生のさまざまなことに負けずに進んでいける。無条件の愛と、わたしの完全な不完全さを愛してくれることに、ありがとう。


ニックとケジアへ。

君たちの父親でいられるのは、わたしにとってすばらしい贈り物だ。君たちの父は、不完全ではあるけれど、無数の太陽のようなエネルギーで君たちを愛し、自分自身の物語を生きていく力をつけてほしいと願っている。いつかそのことに気づいてほしい。


リエマとリペロへ。

君たちがいるおかげで、わたしにはさらに多くの生きる理由が与えられる。ありがとう。君たちの強さと回復力が、困難や障害に遭っても旅を続けるようわたしを励ましてくれる。


祖母と叔母、母へ。

率直なところ、あなたたちの誰かがいなければ、いま自分がどこで何をしていたかまるでわからない。あなたたちは「犠牲」とはどういうことかを教えてくれた。わたしはずっと、あなたたちがわたしのすべての行動を誇りに思えるように生きていく。

『RISE』というタイトルにはいくつかの意味がある。まず、タウンシップでの子供時代から、スプリングボクスのキャプテンとなり、ワールドカップ制覇にいたるわたしの旅。そして、愛する南アフリカにわたしが働きかけ、もたらそうとしている改善。しかし何より、わたしの母の名である「パカマ」は、英語では「rise」を意味しているというのがいちばんの理由だ。母はもうこの世にはいないが、どうかわたしのことを誇りに思ってほしい。

# 目次

## 2019年ラグビーワールドカップ日本大会　南アフリカ代表チームの成績

グループステージ
プールA

| | | |
|---|---|---|
| ニュージーランド | 23−13 | 南アフリカ |
| 南アフリカ | 57−3 | ナミビア |
| 南アフリカ | 49−3 | イタリア |
| 南アフリカ | 66−7 | カナダ |

決勝トーナメント

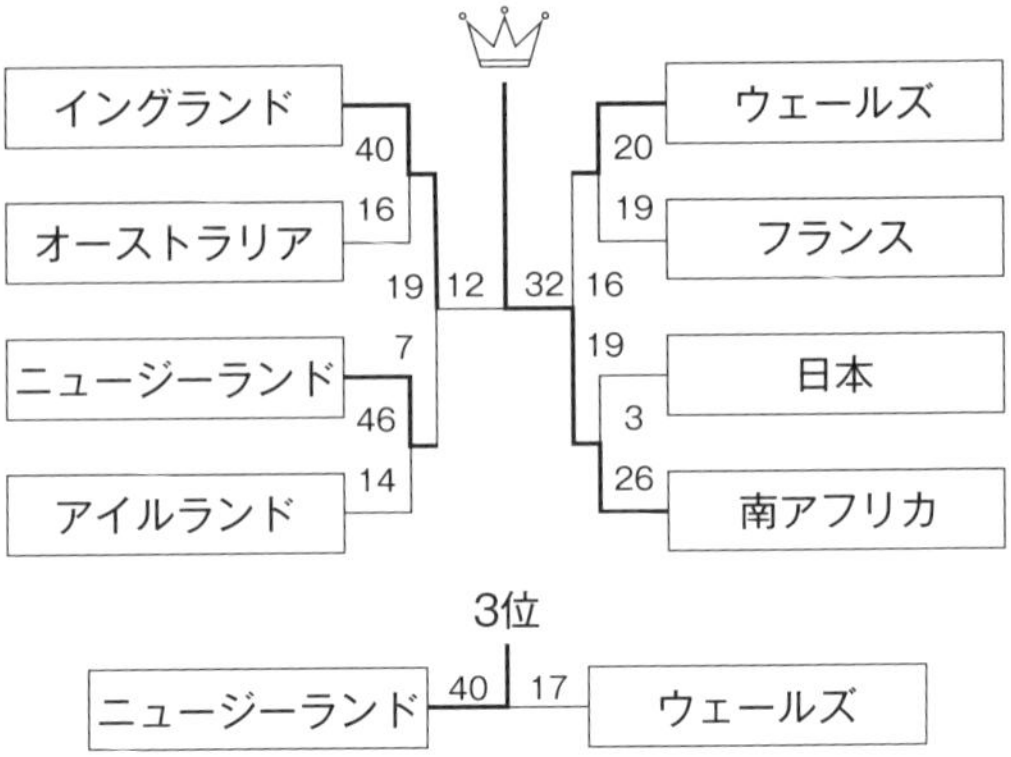


**決勝戦の南アフリカ代表チームのベンチ入りメンバー**　※（　）内は愛称

1. テンダイ・ムタワリラ（ビースト）：左プロップ
2. ボンギ・ンボナンビ（ボンギ）：フッカー
3. フランス・マルハーバ（フランス）：右プロップ
4. エベン・エツベス（エベン）：ロック
5. ルード・デヤハー（ルード）：ロック
6. シヤ・コリシ：フランカー
7. ピーターステフ・デュトイ（ピーターステフ）：フランカー
8. ドウェイン・フェルミューレン（ドウェイン）：ナンバーエイト
9. ファフ・デクラーク（ファフ）：スクラムハーフ
10. ハンドレ・ポラード（ハンドレ）：スタンドオフ
11. マカゾレ・マピンピ（マピンピ）：ウイング
12. ダミアン・デアレンデ（ダミアン）：センター
13. ルカニョ・アム（ルカニョ）：センター
14. チェスリン・コルビ（チェスリン）：ウイング
15. ウィリー・ルルー（ウィリー）：フルバック
16. マルコム・マークス（マルコム）：フッカー
17. スティーヴン・キッツォフ（キッツィー）：プロップ
18. ヴィンセント・コッホ（ヴィンセント）：プロップ
19. RG・スナイマン（RG）：ロック
20. フランコ・モスタート（フランコ）：ロック
21. フランソワ・ロウ（フロー）：バックロー
22. ハーシェル・ヤンチース（ハーシェル）：スクラムハーフ
23. フランソワ・ステイン（フランソワ）：バックス

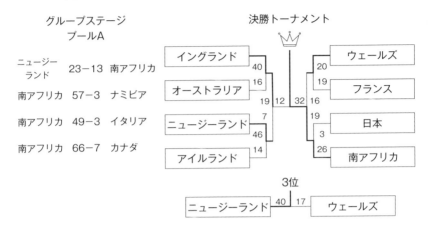

# プロローグ

2019年11月2日、横浜

試合前に大統領から声をかけられるという機会は、それほど多いわけではない。それに、ワールドカップ決勝でプレーをする機会も。

「国民の多くは、君たちがこの運命の瞬間を迎えられるとは思っていなかった」と、タタは言った。わたしは南アフリカ共和国大統領シリル・ラマポーザを「タタ《父さん》」と呼んでいる。この場所は、いつもなら騒々しく、エネルギーであふれている。滞在中、チームで何度もミーティングをしてきた部屋だ。昨日の晩は、ここでコーチ陣からひとりずつジャージを受け取り、ハグをされ、励ましの言葉をかけられた。

しかしいまは、床に針が落ちても音が聞こえそうなほど静かだ。

「だが君たちは、いまたしかにこの運命の瞬間にいる。ひとりの選手として、そして国にとっても。さあ、ピッチに出て、思う存分プレーしてきてくれ。生涯最高のゲームにするんだ」
〈生涯最高のゲームにするんだ〉
部屋を出て、ホテルのロビーを通り、バスに乗るあいだ、その言葉を心のなかで繰りかえした。ロープの後ろに集まり、ホテルから出発するチームに向けて手を叩き、声援を送るファンたちに笑顔を返す。ファンたちやタタの存在が、いま全国民が観戦している南アフリカのことを思い出させる。あらゆる人種の、肌の色や信条の異なる人々がひとつになって、これから数時間、全身全霊でわたしたちに思いを託す。

バスは通りを進んでいく。全員がヘッドフォンをつけ、この大事な状況で心を落ち着けるために、それぞれが選んだ音楽に聴きいっている。巨大な石造りのスタジアムが左手に見えてくる。そこは緑と白、つまりわたしたちとイングランドのファンで埋め尽くされている。生涯に一度の試合を観るためにいったん生活のすべてを置き、高額の料金を払い、地球を半周してここまで来た観客たちだ。

スタジアムの脇から入って地下エリアに着くとバスを降り、通路を通って、用具係がきちんと準備してくれたロッカールームに入る。選手たちそれぞれのロッカーにはジャージが置かれ、中央の大テーブルには、試合前にエネルギーを補充したい選手のために、食べものの載った皿が並んでいる。隅に置かれたホワイトボードには、ポジションごとにウォーミングアップの時間が分単位で書かれている。キッカー17：09、フッカー17：14、プロップ17：21。

トレーナーにバンデージを巻いてもらう。ひじ、膝、手首、肩、頭など、必要なすべての箇所に。試合前最後のミーティングが始まった。験《げん》を担いで、予選プールのナミビア戦から5連勝中の白い幸運のシャツを着たラシー・エラスムス・ヘッドコーチが話しはじめる。

「ワールドカップの決勝は大舞台だ。君たちはカリーカップの決勝に出たことがあるかもしれない。たいしたものだ。スーパーラグビーの決勝に出たことがあるかもしれない。すばらしいじゃないか。だが、ワールドカップの決勝は別物だ。そこでは、何ひとつ後悔は許されない。ここですべてを出しきれなかったら、これまでの人生すべてを無駄にすることになる」コーチ・ラシーはいったん口を閉じ、いつもどおり丁寧に言葉を選んであとを続ける。「ラインアウトを失ったら、すぐに立ちあがってタックルしろ。タックルをミスしたら、すぐに立ちあがってつぎのクリーンアウトに行け。ハイボールの処理をミスしたら、すぐにつぎのプレーに移れ。自分のミスを悔やむことは許されない。ミスが気になるのはただのうぬぼれ、エゴの問題だ。それでは力を発揮できない。今日大事なのは、自分のことじゃない」

ラシーはわたしを見る。「シヤ、君はつぎの世代のズウィデ〔訳註：南アフリカ共和国、ポートエリザベス郊外のタウンシップ（黒人居住区）〕の若者に、自分と同じ苦しみを味わわせないことを目指して闘っている」

一瞬、子供のころの記憶が蘇る。当時の自分にとって、国を代表してワールドカップの決勝に出るなど、月面を歩くというくらい遠く、ありえないことだった。コーチ・ラシーはアウトサイドセンターのルカニョ・アムのほうを向く。「ルカニョ、君は自分と同じチャンスを得られなかった少年のためにタックルしているんだよな」

多くの選手がうなずき、賛同の声を漏らす。全員が心からコーチの言葉に同意している。わたしは20年間、学校や年代別、地域協会〔訳註：南アフリカの国内最高リーグ、カリーカップに属するチーム。シヤは高校卒業後、ウェスタン・プロヴィンスに所属する［訳註：地域協会チームを母体とする別動チーム（ウェスタン・プロヴィンスの場合はストーマーズ）。かつてはスーパーラグビー（～2020年）、現在はユナイテッド・ラグビー・チャンピオンシップに参加］、代表のチームでプレーしてきたが、これほど勝利を願って団結したチームはなかった。コーチ・ラシーは18か月前に就任してから、ただのいい選手ではなく、「犬」の心を持った選手を探してきた。諦めることを拒み、目立たない仕事を続けることで仲間を支えるような選手を。わたしはすべての選手を揺るぎなく信頼している。

フォワード陣から。まずはビースト（テンダイ・ムタワリラ）。キャップは100を超えるベテラン選手。普段は最高に優しいが、ピッチの上では荒れ狂うモンスターだ。ボンギ（ボンギ・ンボナンビ）はバネのついた弾丸で、短気で攻撃的、いつだって騒々しい。フランス（フランス・マルハーバ）はスクラムの要となる右プロップで、不満も言わずに大量の仕事をこなす。エベン（エベン・エツベス）はいちばん親しい仲間のひとりだ。暴れん坊、用心棒、ボウリングのボールのような上腕二頭筋の持ち主。ルード（ルード・デヤハー）はあれだけ背が高くて手足が長いのに、とてもうまい。ピーターステフ（ピーターステフ・デュトイ）は80分間、寡黙な暗殺者のように衰えも疲れもいっさい見せずに全力でプレーしつづける。ドウェイン（ドウェイン・フェルミューレン）はスクラムの底の岩だ。防御ではマンモスのようにてこでも動かず、攻撃では、怖がった相手が脇によけないかぎり、レンガの壁でも突き破っていく。

バックス陣。チームの心臓、スクラムハーフのファフ（ファフ・デクラーク）。80年代風のヘアスタイルをなびかせ、体が自分の2倍はある相手でも恐れず向かっていく。ハンドレ（ハンドレ・ポラード）はチームの中心、10番。氷のようにクールで、決してうろたえず、いつも的確なキックでチームを前進させる。12番のダミアン（ダミアン・デアレンデ）はこれまでの全試合で、相手陣を引き裂いて突進してきた。その無敵の棍棒の隣には、鋭利な細剣《レイピア》のようなルカニョがいる。電光のようなラグビー脳の持ち主で、相手陣の隙ができるまえに、チャンスが生まれるまえに、すでにそれを見抜いている。わたし以上に遠く、過酷な旅を乗り越えてここまで来たマピンピ（マカゾレ・マピンピ）は、トライラインへの道筋をかぎつけると決定的な仕事をする。踊る足を持つ魔法使い、チェスリン（チェスリン・コルビ）は無からスペースを生み出し、驚異のステップで駆け抜ける。チームをまとめるフルバックのウィリー（ウィリー・ルルー）はチームを牽引し、エネルギーを注入する。

　そして「爆弾処理班《ボムスコッド》」。マルコム（マルコム・マークス）、キッツィー（スティーヴン・キッツォフ）、ヴィンセント（ヴィンセント・コッホ）、RG（RG・スナイマン）、フランコ（フランコ・モスタート）、フロー（フランソワ・ロウ）、ハーシェル（ハーシェル・ヤンチース）、フランソワ（フランソワ・ステイン）。ほかのチームには交代要員がいるが、わたしたちにはボムスコッドがいる。チーム内の別チームで、フィールドに出れば爆発的な働きをし、必要ならばチームを修正し、好調ならそれに乗っていく。ほかのチームはどこであれ、ボムスコッドが欲しいだろう。そして彼らの力を恐れている。

　23人のメンバーに入らなかった選手たちもいる。スカルク（スカルク・ブリッツ）、トーマス（トーマス・デュトイ）、クワッガ（クワッガ・スミス）、コーバス（コーバス・ライナー）、エルトン（エルトン・ヤンチース）、ダミアン（ダミアン・ウィレムス）、シブ（シブシソ・ンコシ）、ウォリック（ウォリック・ヘラント）。今日はスタンドにいるが、ピッチ上のメンバーと同様に欠かせない。彼らは練習相手になり、対戦相手の研究をし、チームの士気を高めるのに貢献した。

そして、トレヴァー（トレヴァー・ニャカネ）とジェシー（ジェシー・クリエル）。ふたりはこの大会の初戦で怪我をしてメンバーを外れてしまったが、この生涯最大の試合のためにふたたび来日していた。ふたりは今朝、朝食中にホテルのダイニングルームに入ってきて、全員の士気を高めてくれた。

わたしたち23人は兄弟の絆で結ばれている。全員がたがいの希望と夢を握りあっていて、決して放すことはない。

〈生涯最高のゲームにするんだ〉

大会運営スタッフが部屋の入り口に来た。あと5分。

ロッカーはユニフォームの背番号ごとにきちんと並んでいる。5番のルードはひじを膝に乗せてすわり、タオルで頭を覆って、やるべきことに集中している。7番のピーターステフは壁によりかかり、深呼吸をしながら宙に視線を漂わせている。

わたしがつける6番は、南アフリカ共和国ラグビー代表チーム、スプリングボクスではただの数字ではない。1995年のワールドカップで南アフリカ共和国が初優勝したとき、主将のフランソワ・ピナールがつけていたのが6番だった。そして、ネルソン・マンデラ大統領が歴史的な決勝戦の前後、会場への移動のさいにつけていたのも6番だった。マンデラ大統領はわたしの英雄のひとりで、背中には彼の顔のタトゥーが入っている。だからこの番号をつけるのは特別なことで、それを決して忘れることはない。わたしは壁に向き、祈りはじめた。わたしに力とチャンスを与えてくれたことを神に感謝し、神がわたしの体を用いて、それを通じてなすべきことをなされるように祈った。そして勝利ではなく、自分たちと国民が誇りに思えるようにとだけ願った。

　これが生涯を決める瞬間だ。何年、何十年経っても、いまと変わらず明るく輝いているだろう。ここにいられるというのは、計りしれない名誉だ。わたしたちにとってのエベレスト。ほかのどの試合とも変わらないが、ほかのどの試合ともまるでちがう。全選手が恐れと楽しさを同じだけ感じる試合。わたしは心が落ち着くのを感じた。

　あと2分。

　選手たちは騒々しく室内を歩きまわる。たがいにハグし、場所を入れ替わってひとりずつすばやく抱擁しては、つぎの選手に移る。頭に浮かんでくるのは、ここまでのはるかな道のり、究極の勝利まであと一歩のところまで来ていること、仲間を失望させるくらいなら死んだほうがいいという思いだ。10年以上のつきあいになる選手もいれば、チームに入ってきて1年ほどの選手もいる。だがそれは関係ない。今日というこの特別な1日、わたしたちは兄弟だ。

　たがいの目を見交わす。信じあい、戦いに向かうときが来た。

　わたしはチームを率いてロッカールームを出る。クリップボードを持った大会スタッフに付き添われて通路を進む。カメラマンがわたしの前を後ろ向きで歩きながら撮影する。わたしのチームは青いカーペットの上で静かに待つ。わたしの後ろに、選手たちはひとつの目標に向かって一列に並んでいる。ゲームは近づき、心と体はすでに準備ができている。

　大会運営スタッフがトンネルの出口で両チームを並んで静止させる。観衆の騒音は雷のように、大きなうねりとなってスタンドから届く。合図とともに、トンネルから出ていく。トロフィーが前方の台座に置かれているが、それには1秒たりとも視線を向けない。いまはまだだ。マスコットキッズの男の子の手を握り、空を見上げ、短い最後のお祈りをする。スタンドの広大な部分に緑が広がっている。わたしたちのファンが、全員立ちあがって応援してくれている。
国歌斉唱のために整列する。最初はイングランド、それからわれわれだ。「神よ、アフリカに祝福を」はわたしが知る最も美しい音楽のひとつだが、それだけではない。コサ語、ズールー語、ソト語、アフリカーンス語、英語という5つの言語で歌われるこの曲は、南アフリカ共和国のあらゆる場所から集まったチームと完全に響きあっている。わたしは目を閉じて声のかぎりに歌った。スタジアムを揺るがすほどの大声で。

主よ、アフリカに祝福を
その栄光が高く掲げられんことを

このうえなく美しいわが国。カルーに昇るブラッドオレンジの朝焼けと、砂漠の低木が落とす長い影。ヘックスリバー・バレーを通る国道にとつぜん現れる果樹園やブドウ畑の緑。ケープタウンのそばにそびえるテーブルマウンテンの巨大な岩盤。

われらの祈りを聞き届け
あなたの子であるわれらを祝福したまえ

さまざまな問題を抱えたわが国。毎週、殺人やレイプが多発し、しかも報道されるのはそのごく一部にすぎない。暴力がはびこり、決して終わる気配はない。数か月前には、国中の女性たちがもうたくさんだと抗議の声を上げたにもかかわらず。

主よ、われらの国を護りたまえ
御手によりすべての争いを鎮めたまえ
われらとわれらの国を護りたまえ
この南アフリカの国を

失業者はあまりに多く、なかには仕事だけでなく、希望も持てない人々がいる。すべての世代が失われた世代だ。アパルトヘイトが終わって25年経つが、あまりに多くの不平等が残っている。貧民街のすぐ脇に、ガラスと鋼鉄のタワーがそびえ、輝いている。リムジンに乗った大金持ちもいれば、小銭を稼ぐために交差点で待つ窓ふきの子供たちもいる。

われらの上なるこの青き空より
われらの海の深みより
こだま渡る険しき永遠なる山々より

だがそれでも、南アフリカ国民は偉大だ。偉大な国民であり、善良な国民だ。親切で、気前よく、情熱的で、楽しむことが好きで、あけっぴろげで、才能があり、創造的で、意欲的で、逆境に強い。平日は熱心に働き、週末は友人たちと会い、一緒に楽しむ。わたしたちの国は歴史に何度も打ちのめされてきたが、まだ持ちこたえている。

「共に来たれ」と呼ばわる声あり
われらは共に立ちあがる
自由のために生き、いざ戦わん
われらの国、南アフリカで

多くの人がイングランド優位だと考えている。彼らは準決勝でオールブラックス〔訳註：ニュージーランド代表チームの愛称〕に快勝してきた。われわれはウェールズに辛勝だった。イングランドの報道陣は、もうトロフィーは半分手に入れたと思っている。だがそれは、わたしたちの士気をさらに高めるだけだ。こちらには彼らよりも勝ち取らなくてはならないものがたくさんある。たぶん、彼らには想像もできないほどたくさんのもの。昨日の晩、妻のレイチェルとわたしは、今日勝ったら国のために成し遂げたいことを書きだしていた。

国歌斉唱が終わり、炎が燃えあがる。チームはキックオフに備えて各ポジションに散る。まもなく人生が決まる。すべてのトレーニングと試合、怪我やプレッシャー、犠牲と報い、勝利や惨事の結果が、あと2時間ほどでわかる。この試合が終わればはっきりする。想像のなかで繰り広げられるたくさんのゲームではなく、現実のただひとつの試合結果が出る。容赦ない二者択一の結果が全員に突きつけられる。

〈生涯最高のゲームにするんだ〉

ジェローム・ガルセス主審が声をかける。

「白、いいか？　緑、いいか？」

ビーストの顔は汗で濡れている。マピンピは足を交互に上げて跳ねている。ハンドレは全員に声をかけている。ああ、いいとも。ずっと、このときのために準備してきた。

音が消える。一瞬、ほとんどわからないほど短く。世界は宙に浮き、ぐるぐるとまわる。それからホイッスルが響き、歓声が上がる。ピッチ上とスタジアム、そして全世界の視線が注がれるなか、ハンドレの蹴ったボールが相手陣の奥に向かって夜空を飛んでいく。

ショータイム。

## 第1章

# スクールボーイ

わたしはアパルトヘイトの最後の日に生まれた。

1991年6月。わたしが生まれた翌日の17日に、議会は長いあいだ黒人を差別し、わたしたちを自国の二等市民にし、居住地を分離し、公共交通機関を分離し、学校を分離するシステムの基礎になっていた法律を廃止した。わたしの誕生日はまた、1976年のソウェト蜂起で犠牲になった100人を超える子供たちを悼んで設立された祝日、ユースデーでもある。もちろんわたしの誕生日がこうした意味を持っているのは偶然にすぎないが、南アフリカ人なら誰でも、よく探せば自分の人生に関わる同じようなものが見つかるだろう。わが国では、歴史はまだ過去に埋もれてはおらず、日々新たに作られているところなのだ。そしてわたしたちそれぞれが、過去と未来をつないでいる。

わたしが生まれ育ったのはズウィデというタウンシップで、そのそばには、東ケープ州の都市ポートエリザベス（通常はPEという略称か、コサ語でイバイと呼ばれる。現在の正式名称はケベーハ）がある。ゴシック・リバイバル様式、アールデコ様式、ケープダッチ様式など、さまざまな建築様式で建てられた植民地時代の建物であふれた美しい都市だ。人々は親切で、気候は快適、そしてもし旅やスポーツが好きなら、だいたいお目当てのものが見つかるだろう。だが、市の中心からほんの15分しか離れていないズウィデに暮らすわたしたちは、べつの惑星に住んでいるも同然だった。市街地へ行く用事もなかったし、たとえ用事があったとしても、たったそれだけの距離を移動する運賃すらなかった。人生の最初の10年間、ズウィデはわたしが知るすべてだった。まさに全世界だった。

そこはありふれたタウンシップで、いつまでも完成しない建設現場のような場所だった。車は道路のあちこちに開いた、シャフトが折れるほど深い穴を避けて進んでいく。路面の多くは土がむき出しで舗装されていない。石やコンクリートだけでなくブリキの家もある。ブリキはひどい建材だ。夏は外から容赦なく熱気が入ってくるし、冬は屋内の暖気がすべて出ていってしまう。壁や柵がある家ばかりではなく、何枚かの板を釘でつなぎあわせただけの家もあった。トイレはたいてい外にあり、数軒が共同で使っていた。ときどき下水が道にあふれ出ると、木の板を浮かべて、それを伝って移動した。街灯の配電盤からケーブルが出ていて、近所の住民はそこから家まで電気を引いていた。店は快適な設備や窓がついたちゃんとした建物ばかりではなかった。安上がりな小屋のような売店も多く、煙草やお菓子をバラ売りしていた。ほとんどの人はパックで買うほどのお金がなかったからだ。車はたいてい、少なくともドアのうち1枚が、溶接ですばやくつぎはぎされた色違いのものだった。ゴミ収集の日は夜明けから通りに多くの人が出てきて、収集されるまえにゴミ袋を漁り、自分で使ったり売ったりするものを探した。

わが家には部屋が4つあった。キッチンとリビングに寝室がふたつ。キッチンの床は白と黒のブロックでできていて、大雨が降ると水が下からあふれてきた。屋根はいつも雨漏りしていたし、カーテンは夜明けとともに屋内まで明るくなるくらい薄かった。４部屋というと十分な広さに感じられるけれど、そこで暮らしていた人数を考えると、決してそんなことはない。たいていは６、７人、ときにはそれ以上が住んでいた。いつも混みあっていて、自由なスペースはなかった。わたしのベッドは床に重ねたクッションで、夜になるとたいていはネズミが走りまわり、自分の体を飛び越えていくのがわかった。夜中に目を覚ましたときは、まわりで寝ている人を踏まないようにつま先立ちで歩き、どうにかドアまでたどり着いた。

両親はどちらも10代だった。母のパカマはわたしを産んだとき18歳だった。長いあいだ16歳だと思っていたが、最近になって正確な年齢を知った。そして、父のフェザケレは15歳。まだほんの子供だった。母は美しく、明るく陽気で、母がいると、その場所は賑やかになった。母が入ってくると部屋が明るくなった。母はわたしを見るといつも元気になって、友だちみんなのところに連れていった。母は実家の近くに暮らしていた。わたしが「おじいちゃん」と呼んでいたふたりの老人も近所だった。ふたりともわたしを愛し、行けばいつでも小遣いをくれた。わたしは行けるときはいつも彼らのところに行った。母はよく、庭の水道で幼いわたしの体を洗っていた。するとときどき叔父さんが現れて、ゴム製のヘビでわたしをおどかした。わたしは声を上げ、真っ裸のまま全力で父の家まで駆けこんだ。母はそれを世界でいちばん面白いことのように眺めていた。

わたしがかなり幼いころ、父は遠方で働いていることが多かったので、父方の祖母がわたしの世話をすることになった。父は塗装職人で、仕事があればケープタウンまででも出かけていって働いていた。

そして完成するまで、数週間、数か月は戻ってこなかった。これはとくに珍しいことではなく、祖母に育てられるというのはズウィデの子供たちにはよくあることだった。

わたしの人生には、わたしを導き、わたしという人物を作ってくれた重要な人たちがたくさんいる。だがそのなかでも最も重要なのが、祖母だった。わたしは彼女を「おばちゃん《アンティー》」と呼んでいた。彼女がいなければ、わたしはいまここにいないだろう。それは誇張でもなんでもない。彼女はいつも、何があってもそばにいてくれた。いつも前向きで、愛情豊かで、支え、守ってくれた。いつもふるまいに気をつけ、きちんとした身なりをしていた。それは虚栄心からではなく、コリシ家には守るべき基準があるのだと示すためだった。ポートエリザベスの飛散防止ガラス製造工場で働いて家族に定期的な収入をもたらしていた時期もあり、給料が出たときには人助けをすることもできた。ズウィデの住民の多くと同じく、彼女はできるかぎり多くの人のためになろうとしていた。それほど貧しい地域だったのに、ズウィデにはほとんど物乞いがいなかった。人々はたがいを見守り、多くはなくともできるかぎり助けあっていた。お金持ちがいないときは不平等は少ない。そして仕事を手に入れ、安定して稼げるようになった人は、いつかは逆の立場になるかもしれないと知っているため、他の人々を助ける。援助の方法はお金だけでなく、食料もあった。肉と野菜が盛られ、脇にミエリーパップ（トウモロコシのおかゆ）が添えられた皿が提供されると、腹を空かせた人は誰でも食べることができた。仕事はなかなか得られず、すぐになくなってしまった。工場で働いている人々はバスが止まってしまったり、病気の家族の世話をしなければならず、2、3度仕事を休むと、それだけで上司にクビを切られてしまうこともあった。

祖母は結局ガラス工場の仕事を失ってしまったが、それは組織の再編成のためで、祖母に落ち度があったからではなかった。そのあと清掃人になったが、以前より収入は減り、仕事は不定期になってしまった。わたしもできることはしていた。通りで酒や野菜を売ったり、ときどきはレンガを作っていた。8歳か9歳のころだ。授業料は年間たったの50ランド（およそ400円）だったが、それすら出せないときもあった。一度、新品の靴を買うことができず、叔母の靴を履いて学校に行ったことがあるが、そのあと数か月もからかいの種にされた。貧しくて、おもちゃはもちろん買えなかった。わたしはレンガを持って、それを車に見立てて遊んだ。あれはたぶん、わたしの生涯最高の遊びだ。祖母とふたりとも家にいるときは、できるだけ一緒に過ごした。その週にどんなことがあっても、日曜日はいつも祖母と一緒だった。いつも教会と日曜学校に連れていってくれた。わたしはその時間がとても好きだった。祖母と一緒だからというだけではなくて、歌うことがとても楽しく、みながいちばん上等な服を着て、真剣に頑張っていたからだ。

だが、祖母はしだいに年を重ね、あまり働けなくなっていき、そのため、ときには家族が食べるのに困ることもあった。彼女は友人のところを訪ねると、食べものをもらって帰ってきて、ビスケットやパンなどなんでもわたしに与えた。家計が厳しいときには、祖母が食べものをもらいに行ってもわたしに食べさせる分が何日も手に入らないこともあった。たとえスプーン1杯の砂糖でもないよりはましなので、祖母は自分では食べずにかならずわたしにくれた。祖母はいつも困っていたが、決して泣き言を言わず、わたしに十分食べさせたあとでなければ自分で食べようとはしなかった。

それでも、わたしの子供時代は飢えが大きな部分を占めていた。学期中は、少なくとも1食は学校で食べることができた。粉ミルクと、ピーナツバターを塗った分厚いパン1枚と、米かサンプ（乾燥させたトウモロコシの粒）を添えた鶏肉の料理で、それでは足りないこともあったが、何もないよりましだった。学校がない期間は、その最低限の保障さえなかった。家に食べものがないときは、近所に出かけていって食べものをくださいとお願いした。人々はできるかぎりのものを与えてくれた。しかもわたしの、そしてうちの家族の誇りを傷つけないように、わたしを店におつかいにやって、その報酬として食べものをくれた。

だが、これでも足りないときもあった。飢え、しかも本当の意味での飢えというのは、経験したことのない人にはなかなか説明できない。飢えはただの空腹ではない。空腹は、少し不快な感覚がつぎの食事までの数時間続くだけだ。たいしたことではないし、珍しいものではない。だが、飢えはちがう。それはすべてを奪う。それだけしか感じられず、それだけしか考えられなくなる。胃袋がねじれて、なかで張りついてしまったようで、その痛みを無視しようとすればするほど、ますます痛くなる。唇が乾いてしまい、舐《な》めてもほんの2秒ほどでまたもとどおり、乾いてひび割れてくる。元気がないからすぐに寝られるが、それは飢えを癒やすのではなく隠すだけで、しばらくするとふいに目が覚めて、もっと大きな苦しみが襲ってくる。よく大量の水を飲んで胃を満たし、満腹だと体に思いこませようとした。砂糖があれば、それを水に入れて甘くし、カロリーを得ることができたが、ないときはただの水で我慢するしかなかった。頭がくらくらしてめまいがし、考えが遠くへさまようようだった。だがその内容は、同じことがぐるぐると繰りかえすだけだった。食べものはどこにあるんだ、少しでも食べられそうなものは見つからないか、食べることができたら何をしよう、いつこの痛みは終わるんだ？　もちろんいつもこんなにひどかったわけではないが、それほど珍しいことではなかった。そして一度こんな経験をしたら、二度と忘れることはできない。

ついに、祖母はまるで働けなくなった。もの忘れがひどくなった。わたしがキッチンに入っていくと、自分がどこにいるのかわからないように、ぼんやりと上を見ていた。ときどき家からいなくなって、数時間、さらには数日戻ってこないことがあった。老人がとつぜん消えてしまうのは珍しいことではない。もうそれっきり戻ってこない人もいる。いまになっても、あの老人たちがどうなったのかはわからないままだ。頭が混乱してどこかへさまよって行ってしまい、帰れなくなったのかもしれないし、車に轢《ひ》かれたのかもしれない。祖母の具合がかなり悪くなったときは、わたしが洗濯や食事をして、そばにいつもついていなければならなかったので、しばらくは学校にも行けなかった。訳のわからないことを言うようになったが、わたしにできることは何もなかった。ただ一緒にいて、祖母が愛してくれているのと同じくらい、わたしも祖母を愛していることをわかってほしいと願うだけだった。

ある日、祖母はキッチンに入ってきて微笑み、わたしの頰を愛しそうに撫で、そのまま倒れた。ほとんどスローモーションのようで、わたしは倒れる祖母を抱きかかえた。床に寝かせると、そのまままったく動かずに横になっていた。どうしたらいいのかわからなかった。隣には牧師が住んでいたので、走って呼びに行き、腕を引っ張って家に来てもらった。牧師は映画の登場人物のように祖母の脇に膝をついて脈をとり、おばあさんは亡くなったと言った。医師はおらず、救急車もなかった。祖母はズウィデのほとんど全員と同じように、過酷な生活をしていた。だから大人たちの誰も驚きはしなかった。人が亡くなるのはよくあることだった。「週末はいつも葬式」という言葉があるほどだ。たしかに葬式は週末ごとにあり、しかもひとつとは限らなかった。葬式は誰でも行くことができたし、きちんとした身なりをする必要もなかった。参列者の数が、その人が周囲にどれだけ愛されていたかを表していた。

祖母の葬式では、教会の聖歌隊が歌った。それを聴くと、一緒に過ごした楽しい日曜日の思い出が蘇ってきた。叔母や叔父、従兄弟たちはみな参列していたが、父はいなかった。ちょうど車で8時間かかるケープタウンで働いていて、携帯電話を持っていなかったので、誰も知らせることができなかったのだ。わたしが祖母のお気に入りだったことはみな知っていたが、誰もわたしを気にかけなかった。子供のわたしは、大人の世界が完全に謎めいた、法律も言語も物事の進めかたもまるで異なるべつの惑星のように感じていた。

祖母が亡くなったあとは叔母が立派にわたしを育ててくれた。彼女は愛情を態度で示すことはなかった。手伝いをちゃんとしなければ食事は与えない、ただそれだけだった。それでもわたしはいまも、無条件で愛してくれる人がいなくなってしまったあとで、もしこの叔母がいなければ、ズウィデはもっと恐ろしい場所だっただろうと思う。こうした地域ではつねに犯罪と暴力がはびこっており、ズウィデも例外ではなかった。飢えだけでなく暴力もまた、最も強烈で、体の奥まで刻みこまれる子供時代の経験だった。

いつも誰かが喧嘩していた。男同士が喧嘩し、男は女を殴っていた。母や家族の女性たちはいつも暴力の犠牲になっていた。そして、男も女も子供を殴っていた。人々はイライラし、ときには酔っ払って、何かちょっとしたきっかけで誰もが暴力に訴え、それから通常に戻る、それが日常だった。夜中に叫んだりわめいたりする声で起こされ、窓から外を見ると通りでひどい殴りあいをしていることも多かった。ときにはそれがわたしの父であることもあり、父が叫び、わめいている声はわたしの骨の髄まで響くようだった。男性の叫び声というのは、独特な、動物のような音だ。そこには痛みだけではなく、恥と屈辱も交じっている。わたしは父のそんな声を子供のころに何度も聞いていた。しかも、止めることも助けることもできなかった。

もちろん、警察が介入することなどなかった。犯罪、刑罰、懲罰、公正といった内部のことはすべて、ズウィデの人々が取りしきっていた。始めから終わりまで、みなそこで完結していた。あるときオーム・コーラ・タベルンというレストラン――ここは２００７年にスプリングボクスがワールドカップで優勝したとき、わたしがテレビで観戦した場所だ――で、ひとりの男が、ほかの男とデートしたガールフレンドを殴りはじめたことがあった。男は蹴り、顔を殴って壁まで突き飛ばし、それから髪をつかんで店の外まで引きずり出したが、誰も助けようとしなかった。１００人以上の人がそこにいたのだが、誰ひとり何もせず、何も言わなかった。

人々が行動するのは、コミュニティ全体に影響が及ぶと思われるときだけだった。たとえば、ギャングから足を洗い、まともな生活に戻ったひとりの男がいた。彼は仕事を持ち、働いていて、ちゃんとした暮らしをしていた。ところがあるとき、誰かがその男が履いている新品の靴に目をつけて、きっとギャング時代の金で買ったと思いこんだ。コミュニティが排除に動くのはこんなときだ。しかも、わかっているのはギャングだという噂と、ただ新しい靴を履いていたことだけだった。男がすでに足を洗っていたことを彼らは知らなかったか、知っていてもどうでもよかったのだろう。彼らは男を岩や石で暴行し、ついに殺してしまった。男の母親が見ていたが、それでもやめはしなかった。見ていると、わたしとあまり年の変わらない11歳か12歳の女の子がほかの者たちと同じように石を持ち、男の頭に投げつけていた。わたしは男が命を失うのを見ていた。男は生から死へと移り変わっていった。男は最後の息をして、死んだ。

あるころから、わたしは自分より少し大きな子供たちについていって、酒を飲み、大麻を吸い、ガソリンの臭いを嗅ぐようになった。5ランド（およそ40円）分のガソリンを手に入れ、ペットボトルに入れて振り、その臭いを嗅いだ。まだ8歳か9歳のころ、自分は強いと思っていたわたしは、悪がきたちの仲間に入ろうとした。そのまま続けていたら、「ツォツィ（チンピラ）」になっていただろう。その先の道はふたつしかない。刑務所か、死か。あるいはその両方か。


わたしを救ったのはラグビーだった。記憶があるかぎりずっと、スポーツはわたしの生活の一部だった。はじめはサッカー。みんなと同じように、ストライカーになりたかったが、まもなくディフェンダーになり、やがてゴールキーパーになった。キーパーは楽しかった。とくにストリートサッカーでは、硬い地面も気にせず飛びこんだ。ほかの通りの子供たちと「トーナメント」をした。もちろん、それはただの呼び名で、ワールドカップとはまるでちがうものだったが。賞金は5ランドで、それだけあれば山盛りのフェトクック（ソーセージとチーズ入りのドーナツ）を買うことができた。レンガでゴールポストを作り、観客も大勢集まった。だが、10回中9回は同じ結末を迎えた。誰かが窓を割ってしまい、大急ぎで逃げ出すが、見ていた大人が追いかけてきて、全員が叩かれるのだ。

そんなかまもなく、わたしはラグビーに夢中になった。実は、はじめてラグビーを知ったのは1995年のワールドカップのときで、そのときわたしは4歳だった。目を奪われたのは試合そのものではなく、オールブラックスが試合前に行う、マオリ族の戦いの踊りであるハカだった。わたしには、それはチャントを唱えて太ももを叩き、目をまわすクールな踊りのひとつだった。昼間は友だちとハカを練習して、毎晩仕事から帰ってきた父の前で踊ってみせた。

歴史的な理由から、わが国ではラグビーは白人のスポーツだと考えている人が多いが、それはちがう。南アフリカの国中で、とくにわたしが暮らしていた東ケープ州では、以前から黒人のラグビークラブが盛んだった。クラブチームのスプリング・ローズはソリー・ティビリカとムズワンディレ・スティックを輩出している。ソリーはスプリングボクスで8試合に出場し、ムズワンディレは7人制で名選手として活躍し、その後スプリングボクスのバックス担当コーチになり、2019年のワールドカップ優勝に貢献した。ホーム・ディフェンダーズは、父がセンターを務めていたチームだ。しかしスプリング・ローズもホーム・ディフェンダーズも、毎日学校に通わなくてはならないわたしには距離が遠すぎたため、家から何本か通りを歩いたところにあるダン・ケケ・スタジアムを本拠地とするアフリカン・ボンバーズに入った。

アフリカン・ボンバーズはアパルトヘイトが始まったころに設立され、40年以上の歴史があるが、南アフリカ代表に送りだすような有望選手を輩出したことはなかった。チームカラーの緑と金はスプリングボクスと同じだが、皮肉なことに似ているのはそれだけだった。ボンバーズの運営はいかにも自転車操業だった。ピッチは芝生よりも土がむき出しで、雑草が生えた場所のほうが多かった。スクラム強化のためのスクラムマシンはまるで、死後かなりの時間が経ち、鳥についばまれた死骸のような姿で、投光器のワイヤーはだらしなくぶら下がっていた。ジャージは人数分に足りないため、試合の日には脱いだジャージを洗いもせずにつぎの選手に渡していた。これはどの学校でも同じで、わたしは小さな子供のころから、もし将来成功したら、全チームにジャージを買おうと思っていた。

最初の練習はめまぐるしかった。わたしはコーチのエリック・ソングヴィーキが怖かった。彼はやたらと大声を上げ、罵り言葉を口にした。もし言われたとおりにしなかったらひどい目に遭った。だがそのときでさえ、わたしのことが嫌いで声を上げる大人と、ただ声がでかいだけで悪意のない大人の見分けはついた。コーチ・エリックは後者だった。彼はわたしたちが上達し、うまくなることを願っており、そのためには愛情のこもったきつい態度も必要だと知っていた。

最初の練習で疲れ果て、怪我をして出血したが、最高の幸せを感じながら家に帰った。こんなすばらしい経験ははじめてだった。最初の練習のあと、わたしは二度と過去を振りかえらず、大麻やガソリンを吸うことはなかった。放課後は毎日クラブに行った。好きなだけクラブにいるために、授業のあとに教室で宿題を終わらせてしまっていた。練習は月曜から木曜まであり、自分たちの練習が終わると、年上の年齢層の練習を、シニアの1軍までずっと見ていた。金曜日はキャプテンズランの日で、チームは軽い準備をし、コーチは顔を出さない。そして試合が行われる土曜日には、数百人が観戦に訪れた。

クラブに関連した仕事があれば、わたしはいつもやっていた。1軍のウォーター係になって、ピッチの脇にすわって、そのころのわたしには巨大に見えた男たちが全力疾走し、タックルし、ラックやモールで押しあうのを間近で見学した。ハーフタイムにはボトルを配りながら、後半に向けた作戦についての緊迫した話しあいを聞き、あえぐように息をし、目尻の汗を手の甲で拭うのを見ていた。ダン・ケケ・スタジアムのコンクリート製のスタンドは試合の日にはびっしり埋まり、わたしのそばに立っている男たちは、その日の午後のあいだだけにせよ、みんなのヒーローだった。いつかそのメンバーになることがわたしの夢だった。

ボンバーズは物資の面でこそ不足があったが、わたしが望むすべてを兼ね備えていた。そこにいれば、安全だと感じられた。危険はなく、誰もわたしを傷つけなかった。そこには役割があり、規則があり、信頼があった。自分もその一員だと感じられ、ラグビーへの愛で結びついた友人のグループがあった。そして責任が与えられていた。もし何かの理由で練習を休んだら、誰かが様子を見に来てくれた。それはわたしに問題がないかを確認するためだけではなくて、練習をサボることはチームやチームメイト、わたし自身への敬意を欠く行為だと思い出させてくれた。もしプレーしたければ、練習しなければならない。気分が向いたときに顔を出すだけでは駄目だ。練習はただ体力やスキルを鍛えるだけではなく、チームをひとつにし、仲間であり同志であるという感覚を育む。わたしは、勉強は学校で習っているけれども、生きかたを学んでいるのはボンバーズだと気づきはじめた。

6年生のとき、ンチャチャンボ小学校の代表選手になって、コーチ・エリックが教師をしていたエムセンゲニ小学校と対戦した。たしか0対50くらいのスコアで惨敗したのだが、試合後、コーチ・エリックはわたしのところに来て、君には特別なものがあると言ってくれた。わたしはただ笑うだけだった。50点も取られて1点も返せず、きちんとしたラグビー用の短パンが用意できなかったのでボクサーパンツをはいていたわたしに、特別なものがあるって？　ほかの選手よりいいプレーができたとはまるで思えなかった。いまになっても、彼が何を見たのかはわからないままだが、これも教師に授けられた特別な力なのだろう。彼らは子供のなかに、本人も周囲の大人も気づかないような才能や技能、態度、可能性を見いだす。だがどちらにせよ、わたしはとても嬉しかった。なぜならその試合は、わたしの人生を変えた一連の出来事のひとつになったからだ。

コーチ・エリックはわたしに、エムセンゲニ小学校に転校してこないかと誘った。そうすればボンバーズでだけのときよりも、上達を助け、わたしの成長過程をもっとたやすく、いつでも確認することができるから、と。彼はつぎの学年の最初からというつもりだったのだが、わたしはすっかりその気になって、1週間も経たないうちに転校した。そしてすぐに、エムセンゲニ小学校の校舎に挟まれた、芝生が生え、両側に大木が立っている空き地がお気に入りの場所になった。そこでわたしたちは休み時間になるとラグビーの試合をした。そこは間違いなく、実際のピッチよりもはるかに足元が軟らかかった。

コーチ・エリックはあちこち経験させてわたしにいちばん合うポジションを探した。最初はプロップに置かれた。わたしはそのころ、耳が突き出たぽっちゃりした子供で、ほかの子供たちからは「シュレック」とあだ名をつけられていた。それからウイングに移ったが、長くは続かなかった。そのおもな理由は、ラグビー史上最も足が遅いウイングだったからだ。結局バックローに移り、そこが自分でも気に入った。またいちばん自分に合った、自然なポジションだった。

わたしは父親代わりを必要としていた。コーチ・エリックはまさにその役割にぴったりだった。わたしに必要な場所ならどこへでも連れていってくれたし、できるときには食事を食べさせてくれた。わたしにとってはじめての、自分の目標にできる大人の男性だった。ちゃんとした仕事をしていて、責任感があり、何より面倒見がよかった。それでも、彼はまったくわたしを甘やかさなかった。間違ったことをしたら、厳しくしかられた。だがこれまでとちがって、わたしは認めてもらいたくて、彼の言うことを聞くようになった。そして彼はわたしのためにわざわざ何かしてくれることはあったが、そのために誰かを犠牲にすることはなかった。えこひいきは決してしなかった。エムセンゲニ小学校でもボンバーズでも、いつも自分を必要とする子供のために力になった。まるで古いことわざのとおりの生きかただった。「100年後には、どんな車に乗っていたか、家がどれくらい大きかったか、銀行にいくら持っていたかなんてどうでもいい。だが、子供にとって重要な存在になれば、世界は変わっているだろう」

コーチ・エリックの指導のもと、わたしは飛躍的に上達した。11歳のときにはイースタン・プロヴィンス協会のU12の代表に選ばれ、モッセル・ベイで開催される地域協会別対抗戦に出場した。ポートエリザベスのセント・オルバンズ刑務所で何度か練習が行われた。その刑務所は、タウンシップに住む子供にとっても衝撃的な場所だった。そこは当時もいまも、南アフリカで最も悪名高い刑務所で、最も危険な犯罪者のみが収容される残忍で危険な場所であり、また受刑者への虐待、過剰収容、ギャング行為などでも知られている。わたしたちは受刑者たちに冷やかされながらピッチに向かったのだが、それが誰の発案なのかはいまだにわからない。彼らはもちろんフェンスの向こうだったけれども、罵ったり野次を浴びせたりして、子供たちにとってはかなり恐ろしかった。たぶん費用削減か何かのためだったのだろう。

車で5時間ほどのモッセル・ベイへの旅は、わたしにとってはじめてポートエリザベス周辺から外へ出た経験になった。これほどはしゃいだことはその後もなかったくらいだ。バスが海を左に見ながらN2ハイウェイを西に向かうと、1キロごとに見たことのない特別な景色が現れた。サーフィンで有名なジェフリーズ・ベイや、バンジージャンプができるブルークランズ橋、ナイスナの入り江を囲むふたつの岬。ボンバーズからはほかに、バックスのパパマ・ホイとフッカーのゾラニ・ファクのふたりが参加していた。けれどもほとんどのメンバーとは初対面で、白人の選手とは大きな言葉の壁があった。彼らにはコサ語がわからなかったし、わたしたちのほうは英語といえばテレビ番組かどこかから仕入れたスラングだけしか話せなかった。だがわたしたちはほんの子供で、じゃれて遊ぶくらいだったから、話す言語は大きな問題ではなかった。バスに一緒に乗っていたニック・ホルトンとは、最初から馬が合った。彼はポートエリザベスのグレイ・ジュニアスクールに通っていたが、態度には偉そうなところも、失礼なところもなかった。南アフリカに来るまえはジンバブエで祖父母が経営する農場で、黒人労働者の子供たちと一緒にいる時間が長かったので、わたしたち3人と一緒でも落ち着いていた。それに、彼自身もまたマイノリティだった。第一言語が英語だという選手はそこには2人か3人しかいなかったからだ。それ以外はみなアフリカーナー［訳註：オランダ系移民を中心とする白人の民族集団で、アフリカーンス語を母語とする］だった。そしてアフリカーナーの子供が英語話者をいじめるようなことは、少なくともわたしの記憶ではなかったが、もともとの知り合いで、言語も同じ仲間とくっついていたのはごく自然なことだと思う。

到着すると、まるで見たこともない世界だった。それまでの試合では、観客はせいぜい数十人、たぶん最大で50人くらいだったのだが、ここには数百人がいた。応援のために来た、ユニフォームを着た子供たちや、親たち、祖父母たちなどあらゆる人々。巨大な四輪駆動車のテールゲートを開けてピクニックをしている。パラソルやあずまやの下のテーブルには食料が積み上がっていた。救護班のテントがあり、包帯や塗布薬が置かれていた。ズウィデでは、応急処置といえば冷水をかけてスポンジで拭くだけで、それで効かなければ我慢するしかなかった。それにこのとき、人生ではじめて、金髪の子供を見た。そもそも、わたしはそれまでほかのタウンシップの学校やクラブとばかり対戦していたから、白人の子供相手の試合すらほとんどしたことがなかった。

わたしはちゃんとした短パンを持っていなかったので、紫色のボクサーパンツをはいていた。パパマとゾラニ、ニックはAチームで、わたしはBチームだったが、気にしなかった。プレーさえできればよかったし、普段使っているフィールドよりもグラウンドはかなり軟らかかった。相手チームはボーダー協会、ウェスタン・プロヴィンス協会、クワズール・ナタール協会、南西地区協会などの代表だった。だが、相手はどこでもよかった。ただボールを持って、楽しめれば十分だった。

その日はすごい1日だった。Aチームはあまり成績がよくなかったが、わたしたちBチームは全勝した。わたしはいつもどおりのことをした。誰かがボールを持ったらサポートし、チームメイトを鼓舞しつづけた。とくに体が大きいわけでも動きがすばやいわけでもなかったが、全力をふりしぼってプレーし、ピッチのどこにいれば自分の働きを最大化できるかを理解していた。その日の終わりが近づいてきたころには疲れはじめていたが、それはただ栄養が足りなかったためだ。わたしは普段あまり食べないことに慣れていて、1日数試合をこなすと、最後の2、3試合はかなりきつかった。エネルギーが切れかかっていたが、1日3食が当たり前の選手たちを相手に必死で戦った。

数日後に知ったのだが、グレイ・ジュニアでニックを教えているアンドリュー・ハイダキス先生は、その場かぎりの興味で観戦する普通の人々とは異なる視線でこの対抗戦を見つめていた。目的はパパマとゾラニ、わたしを視察することだった。しかも大会前にコーチ・エリックと、わたしたちにグレイ・ジュニアの奨学金を提示する可能性があるという話をしていた。ラグビーをプレーするのが大きな要素であるのは明らかだが、またわたしたちに、ズウィデではまるで想像できないような教育を受けさせてくれるという話でもあった。奨学金制度は設立されて10年ほどで、ポートエリザベス各地のタウンシップ出身の少年たちを支援していたが、わたしはこのときはじめて知った。コーチ・エリックは大会前には教えてくれなかった。それは必要以上の重圧をかけないようにという親心からで、わたしたちにプレーしだいでは自分と家族の人生が変わると伝えたら、怖がって萎縮し、ひどいプレーをするとわかっていたためだ。

わたしはグレイ校がわたしよりもパパマとゾラニを欲しがっているように感じたが、コーチ・エリックは3人一緒で、さもなければ破談だと伝えていた。ハイダキス先生は奨学金の内容について説明に来た。それは全額支給奨学金で、教育や衣服、お小遣いなど、必要なものはすべて入っていた。彼やほかの奨学金担当者は、わたしたちには養い、育てるに値する素質があると感じている、と言った。奨学金はグレイ・ジュニアでの1年と、上級のグレイ・ハイスクールの5年間にわたるものだった。どちらも寄宿学校で、何から何までこれまでとはレベルが異なっていた。エムセンゲニ小学校の子供にとって、よい仕事というのは乗合タクシー運転手のことだ。グレイ校の少年たちには、天井はなかった。彼らには弁護士や医師、実業家になる可能性があった。

それに、スプリングボクスの一員になる可能性も。

人生を変えるチャンスだった。祖母は亡くなり、父は遠くで働いていることが多く、母は再婚してべつの場所で暮らしていた。いつもわたしのことを思ってくれるコーチ・エリックは、このチャンスを逃したらわたしはおかしくなってしまうと思っていた。自分のチームのベストプレーヤーが3人いなくなってしまう（もちろん機会があればいつでも戻ってきて試合に出られるにせよ）が、わたしたちを自分のチームに残すより、巣立ちさせるほうがはるかに重要なことだと知っていた。それで、わたしはチャンスに乗った。

わたしは、決して自分は変わらないし、自分の本質をなくすことはないと固く誓った。グレイ校の生徒になっても、できるだけズウィデ出身という気持ちは持ちつづけたかった。どちらかの自分を優先することはするまい。そのふたつはわたしのなかで共に生き、同じくらい大切で分かちがたく、同じところを目指している。過去を剝ぎ取ったら、人は何者でもなくなる。それはこれまでに何度も書かれ、言い古された言葉だが、言い古されるのは、それが真実だからだ。ズウィデからひとりの少年を連れていくことはできる。だが少年のなかからズウィデを消し去ることはできない。そのときから、ずっと思っていることがある。わたしはこれからもずっと、この薄汚い場所で生まれた子供でありつづけるだろう。

乗合タクシーの窓の外で世界が移り変わっていく。ぼろ屋ではなくきちんとしたアパートメントのブロックや店舗を通過し、そこから鮮やかな緑の郊外、ミル・パークに向かう。荘重な門で半分隠れた大邸宅が続き、メルセデスのディーラーショップの明るい店先にはぴかぴかの車が並んでいる。乗合タクシーは、グレイ校の敷地内に入っていった。真っ白な建物から深い青空に壮大な時計塔がそびえている。わたしはぼんやりと、これから数年はここが、少なくとも半分は自分の家になるんだと思った。

施設は見たことのないものばかりだった。クリケット用のネットやテニスコート、プール、芝と人工芝のピッチ数面、スカッシュのコート、音楽室と美術室がひと部屋ずつ、コンピュータ室がふた部屋。エムセンゲニ小と比べたら、まるでべつの惑星のようだった。このすべてがズウィデから車でわずか15分のところにあるなんて、信じるのはむずかしかった――いや、ちがう。信じるなんてまるで不可能だった。

恐れを抱くべきだったのかもしれないが、それよりも、ただわくわくした。祖母はいつもわたしに、イエス・キリストは誰でも平等に扱うと言っていた。だから相手が誰であれ、わたしはただ単純に、同じように接する。肌の色など関係ない。だからわたしは、相手が普通に接してくれたら、自分もその人に同じように接しようと決意して、意識と心を開いてそこへ行った。

だが最初は簡単ではなかった。わたしはほとんどひと言も英語が話せず、そのせいでかなり尻込みしてしまった。指示されたことを読んだり聞いたりすること、授業で話している内容がわかること、クラスメイトとの会話に加わること、といった、ほかの生徒には当たり前の小さなことから締め出されていた。またそのために、そうではないのに自分は頭が悪いのだと思ってしまった。エムセンゲニ小では、クラスで2、3番目くらいに勉強ができた。ところがここでは最下位だった。学校の勉強は苦しかった。話すのが怖かった。英語は1語か2語しか言えず、あとはコサ語で文の終わりまで話した。ニックと数人の生徒が仲間になった。彼らは英語を教えてくれた。もちろん、最初は下品な言葉からだ。でもまだ大人ではなかったから、下品さもたいしたことはなかった。それに、仲間は勉強も助けてくれた。そのふたつは相乗効果を発揮した。英語ができるようになると、勉強もそれほど手伝ってもらわなくてよくなった。最初の1年はほとんどの時間を英語が話せるようになることに費やしたが、そのあとはもう大丈夫だった。コサ語を第二言語として履修するつもりだったので、パパマとゾラニ、そしてわたしはアフリカーンス語のクラスは免除され、代わりに英語の補習クラスを受けた。ムーケビア先生はラグビーを活用した学習を行い、わたしたちにラグビーについて英語で話すように促して語彙を増やしてくれた。彼女は教室の外でもわたしたちの面倒を見てくれて、週末は家に招いたり、動物保護区域に連れていったりしてくれた。多くの生徒たちはサファリで野生動物を見たことがあったからそれほど面白くはなかったかもしれないが、わたしたちは夢中になった。

かなり当たり前なことでさえ、わたしにとっては新鮮だった。寮の6人部屋で、はじめて自分のベッドを持った。ロッカーを持つのもはじめてだった。はじめて靴下をはいた。それに何より、はじめて十分な食事を摂ることができた。わたしはひたすら食べた。食事のときは、ほかの生徒が席に着いたばかりのところで1杯目を食べ終え、彼らの皿がきれいになるころには3杯目を食べていた。食事係はわたしを落ち着かせ、食べすぎないように注意しなければならなかったが、彼らは誰も、正真正銘の飢えを経験したことのある者にとって、豊富な食料があるという感覚がどういうものかはわからなかったはずだ。まあ、しかたがない。わたしは年齢の割に体が小さかったから、それでますます、なぜそれほど食べられるのか不思議がられたのだろう。だがもちろん、そのふたつは同じ理由からだ。そしてわたしがちゃんと成長するまでにはある程度時間が経ち、何年かほかの子供と同じだけの栄養を摂取する必要があった。

わたしは将来の夢を考えなおした。よい先生がいて、周囲にはよい施設があり、「なんでも自分がなりたいものになれる」と言われていたので、なんにでもなれると思っていた。タウンシップではただ、隣近所の人たちがなっているものになろうとしか思っていなかったのに、とつぜん、医者になりたいと思った。そして自信がついたので、わたしは恐れ知らずになった。とにかくいつでもまっすぐ突っこんでいった。テストでも、困難でも、どんな経験でもどこかに楽しみがあった。最悪の事態が起こっても、なんとかなる。失敗はきっとするだろう。だがそこから、つぎにもっとうまくやるための何かを学べる。最初の年に、わたしたちは体育でプールの飛びこみをした。わたしはそれまで泳いだことがなく、それがむずかしいことだと知らなかった。わたしはたぶん石よりも速く水に沈んだ。友人たちは水からわたしを引き上げて、水をはね飛ばしながら咳をするわたしを見て大笑いした。どうやら、水泳というものは見た目ほど簡単ではないらしかった。それでも、あまりひどいことは起こらないこともわかっていたし、6か月後には水球チームでプレーできるまでになった。

グレイ・ジュニアで1年過ごし、それからグレイ・ハイスクールに進学した。グレイ・ジュニアはハウスシステムを導入しており、すべての生徒が、ドレイコット（黄）、スクール（赤）、エドワーズ（紫）、フォーレ（緑）という4つのハウスのどれかに所属した。ハウスとはいっても建物が分かれているわけではなくて、学術やスポーツ、文化的な得点を競いあうグループ分けで、争いは熾烈《しれつ》だった。ズウィデには芸術や音楽、劇の施設はなかったが、グレイ・ジュニアではそれらは教室での授業やスポーツと同じくらい重要な扱いだった。学校のモットーは「トリア・ユンクタ・イン・ウノ（3つのものをひとつに）」というラテン語で、それは頭と体、心をバランスよく育てることを意味していた。

グレイ校の規律はそれまでわたしが慣れていたものとはかなりちがっていた。家では、ひたすら厳しくしつけられた。多くの大人がわたしを叩いた。祖母も、少なくとも愛情を持っていたが、やはり叩いていた。それ以外は全員、ただそうするものだからという理由で叩いた。グレイ校の方針は、「品位ある規律」で、個人だけでなく、集団がその対象だった。厳しさによって数段階の罰則があった。説教、反省文、居残り、保護者との面談、カウンセリング、保護者に書面で通知、始末書、課外活動、学校あるいはコミュニティへの奉仕、権利の一時停止、停学、退学だ。この罰則はよく考えられていて、問題を起こした生徒をただしかるだけでなく、いくつかの段階では、罰則を科すことで生徒に手をさしのべているのだ。

グレイ校はまた、コーチ・エリックがわたしに教えてくれたスポーツマンシップを重んじていた。南アフリカの高校ラグビーは本格的で、真剣だ。なかには真剣すぎるという人もいるだろう。だが、グレイ校では全体のバランスが考慮されていた。学校の方針には、こんな記述がある。

「試合のときは、相手を倒すために全力を尽くす。それを怠れば、相手と自分自身から、スポーツをプレーする喜びを奪うことになる。しかし、わが校はあらゆる手段に訴えてでも勝利を収める、という方針は採らない。あらゆる手段とは、たとえば不正や感情的な威圧、過度に乱暴なプレー、審判の判定への異議、乱闘、見えないところでの反則などだ。全力を尽くせ。懸命に練習し、体力を誇りにせよ。試合中は決して諦めるな。諦めれば対戦相手やチームメイトにとって試合が台無しになってしまう。心のバランスを保て。これはただの試合であり、戦争ではないことを忘れるな。試合に負けることは、わが校にとって最大の悲劇ではない。ルールを知り、遵守せよ。見逃されることを期待して意図的にルールを曲げ、不当な利益を得ようとするな。これは不正だ。審判の判定を疑問やためらいなく受けいれよ。

いらだちや不服、反感を表すな。どんな審判でもミスはするものであることを忘れず、また彼らが多くの場合心からの善意を持って判定していることを心せよ。よいスポーツマンは自分をコントロールできる。人ではなくボールに対してプレーする。過度に乱暴なプレーの見極めは審判に任せろ。敗戦をピッチや審判、風、味方の欠場などのせいにするような弁解はスポーツマンらしくない。ビジターチームの選手に礼儀正しく、友情を持って接する。ラグビーのために、誇りを持ってきちんとした身なりをする。できるかぎり丁寧に用具と施設を扱うこと」

練習プログラムもそれまでとはまるで比べものにならなかった。ズウィデでは、基本的に集まってプレーするだけだった。スキルの練習や基本的な体力作りはするが、たいしたものではなかった。ところがここでは、毎日やることが決められていた。月曜は5キロのラン（何かの罰則を食らっているときは、それに加えて腕立て伏せやプランク）、火曜はバーピーとランジ、スクワット、クランチ。木曜はプレスアップとプルアップ、スパイダークロール、バイシクルクランチ。そして金曜はバウンディング、スプリント、ジャンプ。

グレイ・ハイスクールにもグレイ・ジュニアと同じくハウスシステムがあったが、生徒数が増えるので、ハウスの数はもっと多かった。ジュニアの4つに対して、ハイスクールでは6つのハウスがあった。ノークス（緑）、ジョンソン（黄）、サーロー（青）、ラング（白）、ヴィパン（紫）、メリウェイ（黒と赤）だ。メリウェイは唯一の寮だったので、わたしはそこに入った。ハウスにはすべてモットーがあったが、メリウェイはメレディスとウェイというふたつのハウスが合体したものなので、モットーもふたつあった。わたしにとってこのふたつはすばらしいもので、それぞれがわたしの人生にとてもよい影響を及ぼした。メレディスのモットーは「ヘブ・ジウ・ヘブ・ジブ、ア・ダム・ア・ディゴン」という古いウェールズ語のことわざで、「神なくして、何ものも得られない。神とともにあれば、すべてが得られる」という意味だ。そしてウェイのモットーは、「フィト・ウィア・ウィー」というラテン語で、「道は力によって成し遂げられる」という意味だ。最初のモットーは、のちに信仰を抱き、人生を神の手に委ねるようにわたしを導いた。2番目のものはもちろん、どんなラグビーチームにもあてはまるし、とりわけスプリングボクスには歴史的にフィジカルを重んじてきた伝統がある。

タウンシップでは、守らなくてはならない規則は、門限までに家に帰らなくてはならない、というひとつだけで、しかもそれすらあまり厳格ではなかった。グレイ校ではなんにつけ時間が決まっていて、規則があった。食事の時間、勉強時間、歯を磨く時間。残酷なまでに規則正しかった。毎朝、1分単位で決まった時間にベルが鳴った。起床のベルは6時10分で、有無を言わさずそれに従ってベッドから出なくてはならない。スヌーズボタンを押したり、寝床にぐずぐず残っていることは許されない。6時30分はシャワー終了のベル。そこからきっちり9分で服を着て、39分には警鐘、40分には見回りのベルが鳴ると、わたしたちはベッドのところに並んで、監督生と教師による見回りを受ける。5番目は6時50分の朝食のベルで、6番目は7時40分に鳴り、寮を出て集会や授業に向かう。そのまま1日が過ぎ、夜になると、逆の順番でまたベルが鳴る。夕食のベル、予鈴、静穏を保つベル、消灯のベル。ズウィデでは夜遅くまで外出できたから、ここはまるでちがっていた。そして消灯のあとも、通りで酔っ払いが殴りあう音で起こされることはなかった。グレイ校の手入れが行き届いた芝生ではそういうことは起こらなかった。

グレイ校ではさまざまなスポーツができた。クリケット、ホッケー、ボート、水泳、水球、ゴルフ、スカッシュ、陸上、バスケットボール、テニス、などなど。だがラグビーは圧倒的に人気があり、最も威信があった。グレイ校は創設以来ずっとラグビーに熱心だったわけではない。1856年の学校設立からおよそ40年後の1893年にはじめてミューア・アカデミーとの試合が行われたが、ユニフォームは黒い服に麦わら帽子だった。だが徐々に人気のスポーツになり、わたしが入学したころには上位2学年を中心として全学年から構成されるチームが8チームと、U14、U15、U16に各4チーム以上があった。シーズン最盛期には、すばらしいことに、グレイ校は学校が付属したラグビークラブのようだった。

学年が上がるにつれ、トレーニングは厳しくなっていった。わたしはまもなくスージーに出合った。スージーというのは女の子ではなく、ひっくり返したり、ロープで背後にくくりつけてピッチをダッシュしたりするための巨大なトラクターのタイヤだ。彼女はただ体力やスピードをつけさせてくれただけではない。タックルした相手をつかむ感覚や、自分をつかまえようとする数人のディフェンダーを突破する感覚がかなり正確に再現できた。すぐに、ジュニアスクールや、ましてやズウィデでしていた練習量などとるに足らないように思えてきた。月曜は2日前の試合の疲れをとるため、軽めの練習だった。火曜はいちばんきつく、過酷なトレーニングだった。フルコンタクトのゲームにディフェンス練習とバッグを使った練習だ。水曜は映像とジムで、木曜はつぎの試合の対戦相手によって変わる戦術の練習で、金曜はいつも軽めだった。まえもって頭のなかで試合を組み立てたり、チーム内で練習試合をしたりするのは楽にこなせてしまう。そして土曜の午後になってようやく、練習で出せなかった努力は大事なときに発揮できないと気づくのだった。

高校ラグビーにすぎないとはいえ、とくに試合の日には、わたしたちはできるだけプロフェッショナルにやろうとした。毎朝ただ当たり前のことをやって、昼食をがつがつ食べて練習をしているだけでは試合で最高のプレーはできない。わたしたちはチーム全体で試合前の最終ミーティングをしたあと、フォワードとバックスの各ユニットや、さらにラインアウトのジャンパーや、必要なら個別にコーチ陣とミーティングをした。チームには生体動力学の専門家やフィジオがいた。ユニフォームに着替え、コーチの短い指示を聞き、祈りを捧げ、円陣を組み、ピッチに飛び出していく。わたしは体が大きくなり、うまくなっていった。大人になるとプレーするのは仕事になったが、グレイ校ではストーマーズやスプリングボクスとは少しちがっていた。

年齢の割に小柄だったことは、結局なんの不利ももたらさなかった。むしろ、そのために抜け目なくなる必要があったし、どんな相手でも体力で圧倒するというわけにはいかなかったから、フィールドでうまく立ち回る方法を考えたことが役立った。わたしは必死で試合展開を読んだ。ただ目の前で繰り広げられていることだけでなく、5秒後、10秒後にどんなプレーが起こるかを予期し、適切なポジションが取れるようにした。そのひとつとして、なんでも自分でやるのではなくチームメイトをうまく使うようになった。タイミングや狙いが的確なパスが出せると、ランやサイドステップが成功するのと同じくらい気持ちよかった。ラグビーがチームスポーツであることは、ダン・ケケ・スタジアムではじめてフィールドに立ったときからずっと価値あることだと思っていた。全員がいいプレーをして楽しめれば、はるかにすばらしいゲームになる。学年が上がるまえは、わたしは一般観衆の目を引くような、チームのスター選手ではなかったけれど、いつも運動量豊富で、ボールのスキルやラグビー脳を生かして、チームの背骨としてつねにプレーの中心にいようとした。

　2005年6月、8年生［訳註：日本の中学2年生に相当］だったある日、スプリングボクスがわが校のフィールドに練習に来た。ポートエリザベスでのフランス戦を控えていた代表に、この地域で最善の施設があるために選ばれたのだ。全員で見学をした。心臓が高鳴り、破裂しそうだった。テレビでしか観たことのない選手たちがいまここにいるのだ。それほど大きくない選手でも大男に見えたし、大柄な選手はまさに巨人のようだった。また、彼らには存在感があった。意図を持って動き、エネルギーを無駄にせず、ピッチを横切るときでさえ集中しているようだった。わたしは周囲のことを忘れ、スプリングボクスだけを見つめた。代表選手たちに釘付けになり、いつの日か彼らのようになりたいと願った。

　チームにはパーシー・モンゴメリー、ジャン・デヴィリアス、ブライアン・ハバナ、ジョン・スミットなど、誰もが名を知る選手がたくさんいた。けれどもわたしのいちばんのお気に入りはスカルク・バーガーだった。彼がわたしの英雄なのは、同じバックローの選手だからだけではなく、プレーが大好きだったからだ。彼はどこにでも現れ、金髪を振り乱してタックルし、ラックで相手を押し、狭いところに突っこんでいく。彼のサインが欲しかったが、シャイなうえに畏怖の念が強すぎた。寮に戻って教師に会うと、その話をした。彼はわたしに1枚の紙とペンを渡して、スカルクのサインをもらうまで戻ってくるなと言った。そこで、深呼吸をして、スカルクのまわりを囲んでいる男の子たちに交じって、名前をサインしてくださいとお願いした。あの紙は、わたしのいちばん大切な持ち物のひとつだ。もしあのとき、のちにスカルクはチームメイトになり、しかも友人になるんだよとわたしに向かって誰かが言ったら、その相手はどうにかしていると思っただろう。

友人たちに招待されて、週末、彼らの家に泊まりに行くこともあった。その子の両親がラグビー観戦に学校に来るときにどんな車に乗っているか見たことがあったから、家の大きさや庭園の美しさには驚かなかった。驚いたのは、両親との話しかただった。生意気を言うとか偉そうな態度だというのではなくて（そんなこともあったが）、彼らは話しあったり、議論したり、さらには言い争ったりしても、ぶちのめされることはなかったのだ。「とてもうちでは無理だ」とわたしは思った。それにもちろん、その子たちの両親は彼らを愛し、誇りに思い、彼らの人生や成績を気にかけ、彼らに最善を望んでいた。母親たちはお菓子箱をいっぱいに詰めてキスをして学校に送りだしていた。わたしが乗合タクシーに乗ってズウィデに帰ると、家に着いて父と話をするまで、誰に会っても「元気か？」と、まるでずっとここに住んでいるかのように聞かれるだけだった。声を上げて歓迎してくれることなどない。

その経験で、タウンシップの暮らしの厳しさがますますはっきりとわかった。奨学金の支給条件で、怪我の防止のために、グレイ校か地域協会代表以外のチームではいっさいプレーできないことになっていた。けれどもわたしはズウィデに帰るといつもアフリカン・ボンバーズに顔を出していた。自分のクラブだという意識もあったし、コーチ・エリックはわたしに最初のチャンスをくれた人だった。だがそれだけではなくて、ただラグビーが好きで、試合に出れば出るほど陽気になれたからだ。ときには、グレイ校でしばらく試合がないときは、学校を抜け出してボンバーズの3軍、2軍、1軍と連続でプレーした。ボンバーズの試合がなければ、ほかのクラブのゲストとして出場した。15歳のときには大人相手にプレーしていたが、ひるむことはなかった――たとえ、スプリングボクスでフランカーとしてテストマッチ数試合に出場したことのあるソリー・ティビリカ相手でも。大人たちはわたしを試すために、激しくレイト気味のタックルをしてきたが、とにかく何事もなかったかのように立ちあがるしかないことはわかっていた。そして、つぎにこちらにチャンスが来たらやり返した。ボンバーズのオーナーは肉屋も所有していたから、わたしの将来を思って、体作りのために無料で肉を食べさせてくれた。

グレイ校ではよく、こんなことが言われていた。「教育は家庭に始まるものであり、家庭と学校のパートナーシップとみなされるべきだ」生徒のほとんどにとっては、十分な関心を寄せ、グレイ校での活動をサポートしてくれる両親がいるから、それは当たり前のことだったが、わたしにはそうではなかった。わたしの家と学校にはパートナーシップなど、少なくとも意味のある形では、まったく存在しなかった。ズウィデには、グレイ校がどのような場所かわかっている人はひとりもいなかった。

貧困から特権的な立場へと行ったり来たりするのは簡単なことではなかった。ズウィデに帰っても、制服を脱ぐことはなかった。わたしは制服と、それが表しているものを誇りに思っていた。なかにはわたしを非難する人もいて、服を着替えるのがいちばん手っ取り早い対処法であることはわかっていたが、正しい方法ではなく安易な方法をとったらあとで後悔することは目に見えていた。わたしはそれを誇りに思っていただけではない。自分にできるのだから、彼らだってできるんだと示したかった。彼らが自分で決めた限界は超えられると教えたかった。

それと同時に、自分の心の奥の重要な部分で、わたしは決して変わらないと決意していた。わたしは昔と同じシヤだ。友人や家族と過ごし、楽しむのが好きだ。生活はふたつに分かれていても、わたしはひとりしかいない。ズウィデからミル・パークまで、国道75号線を乗合タクシーで移動するあいだに、ちがう人間になるわけじゃない。裕福な白人の友人ができても、タウンシップとは関係のない立派な人間になったなどとは考えなかった。わたしがうぬぼれていると考える人がいたとしても、それは放っておくしかなかった。

15歳のある日、グレイ校からズウィデに帰ってきたとき、いつものように友人たちと出かけるのではなく、ただ家で眠っていた。奇妙なことだ。何が起こったかは知らなかったけれど、何かを感じとったように、いつもの自分とはまるでそぐわない行動をとっていた。父が部屋に入ってきた。

「母さんが死んだ」と、父は言った。「眠ったきり、もう目を覚ますことはなかった」

わたしは何も答えなかった。力が抜けてしまった。「できることは何もない。母さんは死んでしまったんだ」母とのいちばんの記憶は、花の日にカードを贈ったことだった。母はそんなものをもらえるとはまったく思っていなかったようで、友人たちにどれだけ自慢したことかと話してくれた。

もう、母はいなくなってしまった。父はわたしに毛布をかけてくれて、わたしはまた眠った。きっと父は、わたしが自殺するのではないか、あるいは、母のように眠ったきり起きなくなってしまうのではないかと思ったかもしれないが、そうではなかった。ただ、何も考えられなかった。母にはわたしのほかに、ふたりの子供がいた。リエマという男の子とリペロという女の子だ。母が亡くなってしまって、誰が彼らの世話をするのだろうか。わたしの異父弟妹だが、ふたりのことはほとんど知らなかった。

母が亡くなってしまったので、父にもう少し親しみが湧くかもしれないと思ったが、そうではなかった。父はそばにいたりいなかったりだったが、どこにいても、いつでも酒を飲み、喧嘩をしているようだった。そして、もちろんわたしも喧嘩をした。それしか知らなかったからだ。自分のなかに大きな怒りがあって、それを発散するにはアルコールと暴力に頼るしかなかった。ときには、父が通りに迎えに来なければならないこともあった。ズウィデに戻った週末にはほとんど、わたしは酒を飲み、喧嘩に巻きこまれていた。ガラスで首を刺されたこともあった。その男は逃げようとしたので、追いかけたが、友人たちに引き止められた。翌日その男を見つけて、自分が悪かったと謝って、それでおしまいだった。

べつのときには、耳がちぎれそうになった。誰かにジャケットを盗まれて、それを着ている男に会ったとき、わたしは飛びかかった。そこにもうひとりの男がやってきて、喧嘩になった。彼はナイフを取りだし、突いてきた。どうにか男の手をナイフから引きはがすと、男はナイフを落とし、走って逃げた。その男を追いかけ、角を曲がったところで、待ち伏せしていた男に強く蹴られた。わたしはものすごい勢いで壁に体を打ちつけ、耳がちぎれ、半分取れそうになった。わたしは学校に戻るまえに耳を縫いつけ、包帯で巻いてもらい、ガーゼを頭に巻いたまま試験を受けることになった。

喧嘩の原因はたいてい、個人的ないがみ合いなどではなかった。ただ近くにいたとか、喧嘩を見ていたとか、そんなことだ。きっかけはさまざまだった。タウンシップの最新のスラングを知らないことでからかわれたり、偉そうにしているとか、あるいは気に入らない目つきで見ていたとか、白人の学校に行って軟弱になったとかいった理由で非難されたり……。殴りあうことは当たり前だった。大人の男になるには殴りあいが必要だし、問題を解決することにもなると誰もが思っていた。わたしは事あるごとに、そうやって自分を証明しなければならなかった。喧嘩を避けて逃げることは許されない。わたしは一歩も引かず、相手をぶちのめさなければならなかった。学期中の週末と休暇中の毎日、わたしは喧嘩していた。それは食べたり眠ったり、ラグビーをしたりするのと同じ、人生の自然な一部だった。

タウンシップでは、いつも生き延びることだけを考えていた。死なずにいるのが大事なことだった。だが、ズウィデには好きなものがたくさんあった。乗合タクシーのクラクション、サッカーや縄跳びをする子供たち、モトクロスのパフォーマンスをする大人たち、人々が何かを祝っているときの興奮、人々が早朝に列を作って、人数分は行き渡ることのない仕事にありつこうとしている姿。それは彼らの精神であり、家族に給料を届けたいという願いなのだ。

グレイ校の多くの生徒は、わたしがいた場所や、していたことは何も知らなかった。批判しているわけではない。ただ、まるでそんな経験がなかったというだけだ。彼らにはわたしや、同じような無数の人々の人生がわからないという事実と折り合いをつけるのはむずかしいことではなかった。むずかしかったのは、自分の安全な環境、コンフォートゾーンから出て、自国のべつの側面を目で見て、それを改善することに関心を持つ人がいかに少ないか、ということだった。ニックがすばらしい友人だった理由のひとつは、彼がそうした数少ないひとりだったからだ。コサ語を学び、ズウィデにも来ていた。彼にとって、わたしはただ学期中には会うが休暇になるとどこかへ行ってしまう相手ではなかった。わたしをシヤという個人とみなし、わたしの人生を大切に思ってくれた。わたしはそうしたものに慣れていなくて、それがいかにかけがえのないものか、よく理解できなかったほどだ。

対照的に、グレイ校は天国だった。ときには、週末にズウィデに帰ったとき、あまりに喧嘩が多くてめまぐるしく、学校に電話して早く寮に戻りたいと言ったこともあった。奨学金制度は設立されてすでに10年ほど経っていたから、学校にはすでに多くの黒人生徒がいた。おそらく全校生徒800人のうち、50人ほどだ。わたしはいじめられたことはないし、わたしの知るかぎり誰も、少なくとも深刻ないじめは受けていなかった。わたしを嫌う生徒がひとりいたが、それは受け売りの人種差別とわたしがラグビーで注目されていることに対する嫉妬だったのだと思う。でもだいたいそれくらいで、しかもそんなときも、たいていの人はあるがままに物事を見て、わたしに味方してくれた。たいていの生徒は落ち着いていて、グレイ校のかなり多くの生徒は、自分がこうした教育を受けられるのは幸せなことだと気づいていたと思う。

多くのプライベートスクールと同じように、グレイ校にも独特の伝統や風習があり、そこが小さな世界であり、特別な環境であるという事実を際立たせていた。そのなかに、映画『炎のランナー』の影響で始まった、年に一度行われる競走があった。最終学年の生徒のうち最も足の速いふたりが、回廊のまわりを正午の鐘が鳴り終わるまえに1周するのを目指すレースだ。成功する生徒はほとんどいなくて、もちろんわたしも無理だった。ズウィデでラグビー史上最も足が遅いウイングだったころから、その点ではあまり進歩していなかった。

自分より年上の人よりも先にドアから出入りすることは許されなかった。最終学年になると、自分より若い生徒がすわっているベンチの前を通ると、その全員が挨拶をしなければならなかった。スポーツだけでなく学業や音楽で好成績を収めて表彰された生徒は、白地に青い縁取りをしたフルカラーのブレザーを着るのだが、最高に格好よかった。最終学年の12年生は「オールド・ポット」と呼ばれ、8年生の「ニュー・ポット」がひとりついて、洗濯をしたり、朝起こしてくれたりする。わたしにはニック・ベスウィックという生徒がついていた。あるとき、厳密にはもちろん校則違反だが、何人かの友人と外出したいときは、代わりにベッドに寝ていてもらったこともあった。たまたま寮監のひとりが真夜中に見回りに来たときは、ニックが掛け布団の下から、できるだけ低い声で「全員います」と答えた。

とはいえ、若い生徒が年長の生徒を一方的に尊敬し、気づかうだけではなかった。ニュー・ポットに問題が起こったときは、最初にその生徒とペアのオールド・ポットが事情を調べて解決を図り、それでもうまくいかないときにだけハウスマスターが介入した。ニックはいいやつで、わたしは必要なときや可能なときはいつでも喜んで手を貸した。最終学年には、多くの地域協会のチームから契約の誘いがあり、靴やスクラムキャップ、トレーニングウェア、サプリメントなどが送られてきた。必要なものは足りていたから、それは全部ニックにあげていた。

わたしはまた、できるだけ賢く制度を利用しようとした。卒業試験では1科目落としても合格できたから、いちばん苦手な科目を選んで、それはまったく手をつけず、その時間をラグビーのトレーニングや練習に費やした。苦手な科目は選ぶまでもなかった。会計だ。この科目はわたしには退屈だし、むずかしかった。そこで会計学の先生のところへ行って、こう言った。「すみません、この科目は勉強しなくてもいいですか？　どっちにしても落とすなら、自分と先生の時間を無駄にすることはないと思いまして」

「会計は役に立つよ」と先生は答えた。「のちのち、たぶん必要になる」

「ぼくのキャリアでは、たぶん要らないと思います」

「何をやるつもり？」

「スプリングボクスに入ります」

先生はじっとわたしを見た。そして言った。「シヤ・コリシ、君はとても傲慢な若者だよ」

だが、スプリングボクスはまさにわたしの目標で、しかもちゃんと理由があった。まず、はじめてしっかりと意識して観戦した、2007年のワールドカップの影響だ。1995年や1999年の大会のときは幼すぎたし、2003年大会ではスプリングボクスはよい成績を残せなかった。予選プールでイングランドに負け、さらに決勝トーナメントでは準々決勝でニュージーランドに負けたから、あまり興奮できなかった。だがいまは、自分が年代別の第一線にいて、スプリングボクスも好調だったので、国内の全ラグビーファンと同じように夢中で観戦した。またイングランドと同じプールに入り、今度は逆に、36対0で勝った。ティア1国との対戦での完封は珍しいことだった。

それにただのサポーターではなく、選手として観戦するようになっていた。誰がなぜ、何をしているのか、どれくらいうまくプレーをコントロールしているかを見ていた。とくに、当然だが自分と同じバックローの選手に注目して、ブレイクダウンでどんな働きをしているか、どのようにフォワードとバックスをつないでいるかに意識を向けた。決勝は予選プールで当たったイングランドとの再戦で、15対9で点差は縮まったが、また勝利を収めた。スプリングボクスは世界王者になった。

優勝の祝福は長期にわたって続けられた。1995年のときのような、社会的に多くの影響を及ぼすことこそなかったが、多くの人はまたチャンピオンになったことを喜んだ。だがわたしにとっては、それよりはるかに大きな出来事だった。あの金色のトロフィーを国に持ち帰ったのは、2年前にグレイ校のピッチで練習しているのを見た選手たち、わたしがたどっているのと同じ、学校や年代別のシステムを通り抜けた選手たちだった。彼らにできたなら、わたしにできないことがあるだろうか？

だが、スプリングボクスを目指していた何よりの理由は、どうしても謙虚な表現ができないのだが、高校生選手として、わたしはずば抜けていたことだ。10年生のときが飛躍の1年になった。この年、わたしははじめて有望選手として全国的に認知された。それはわたしが成長したからではなく、単にそれよりも下の年齢の選手はスカウトが視察しないからだ。そしてなぜ視察しないかというと、その年齢までは、成長や変化があまりに激しくて、現実的な評価を下すことができないためだ。選手は早熟だったり晩成だったりするので、誤った印象を与えてしまう。12歳ですでに成長期に入った選手は、まわりの子供よりもはるかに体が大きく、そのためよい選手に見えるが、ほかの選手たちも体が成長してくると埋没してしまうかもしれない。ようやく14歳で成長期に入った選手は、はじめはまるで目立たなくても、数年後にはがらりと評価が変わることがある。

その年、U16の地域協会別対抗戦であるグラント・コーモ・ウィークで、わたしはイースタン・プロヴィンス協会のキャプテンを務めた。わたしにとっては、この大会名も意味があるものだった。コーモ氏は、スポーツも厳格に人種ごとに分かれていた1950年代に、黒人のみの南アフリカ代表チーム、バントゥ・スプリングボクスのキャプテンで、のちにラグビーにおける黒人選手の進出に貢献した。ラグビーは白人だけのスポーツではないことを先駆けて示した人物だ。

ラグビーに関して、わたしがずっと好きなのは、チームメイトだけでなく、対戦相手とも友人になれることだ。グレイ・ジュニアでの最初のチームで、わたしは「エイトマン」（ナンバー8）のポジションで、相手のデール・カレッジの同じポジションにはスカーラ・ントゥベニという少年がいた。そこから始まった友情はいまも続いていて、高校ラグビー時代にはライバルで、その後ウェスタン・プロヴィンスやストーマーズ、スプリングボクスではチームメイトになった。このグラント・コーモでは、彼はライバルのひとつ、ボーダー協会代表のキャプテンだった。どちらも無敗のままだったが、当たることはなかった。両チーム優勝になったが、スカーラはそれが気に入らず、そっちのほうが弱い相手と当たっていた、おれたちのほうがいいチームだ、と言い張った。わたしたちは東ケープ州の好ライバルになり、たがいに敬意を抱きながらも、激しく争った。結局、ボート・エラスムス・スタジアムでのカリーカップの前座試合で対戦し、悔しいことに、いや非常に悔しいことに、ボーダー協会が勝ち、彼らは自分たちが南アフリカU16の真のチャンピオンだと宣言した。スカーラは面と向かってそう言ったりはしなかったけれど……。

わたしはグラント・コーモ・ウィークではいいプレーができて、全国チームの一員に招集された。全国チームはそれからさらに1週間、トレーニングキャンプの形式で活動した。そこでは実力が吟味され、身体測定や、食事や体調のチェックが行われ、だいたい誰が頭角を現しそうかという検討が始められた。だが、わたしはグラント・コーモ・ウィークのあとまもなく成長期に入って、さらに高いレベルに到達した。その時期はおおむね10年生から11年生に上がるまえの休暇中で、身長は10センチ伸び、体重は5キロ増えた。小柄で敏捷だったころには、抜け目ないプレーをしなければならなかったが、いまではパワーもともなってきた。コーチ・ラシーと同じく、ニックもわたしを犬みたいだと言った。昔はこれまで子犬みたいで、手足だけが大きく体は小さかったけれど、いまでは南アフリカの大型犬、ボーアボールみたいになった、と。

ボールを持てば、わたしはとにかく走り、相手をはじき飛ばして、まるでそこにいないように突き進んだ。高校ラグビー界やわたしたちが活動している小さな世界で注目されることで、わたしのプレーのニュースは広範囲に伝わり、ときには他校の人々がわたしを見るためにグレイ校の試合を観戦することもあった。それは嬉しいことだったし、学校では誰もが知る存在になったけれど、絶対に図に乗らないようにしていた。わたしはいつも、才能と、それを十分に生かす機会が与えられたのはなんと幸運なことかと考えていたし、友人たちや職員たちは、わたしがうぬぼれないようにしてくれていた。いいラグビー選手であることはたしかに重要だ。だがそれ以上に、絶対にいい人間であらねばならなかった。

わたしは全年代のAチームに入りつづけ、卒業前年の11年生のときはファースト・フィフティーンに選ばれた。ファースト・フィフティーンでプレーすることは、グレイ校で望みうる最も特別な経験だ。試合日程の情報は、キックオフのはるか以前に噂された。その週はずっと学校の雰囲気がちがった。みなが試合の話をし、健闘を祈り、願望や期待を口にしないよう注意しあった。遅い時間まで練習などをしていても見逃してくれる教師もいた。金曜の集会でチームが発表され、キャプテンが短いスピーチをして、それから全員で「G《ジー》」と声を上げることになっていた。ときには金曜の午後は休講になって、全員でスタンドへ行き、翌日の試合のためにチャントを練習することもあった。

そして試合には、ポートエリザベスのすべての人が観に来たかのようだった。たぶん2万人はいただろう。生徒や、卒業したばかりで姉妹やガールフレンドを連れてくる世代から、70代で試合を懐かしそうに眺めている世代まで、さまざまなOB、そして近所に住んでいるということのほかにとくに学校には関係のない数千人の人々も来ていた。

幾人かの選手にとっては、こうした試合はキャリアの最高潮だった。だがわたしのようにプロ入りしてプレーを続ける選手にとっても、特別で独特な感覚があった。ストーマーズやスプリングボクスでは、数百万の人々が週末に試合を観てくれていることは知っていた。だが学校のコミュニティがもたらす一体感はそれとはちがっていた。これで生活しているわけでもないし、まだ大人にさえなっていない。わたしたちはまだ学生で、月曜になればまた授業がある。ところがほんの数時間だけ、わたしたちは古代の戦士と現代のスーパーヒーローが合わさったようなものになれた。青いジャージと白い短パン、紺色のソックスのまっさらのユニフォーム。わたしたちは地下通路にあるファースト・フィフティーン専用の階段を上ってピッチに出ていく。それはファースト・フィフティーンのみに許された特権で、キックオフの直前までは立入禁止になっている。階段に当たるスパイクの音で、サポーターたちのいるスタンドにも選手がまもなく登場することがわかる。フィリップ・フィールドに走っていくと、大きな歓声が上がった。

ファースト・フィフティーンに入る11年生はたいてい数人なのだが、この2008年は半数近くを占めていた。チームにはグレイ校史上はじめての黒人主将、ボナケレ・「ボーンズ」・ベテがいた。パパマは驚異的なセンターになり、面白いようにトライを決めていた（学年別チームで年間60得点を記録した）。ゾラニは近隣の学校で最高のプロップのひとりだった。そしてチーム全体がすばらしく、全国で3本の指に入る強豪だった。グレイ校がシーズンを無敗で終えたのは30年前のチームが最後で、わたしたちはそのチームの跡をたどり、校史に無敗チームとして名を刻もうと必死になった。

シーズン無敗を阻む相手はただ1校、最大のライバルで姉妹校でもあるブルームフォンテーンのグレイ・カレッジだけだった。両校は1年の差で、ケープ植民地の総督だったジョージ・グレイ卿によって設立された。グレイ・ブルームの設立は1856年のわが校よりも1年早いだけだが、それよりはるかに重要なことに、ラグビーの成績でわが校をはるかに上回っていた。この年が40回目の対戦で、それまでわが校は7勝しかしていなかった。宿敵と天敵は紙一重だ。そしてグレイ・ブルームは、グレイ・ハイスクールのわたしたちには認めたくないことだが、天敵と呼ばざるをえない相手だった。

わたしはU13のときに彼らを倒し、同年はファースト・フィフティーンも勝利を収め、そのあとの祝福は記憶に残った。学校全体が何日も祝福ムードだった。会場は1年ごとに交代で、わが校は奇数年に、彼らは偶数年にホストを務めているので、この年はわが校がグレイ・ブルームに行く順番だった。ブルームフォンテーンまでは遠く、バスに乗ってほぼ北に向かい、7時間かかる。このときは、わたしたちの到着よりもまえに、すでに前評判は届いていた。彼らはそれまでの数年楽勝を続けていたが、両校とも、今回ばかりはそうはいかないことを知っていた。ホームで彼らを倒せたらすばらしかったろうが、アウェイでの勝利はおそらく、さらに大きな成果になるだろう。

ところが、そうはならなかった。終盤、5点差でリードされていた。トライで同点、そしてコンバージョンゴールで逆転だ。たぶんホームであればちがった展開だったかもしれない。観衆が騒々しいほどに声を上げ、その音がわれわれを後押しし、疲れきったときにもう一度力を出させてくれたかもしれない。精一杯力を尽くしたが、結果は出せなかった。試合は17対22で敗れた。

これがシーズン唯一の敗戦だった。だがわたしはクレイヴン・ウィークに選出されたことで、失望は少し和らいだ。グラント・コーモ・ウィークがU16であるのに対して、クレイヴン・ウィークはU18の大会だ。高校ラグビーの頂点で、シーズン最大のイベントだ。大会名は、南アフリカのラグビーで最も伝説的な人物のひとり、ダニー・クレイヴン博士にちなんでいる。各地域協会のU18代表チームが集まってプレーし、週の終わりに主催者が南アフリカ高校代表チームを選抜する。

クレイヴン・ウィークが終わり、わたしは高校代表チームのサブに選ばれた。先発に選ばれなかったのは残念だったが、自分にはもう1年あるのだと考えた。それに、チームに選ばれたこと自体が大変な栄誉で、その栄誉を得た選手の情報は、それほど派手ではないにせよ間違いなく広まる。地域協会代表チームのアカデミーに所属するスカウトが大挙して視察に訪れ、どの選手と契約するかを検討しながらノートをとり、観察していた。プロ志望の選手にとっては、クレイヴン・ウィークは重要なアピールの場だった。

わたしはウェスタン・プロヴィンスでプレーしたかった。スカルク・バーガーがプレーしていたし、ケープタウンでの暮らしは理想的だと思えた。学生が多く、パーティがいつも行われていて、雰囲気は落ち着いている。だが熱心に誘ってくれ、よい契約金でのオファーを提示してくれたのはフリーステート・チーターズだった。フリーステート州はずっとラグビーが盛んで、アカデミーからの育成環境もすばらしかったので、契約を決めた。ほかのオファーを待つべきだったのかもしれないが、ほかの誘いがあるという保証はなかった。たしかに南アフリカ高校代表に入ったが、それは成功を約束するものではなかった。チーターズが熱心に誘ってくれ、しかも心からの関心を抱いてくれているのは嬉しかった。サッカーのプレミアリーグではないのだから、ベンチにすわっていても多額の年俸が手に入るわけではない。それは理解しなければならないし、地域協会のチームがわたしとの契約を望み、カリーカップやスーパーラグビー、スプリングボクスへの現実的な道筋を示してくれているのだから、よい契約だと思った。まだ17歳で、自分の価値を正確に知ることはむずかしかった。自分を過大評価や過小評価したり、傲慢になるか卑下してしまったりするのはたやすいことだった。そしてまだ17歳ということで、18歳の誕生日に契約することに決まった。

グレイ校での最終学年は、少なくともラグビーに関しては最高だった。わたしは東ケープ州のラグビー界で、とりわけわたしの成功が大きな意味を持つコサ族の人々のあいだで、名前が知れ渡った。黒人生徒の多いデール・カレッジ戦では、わたしがプレーしているという理由だけで、多くの生徒がわが校を応援してくれた。かなりの盛り上がりで、わたしは選手たちの親族とたくさんの写真を撮った。

前年のチームが半分残っているのだから、快進撃をしてもおかしくなかったのだが、そうもいかないのが世の常だ。原因のひとつは怪我で、選手の入れ替えが続いたため、試合の日にベストの23人がなかなか揃わなかった。もうひとつは選手層が薄かったことだ。核となる選手はすばらしかったが、その他の選手とは差があった。とはいえ正直なところ、気の緩みもあった。楽に勝てるだろうと思っていたが、そうではなかった。クリフトン校戦での84対0の圧勝などもあったが、逆にグレイ・ブルームには0対16で完封負けを喫したし、ほかにも勝てる試合を落とした。

敗戦のうち少なくとも1試合はわたしの責任だった。高校時代はボンバーズとの掛け持ちを続けていたので、ずっとリスクを冒してはいたのだが、ついにそれが現実になった。ある土曜日にボンバーズでプレーしていてくるぶしを怪我して、腫れて歩けないほどになった。それを隠すために、月曜日はずっとベッドに潜りこんでいた。そのあと、通りでサッカーをしていて怪我をしたと話すと、3か月はプレー禁止だと言われてしまった。それでも、なんとかして翌週の試合には出ようとした。ポール・ルース・ジムナシウムは、わたしたちが41対16で勝利を収めた前年のリベンジを狙っていた。わたしはその週にきついリハビリをしたが医師の許可が出ず、プレーできなかった。サイドラインに立ってほかの観衆に交じっていたが、自分が出場するはずの試合を眺めているというのは、なんとも身の置き場がないものだ。気持ちのなかではタックルし、走り、パスし、スクラムに参加しているのだが、エネルギーはたまる一方だった。

どうしても出場したくて、宿に戻り、ユニフォームに着替えてきた。戻ってきたわたしを見ると、観客は大きな歓声を上げてチャントを歌いはじめた。「シヤ、シヤ、シヤ！」試合は残り10分で、同点だった。捻挫していても、10分ならやれるはずだ——観衆とアドレナリンが後押ししてくれる。それに、わたしがプレーすればチームに変化をもたらし、勝てるだろう。

だが、コーチは出場を認めなかった。異議を唱えても、意志は変わらなかった。その後、ポール・ルースが得点し、もうなすすべはなくなった。あまりに腹が立って、コーチから目を背けた。黙って走り去り、寮に戻った。

もちろん、正しかったのはコーチのほうだ。それでも、そのことに気づいたのはだいぶあとになってからだった。わたしは17歳で、世界でいちばん大切なのは目先の試合であり、負けるのは最悪の出来事だと思っていた。広い視野から物事を見ることはできなかった。でもコーチはちがった。彼はあそこでプレーさせれば、くるぶしにもっと深刻な怪我をする危険があり、それはわたしの将来のキャリアにより大きな影響を及ぼしかねないことを知っていて、それをわたしに教えたのだ。そんな危険は、まったく冒すだけの価値はなかった。

またこの出来事から、わたしはあることを理解した。多くの人がそのことを忘れてしまっていて、しかも当時よりも現在のほうがさらに深刻な状況であるように思える。それは、高校ラグビーはつねに、ただのゲームにすぎないということだ。２００８年のグレイ校のチームがあれほど特別だったのは、たくさんの勝利を収めたからではなく、固く結ばれた才能あるチームで、信頼しあい、よいチームであるだけでなく生涯の友情を育んだためだ。勝利はそうしたすべての結果にすぎなかった。残念なことに、なんとしてでも勝利を収めなければならないという信念は、人の心によくない価値観を植えつけるだけでなく、ラグビーをする少年たちにあまりに過酷な重圧をかけてしまう。彼らはプロの契約を得られないと燃え尽きてしまったり、何もかも投げ出してしまったりする。楽しみのためにプレーする人々に、ラグビーが仕事のように感じられるのはいいことではない。人より抜きん出ようとするために、厳しい練習ではなく筋肉増強剤に頼ったり、うまくいかなくて精神的な問題を抱えたりすることもある。バランスの取れた個人であることは、よいラグビー選手であることより重要なことだ。これはどの年齢にもあてはまることだが、16歳から18歳といった年代ではとりわけそうだ。もし狭いフィールドでの結果だけで人間を判断するシステムを続けるなら、あらゆるものの値段を知っているが、いかなるものの価値も知らない人間、要するにつまらない皮肉屋を生み出すことになるのではないか。とくに子供のころには、たくさんの人に褒められると、自分はすごいと思いこんでしまう。だが誰であれ、肝心な場面で自分は他人より優れているわけではないと気づかされる瞬間はかならず訪れる。そんなとき、ラグビーしか知らなければ対処することはできないだろう。

怪我の治療が間に合ったため、わたしは2度目のクレイヴン・ウィークに出場できた。そこでスカーラと再会し、プレー以外の時間にはよく一緒に外出した。彼はフッカーにポジションを変えていて、南アフリカ高校代表に選ばれるだろうかと気をもんでいた。わたしたち（イースタン・プロヴィンス協会）はウェスタン・プロヴィンス協会と非公式の決勝戦を行った。そこで、ウェスタン・プロヴィンス協会のフッカーであるギャリー・トプキンがわたしをぶち抜いた。それを見ていたスカーラの顔に浮かんだ恐怖の表情はなかなかの見ものだった。試合後には、わたしに寄ってきてこう言った。「おまえをぶち抜いたのが、なぜよりにもよってフッカーなんだ？　ディフェンスがぬるいんだよ。ぼさっと立ってたじゃないか」彼はわたしがタックルをミスしたせいで、高校代表の座を奪われてしまったと思ったのだ。わたしは、それまでにいいプレーを見せていたんだから心配いらないよと言った。正しかったのはわたしのほうで、彼はゾラニと一緒に控えメンバーに入った。先発フッカーには、ちょうど10年後に、ワールドカップ決勝で同じポジションでプレーすることになるボンギ・ンボナンビが選ばれた。また、グレイ・ハイスクールとグレイ・カレッジの差はここでも一目瞭然だった。グレイ・ハイスクールから高校代表に入ったのはわたしとゾラニだけだったが、彼らは6人選ばれ、しかも全員が先発で、チーム全体のさまざまなポジション（フルバック、センター、スクラムハーフ、プロップ、ロック、フランカー）を占めていた。

わたしはエイトマンとしてチームに入ってほっとした。もし先発でなければ失望したことだろう。高校最終年で、まもなく高校ラグビーは終わり、たぶんプロ入りする。チーターズとすでに契約していたが、クレイヴン・ウィーク中により多くの人々から関心を寄せられ、契約を後悔しはじめていた。ほかのチームもわたしに興味を持ってくれたうえ、そのなかにはいちばん加入したかったウェスタン・プロヴィンスも入っていた。しかし、もうどうすることもできなかった。

もしかしたら、会計のクラスをもう少し頑張って、ビジネスのことに詳しくなっておくべきだったのかもしれない。学科の内容には、こうした状況を切り抜ける方法も含まれていたからだ。スカーラはヒルトン・ホートンという代理人と契約し、ウェスタン・プロヴィンスとの契約を進めていた。ウェスタン・プロヴィンスはわたしの獲得についても熱心だった。それはわたしのプレーだけではなく、スカーラとわたしが仲間であることを知っていて、ふたりで力を合わせて出世していくだろうと考えたからだった。ホートンはわたしの代理人にもなろうと提案した。彼はチーターズとはこちらから話をつける、と言って、実際にそうしてくれた。

それは心苦しいことだった。いったん決めた約束を破るのはいいことだとは思えなかった。わたしは誠実な人間で、そうしたことは自分にそぐわないように感じた。だが、これがわたしにとってベストの選択であり、チーターズはそれを理解してくれた。

グレイ校での最後の日々に、ちょっとした出来事があった。たいてい、長い時間を過ごした場所を去るときは慌ただしいものだ。懐かしさと感謝、後悔、そしてこうして過ごせるのもあとわずかなのだという思い。パーティに出席し、連絡先を交換し、連絡を取りあおうという約束を交わす。だがわたしは、そうした一般的な行為だけでなく、自暴自棄なふるまいをしてしまった。それを思い出すと、これだけ時間が経ったいまでも気が変になりそうだ。

6年のあいだ、グレイ校はわたしのよりどころだった。そこでは誰もがわたしの味方で、愛情と支えを頼ることができた。ところがいまやそれがなくなり、生活からまた支えが失われてしまった。ズウィデに戻れば父や叔父と言い争いばかりしていたし、ラグビーで成功できなかったら何をすればいいのかもわからなかった。失敗も怖いし、前に進むことも怖かった。わたしはさんざん酔っ払った。それはいつものことで、もう若気のいたりと呼べる段階ではなかった。酒を飲まないと、何も手につかなかった。酔っ払っていれば、世の中のことは忘れられた。それは父が酔っ払っているのと同じ理由だった。わざと車の前に飛び出して事故に遭おうとしたことさえある。酔ったままホートンに電話をかけ、もうやめる、気が変わった、ラグビーのプロ選手にはならないと告げた。すると彼はすぐに、わたしとスカーラがケープタウンの彼の家で暮らせるよう手はずを整えてくれた。わたしたちは学校での行事がすべて終わるとすぐバスに乗り、コメキー郊外の彼の家に直行した。

彼はいい人物だった。彼の隣人たちのことを思えば、言葉では言い表せないほどだ。ある日、彼の家から数ブロック先の乗合タクシー乗り場から戻ろうと歩いていると、わたしはとつぜん武器を持った警備員たちに囲まれた。警察ではなく、地域の安全を守る民間の警備保障会社だ。バイクや車、ヴァン、ピックアップトラックなどが詰めかけていて、まるで映画のワンシーンのようだった。そのなかのひとりがわたしの額に銃を向けた。誰かの家に泥棒が入り、わたしがその犯人の容貌に似ているのだという。つまり、わたしは彼らが見つけた最初の若い黒人だったというわけだ。

「そこのホートンさんの家に滞在しています。すぐそこの」わたしは100メートルくらい先にあるホートンの家を指さした。

「証明してみろ」

そのとき、近所の住人が通りかかった。わたしとスカーラがこの数週間、何度も通りがかるのを見て、わたしのことをたしかに知っている人だ。わたしは声をかけた。

「すみません、わたしがホートンさんの家に滞在していることを、この人たちに話していただけますか？」

彼はわたしを見て、武装した男たちを見ると、目を落として何も言わずに立ち去った。

この行為は、わたしの心の深いところに突き刺さった。わたしの身元を保証するのは、世界で最も簡単なことだった。だが彼はそうしなかった。それ以上に悪い言葉など何もなかった。

どれくらい拘束されたのかはわからない。わたしは泣いていた。その場で射殺されるんじゃないかと思った。あの隣人がちゃんと話してくれれば、彼らはこんなことはしなかっただろう。だが結局、彼らはわたしが探している相手ではないことに気づいた。もしかしたら、本物の犯人が捕まったと連絡を受けたのかもしれない。何も言わずに車に戻り、去っていった。ひと言の謝罪もせず、何も言わずに。

それは、自分で望んだわけではないが、ふたつのことをわたしに思い出させた。まず、わたしの肌の色だけで心を閉ざす人はいるということ。そして、自分を信頼しなければならないということだ。結局、自分以外に頼れるものなどないのだから。

# 第2章
# ストーマーズ

ニューランズ・スタジアム。それは夕暮れには空が紫色に染まるデビルズ・ピークの裾野に位置する南アフリカラグビー界の貴婦人であり、わたしがいちばん好きなスタジアムだ。ここは、1995年のワールドカップ開幕戦のオーストラリア戦で、ピーター・ヘンドリクスが拳を握りしめてからトライを決めた場所だ。その試合から、スプリングボクスは優勝トロフィーへの道を突き進み、その影響はいまもやむことがない。そして、やがてスプリングボクスに選ばれ、ほぼ四半世紀の時を経てその偉業に並ぶために、わたしはここで数多くの試練を経ていくことになる。

ニューランズはほかのスタジアムとはちがう。ピッチに立つときはいつも、その歴史を感じる。最初の試合は19世紀に遡る。世界中の主要なスタジアムのなかで、それよりも古いのはダブリンのランズダウン・ロードしかない。試合中でも、風が吹き荒れ、風向きはすぐに変化する。四面に高くそびえるスタンドに身をおくと、まるで大釜の中にいるようだ。ほかのスタジアムよりも観客は身を寄せあってすわり、ときには、実際に選手とともにフィールドに立っているようにさえ感じられる。観客の声で、審判の判定が聞こえないこともある。

観客には、あらゆる肌の色をした、さまざまな体格の人々が入り交じっている。ロフタス・ヴァースフェルド・スタジアム［訳註：ハウテン州プレトリア］やネルスプロイト（ムボンベラ・スタジアム）に行けば、観客の多くは長年にわたりスプリングボクスの象徴だったアフリカーナーだが、ニュージーランズではいつも、異なるグループの人々がより自由に交ざりあっている。実際、まだ一部には、アパルトヘイト時代にずっとそうしてきたからという理由で、たとえスプリングボクスが相手でもオールブラックスを応援する人々もいる。そして観客は贔屓《ひいき》チームに熱烈で忠実な声援を送る――まさに16人目の選手だと感じられることさえある――が、よいプレーはチームに関係なく賞賛する。どちらのチームが得点したかに関わりなく、目の覚めるようなトライには立ちあがって声援を送る。

わたしはどのチームの一員としても、ニューランズでのプレーではいつも全力を出しきった。ウェスタン・プロヴィンスであれ、ストーマーズであれ、スプリングボクスであれ。なかにはフランチャイズチームでは力を温存し、代表に備えるという選手もいる。そのつもりはないかもしれないが、現実にはそうだ。わたしにとっては、すべての試合がはじめて出場した試合のようで、わたしはいつでも、チームの力になり、あのすばらしい観客の応援に応えるために、できることをすべてやると決意している。

プロ選手としての理想論だと思われるかもしれないが、そう、わたしはそうなることを望んでいる。

ラグビーを始めたころは、自分の得意な部分、たとえばボールキャリーはいつも熱心だったが、ディフェンスはそれほどでもなかった。高校ラグビーではオフェンスがはるかに重要で、それはまあ当然のことでもあるし、その年代では楽しみにもつながった。高校生は時間をかけて、複雑なディフェンスのシステムを学ぶのは好きではない。

わたしはその年、学校を卒業してウェスタン・プロヴィンスのアカデミーに入団した50人ほどの選手のひとりだった。全員が、1年経つころには人数がだいぶ減るだろうということは知っていた。そのあいだに選別されるというわけだ。各段階で多数の選手がふるい落とされるため、もし成功したければ、その争いに勝ち残らなければならない。そこまで来た選手は誰もが才能を持っているのだから、才能だけに頼ってはいられない。才能と同じくらい——というより、たぶん才能以上に——大事なのは、性格や勤勉さ、上達したいという気持ちを持ちつづけることだ。コーチ陣に見切りをつけられたり、自分からそうした生きかたに向いていないと気づいて、多くの選手たちが消えていった。

その年に入団したのは特別な選手たちばかりだった。年によってばらつきがあるのはごく自然なことだが、わたしたちの年はとくにそれが際立っていた。すばらしいバックローで、万能アスリートのニザーム・カー。すでに将来のスプリングボクス入りを嘱望されていた右プロップのフランス・マルハーバ。そして長身ロックのエベン・エツベス。わたしと同じく、ニザームとフランスはラグビー有力校(それぞれビショップス・ダイオセアン・カレッジとパール・ボーイズハイ)の出身だが、エベンの母校はタイガーバーグ・ハイスクールで、それほどの名門ではなかった。

アカデミーに入りたてのころ、それまで2年近くも肩の故障を抱えたままプレーしていたことがわかり、手術が必要になった。手術の日程は2か月先に決まった。同じように手術を受ける選手がもうひとりいて、彼は手術までトレーニングを休むことにしたのだが、わたしは休みたくなかった。U19の代表チームの選考が迫っていて、おそらくそれまでの評価から、現状に関わりなく選出されるはずだったが、過去の実績だけで選ばれるのは嫌だった。公平か不公平かはともかく、優遇されたようには見られたくなかった。だからその2か月のあいだ、わたしは通常どおりすべてのトレーニングをこなし、スケジュールどおりフルコンタクトの練習にも参加した。手術前日でさえ、全力で体をぶつけた。医学的にはあまり賢明なことではなかったかもしれないが、それによってチームメイトだけでなく、コーチングスタッフや1軍の選手たちにも認められたのはとても重要なことだった。エイトマンとしてU19代表に選ばれたときは、過酷だが正当な方法で勝ち取ったのだと思えた。

手術のあとは、プレーできないことに加え、自分が立ち止まっているあいだにみなが前進していることにイライラした。そんなネガティブな感情に負けてしまうのは許せなかったから、状況をべつの方向から眺めてみた。怪我は遅かれ早かれ、わたしだけでなく誰にでもやってくるものだ。今日はそれが自分の順番だった。明日はほかの誰かの番が来る。だったら、それにストレスを感じてもしょうがない。しかも、怪我の時間は無駄などではない。その反対だ。その時間を使って、ジムで体力をつけることもできる――肩の怪我をしたからといって、エクササイズバイクに乗れないわけじゃない。動画分析の時間を増やして戦術への理解を深めることだってできる。

また、怪我からできるだけ早く、しっかりと回復することもテストのひとつだとみなした。わたしが受けた手術からの標準的な回復時間は4から6か月だった。執刀医とフィジオは、最短で4か月ではなく、最長でもそれまでに回復すべき期間で、君は3か月を目指せと言った。結局わたしは2か月で回復したが、同時に手術を受けた選手はそのころまだスリングがはずせず、回復までわたしの2倍の時間がかかった。

アカデミーはステレンボッシュにあり、ウェスタン・プロヴィンスの主要施設はケープタウンにあったので、わたしはその2か所を行ったり来たりしていた。ステレンボッシュは南アフリカで最高のワイン産地で、つねにたくさんの人が訪れる。たくさんのカフェやバー、レストランが建ち並び、陽気で豊かで、くつろげる場所だ。何より、ステレンボッシュとケープタウンには学生が数多く暮らしている。学生が多ければパーティも多く、パーティがあればわたしはそこにいる。わたしはパーティやジョーク、酒が大好きで、パーティを楽しみながらラグビーをプレーするだけの若さと才能に恵まれていた。

手術後の復帰戦も、まさにそのいい例だった。わたしは出場することになっておらず、前日の晩は手術の成功を祝って少し飲んでいたのだが、怪我人が出て、急遽出場することになった。スタンドオフはニックだった。わたしは試合前に彼のところに行った。

「なあ」とわたしは言った。「今日はやばいんだ。絶対にボールをまわさないでくれ」

「わかった」と彼は答えた。

最初のブレイクダウンのとき、ニックはさっそくわたしにパスをした。相手チームのバックローが一斉に襲いかかってくる。二日酔いの身では、嬉しくてたまらないとは言いづらい。ニックは最高に面白い状況だと思ったらしい。その後80分間、自分がボールを持つとかならず見まわしてわたしを探し、レーザー誘導兵器のように確実にパスをしてきた。まもなくわたしは諦めて開き直り、結局はかなりいいプレーができた。

行動規範はひとつだけだった。トレーニングやプレーに悪影響を及ぼさないかぎり、ピッチの外では何をしてもかまわない。正当な理由なしにトレーニングを休むのは最大の罪であり、3度その罪を犯せば退場になる。最初は警告、それから2週間の帰宅命令、そしてアカデミーからの永遠追放。

朝の練習は早く、6時から始まった。あえてこの時間にしているのは、1日をフルに使ってトレーニングをして、あいだには休憩やミーティング、リハビリも入れられるようにするというだけではなく、朝のこの時間から始めることで本当にやる気のある選手、疲れていても努力を傾けることのできる選手を見分けられるからだった。

だが徐々に、その行動規範に従っているだけでは不十分だということに気づいた。プレーに影響を及ぼさないだけではなく、プレーを改善するために過ごさなくてはならないのだ。たしかに、二日酔いでもプレーできるし、力が落ちることもないが、そもそも二日酔いなどせず、さらによいプレーをすればもっといいはずだ。力が落ちないというのは最低ラインでしかなく、それでは最大限の上達は望めない。自制心や規律に関するレクチャーはなかったが、そのふたつこそ、若いラグビー選手が手に入れるべき最も重要なスキルだ。現実のなかでも想像においても、安楽な生活におぼれ、自分の成功を鼻にかけて努力しなくなるような機会はいくらでもある。

また、練習と試合の割合が大きく変わってしまったことにも対処しなければならなかった。高校時代は毎週末に試合があり、それが準備、試合、回復を繰りかえすという1週間のリズムを作っていた。スキルや体力の改善はおおむねプレーすることでもたらされ、対戦相手ごとに異なる戦術を練習していた。一方で、年間の予定が詰まっていたため、きちんと計画された長期的な指導を受けることはできなかった。ところがアカデミーに入ると、最初の数か月で試合はほんの数回だった。わたしたちは「負荷をかける」こと、つまりこれまでよりもはるかに過酷なプロのラグビーで要求される心身への負担に耐えられるようにすることに集中した。フィールドのなかだけでなく外でも自分が行っていることの負荷を1から10までの数値で評価し、その数字が低すぎる場合は、自分で考えてそれを引き上げなければならなかった。

育成の責任者はラシー・エラスムスとアリスター・クッツェーのふたりだった。コーチ・ラシーはウェスタン・プロヴィンスのディレクター・オブ・ラグビーで、コーチ・アリスターはシニアチームの責任者だった。数年後、このふたりによってわたしの代表でのキャリアは拓かれていく。コーチ・アリスターがわたしを代表の先発に選び、コーチ・ラシーが主将に任命することになる。だが当時は、わたしたち選手がなんとかして自分のことを覚えてもらわなくてはならないのは上層部の人たちだった。会うことはあまりなかったが、ときどきプレーを見に来ていた。そして彼らがいないときでも、自分のパフォーマンスが彼らに伝えられていることは知っていた。彼らはわたしたちの将来を予測しつつも、高く評価した選手を贔屓するようなことはなかった。

年上の選手たちはわたしをかわいがり、面倒を見てくれた。なかでもいちばんはブライアン・ハバナだった。彼はチームの罰金担当でもあり――ほとんどのチームでフロントローの選手が受け持つこの役割を担っていたことからも、彼に対する周囲の評価の高さがわかる――、間違ったことをしたときはわたしも何度か罰金を科せられたが、そんなときでも親切だった。試合前やうまくいかなかった試合後に大丈夫かと声をかけてくれた。彼は人間としてすばらしく、わたしは自分がシニアチームの一員になったとき、彼を手本に、同じように行動して、上がってきそうな若手選手を注意して見るようになった。

チームのほとんどの選手は成功できなかったときはどうするかを考えているようだったが、わたしには何もなかった。グレイ校ではすばらしい教育を授けられたが、わたしの家族は変わらず貧しいままだし、有力者とのつながりができたわけでもなかった。グレイ校ではラグビーの才能を表現し、それをさらに伸ばすための機会が与えられた。成績からして、ラグビーが駄目になったとき卒業後に弁護士や会計士を目指せるわけでもなかった。家族の農場もなかった。わたしはなんとしてもここで成功しなければならなかった。ほかの選択肢はない。毎日、ずっと同じことを考えていた。「おまえには何もない。これがすべてだ。絶対に成功しろ。ここが居場所なんだ。意欲を絶やすな」

チームメイトのひとりと境遇を比べてみた。その相手とは立場が少しちがっていた。彼は大学生で、わたしはアカデミーに入っている。だが、彼もとてもいい選手だ。少なくとも、前十字靱帯を損傷し、再建術を受けなければならなくなるまではそうだった。その怪我をきっかけに、彼は自分がどれだけラグビー選手になりたいと思っているかを考えなおした。間違いなくフランチャイズチームではプレーできるだろうし、南アフリカ代表の候補にも入れるかもしれない。だが、そこが自分の限界だと彼は知っていた。しかもそのためには、かなり身を粉にして打ちこまなければならないだろう。それは職業の選択肢がたくさんあり、ラグビーがすべてというわけではなく、いつも仲間との楽しみとしてプレーしてきた彼には大きすぎる犠牲だった。それで、彼はやめた。わたしとは状況がちがっていた。

ほかにも、自分の出自について考えざるをえない出来事はたくさんあった。あるとき、アウディからスポンサー契約とローンでの自動車購入の誘いが来た。すばらしいことだが、ひとつ問題があった。わたしは運転ができなかったのだ。いつも練習に行くときは同乗させてくれる人がいたし、試合へはチームバスで移動していたから、それでなんとかなっていた。恥を忍んで、車はぜひ欲しいが、そうはいかない事情があるとアウディに伝えると、彼らはありがたいことに運転の講習をして、免許を取らせてくれた。わたしはたぶん、こうした出来事があったからこそラグビーに熱心に取り組めたのだと思う。わたしはできるだけ多くの人にラグビーを観てほしかった。選手にはチケットの割り当てがあるので、自分の分や、それ以外にも余りがあれば、街で観に来たい人々に手渡していた。グレイ校時代はズウィデでもチケットを配り、スタジアムへのバスも手配していた。

わたしはU20南アフリカ代表の「ベイビー・ボクス」に選ばれた。これもフル代表へのステップのひとつで、クレイヴン・ウィークや南アフリカ高校代表で会ったことのある選手たちも数人いた。パット・ランビーやエルトン・ヤンチース、CJ・スタンダーなどだ。わたしたちはアルゼンチンで行われたIRBジュニア世界選手権［訳註：現ワールドラグビーU20チャンピオンシップ］に参加した。グレイ校の友人やその家族と休暇に海外に行ったことはあったが、ラグビーチームの一員として誇りあるブレザーを着て南アフリカ国外へ出て、大勢の人々の前で式典に出席し、写真撮影したり観光をしたりするのははじめてのことだった。わたしは予選プールのスコットランド戦で、代表として初得点となる2トライを決めた。だが、準決勝で敗れた。相手は、ほかならぬオールブラックスだった。南アフリカとニュージーランドは国際ラグビーの歴史で最も名高く、激しいライバル関係にあり、ジュニアの段階からすでにそれはひしひしと感じられる。年代は関係ない。全身黒を身にまとった15人の選手たちと対峙《たいじ》するのは特別な経験であり、結果はどうあれ、絶対に忘れられない試合になる。

ウェスタン・プロヴィンスでのデビュー戦は２０１１年2月だった。とくに大きな試合ではなかった。カリーカップよりカテゴリーがひとつ下のボーダコム・カップのゴールデン・ライオンズ戦で、ニューランズ・スタジアムにはたった７０００人しか入っていなかったが、誰もが知る青と白のストライプで、胸の上に赤いディサが描かれたシャツを着て、１軍の選手としてはじめて出場できることにわくわくした。これまでの試合よりも展開が早いから注意しろと言われていたが、実際にはそんなことはないと思った。その試合は土壇場で同点に追いつき、そこからグループステージは連勝を重ねて、準々決勝のシャークス戦で敗退した。

それから、さまざまなことが一挙に起こった。6月には、2度目のＩＲＢジュニア世界選手権のイタリア大会に出場したが、大会中にストーマーズに呼び戻された。6月上旬にニューランズで行われるスーパーラグビー準決勝でクルセイダーズと対戦する予定で、ドウェイン・フェルミューレンとピーター・ロウがともに怪我で欠場するため、わたしが招集されたのだ。予選プールでスコットランドとアイルランドに勝ち、唯一の敗戦となったイングランド戦のあと帰国した。

わたしはベンチの予定だった。クルセイダーズは最高のチーム状態だった。数か月後にワールドカップを制するオールブラックスの主力が名を連ねており、世界最高の10番、スタンドオフのダン・カーターもいた。われわれは過去10戦で8敗していたうえ、ケープタウンには大勢の熱狂的なニュージーランドファンがいるため、ホームアドバンテージもそれほど期待できなかった。

これはわたしにとって大きなステップであり、絶対に失敗できなかった。まえの晩は早く寝て、よく休め。指示はそれだけだった。それで、わたしはどうしたか？　チームメイトと外出して、強盗に遭い、ひどく殴られて話せないほど唇が腫れてしまった。

医師に検査してもらい、絶対にプレーしてはならないと診断された。わたしはまだ20歳で、スーパーラグビーの準決勝でリッチー・マコウやダン・カーター、キーラン・リード、サム・ホワイトロック、ソニー・ビル・ウィリアムズといった選手たちを相手に戦うチャンスをふいにしてしまった。コーチ・ラシーは怒り狂った。当然だ。そもそも外出すべきではなかった。たぶんわたしがいても、結果は変わらなかっただろう。10対29で敗れ、最初のペナルティゴールをのぞけばリードを奪う場面すらなかった。だが、重要なのはそこではなかった。

その年、チームはカリーカップでも準決勝でライオンズに負けた。ただ個人的には悪くないシーズンだった。ボーダコム・カップやカリーカップで出場し、馬鹿なことさえしなければ、スーパーラグビーにも出られただろう。わたしはラグビーのプロ選手として飛躍し、しかもまだ20歳だった。だが準決勝での敗退、しかも本拠地での2敗は耐えがたいものだった。

2012年はもっといいチームにならなければならなかった。コーチ・ラシーが退団して代表チームのスタッフに就任するととくに批判の声が高まったが、チームはいい感触でシーズンを迎えた。

新シーズンの初戦、ニューランズでのハリケーンズ戦で、わたしはスーパーラグビーでのデビューを果たした。交代要員だったが、開始15分でスカルク（・バーガー）が負傷した。観衆はそれを見て沈黙した。グレイ校時代にはサインをもらい、心から尊敬している選手だ。こんな瞬間が来るなんて、まったく考えていなかった。彼はプレーを続行できなくなり、電動カートでピッチ外に運ばれ、わたしが交代で入った。予想よりも早い時間帯だった。たぶん出場するのは終了前の20分ほどだろうと思っていたのだ。だが、それはどうでもいいことだ。十分なウォームアップの時間が取れず、精神的な準備もできなかったが、予想外のことが起こったときには、その場でなんとか工夫しなければしかたない。入ったときは7対3でリードしていて、そこからこちらが2本、相手が1本のペナルティを決めて13対6になった。

相手のゴールラインまで5メートルの地点でラインアウトになった。ティアーン・リーベンバーグの投げたボールをアンドリース・ベッカーがつかみ、モールを形成してゴールラインに迫った。わたしはモールの後方でボールを持っていたので、トライラインが見えたときに飛びこむだけだった。ストーマーズの選手として、出場13分でトライを記録した。ジャン・デヴィリアスがわたしの脚を抱えて持ち上げ、髭面でハグをした。

その試合は一度もリードを奪われなかった。後半早々にボーデン・バレットのトライと、自ら蹴ったコンバージョンで23対23の同点に追いつかれたが、すぐに突き放して、39対26で勝利を収めた。興奮するゲームで、強い相手に、満員の観客の前で勝ったあとのドレッシングルームは、たいてい楽しい場になるのだが、スカルクが靭帯を傷め、最低6週間は欠場するという知らせで、喜びは半減だった。彼はキャプテンで、フィールドの内外でみなを鼓舞していたから、このニュースは痛手だったし、しばらく会えないのはつらかった。とはいえわたしにとっては、スカルクの不運が自分にとってはチャンスでもあることを否定できなかった。

男女を問わず、こうした計算などしていないというスポーツ選手がいたら、それは嘘だ。生活をそれに懸けているなら、できるだけ多くの時間プレーしたいと思うはずだ。自分がジャージを着る機会を与えられていたら、ほかの誰かにチャンスを取られたくはない。ベンチにすわっている立場なら、自分がピッチでどれだけやれるかを示すチャンスが欲しいと思っている。そしてたいがい、そうしたチャンスは自分の前を行く選手が怪我をしたときにやってくる。それは正しいか間違っているかではなく、公平か不公平かでもなく、とにかくそうなのだ。スカルクはずっとわたしのヒーローだった。7年前、南アフリカ代表の選手たちがグレイ校を訪れたとき、わたしが誰よりもサインしてほしいと思ったのはスカルクだったし、いまではじかに接するようになり、選手としてだけでなく人間としてのすごさを知っていた。彼はウェスタン・プロヴィンスのチームでフィットネスと調整の計画を取りしきっていて、わたしはその面でも追いつくことを目指していた。自分が1番手になるには、現在の1番手を倒さなくてはならない。そしてスカルクはそんな選手だった。

だがいまは、それはすべて関係ないことだった。これはわたしにとって、あの6番のジャージを着て、それを自分のものにするチャンスだった。

そして、わたしはそれに成功した。2012年のシーズンはあらゆる面で過去の自分よりも成長した。9か月前、わたしの相手はIRBジュニア世界選手権で未来のスターだったが、いまでは世界最高の選手たちになった。開幕から7連勝し、16戦中わずか2敗で、南アフリカ・カンファレンスだけでなく全体(このときは南アフリカ、ニュージーランド、オーストラリアからの各5チーム、合計15チームが参加していた)でトップだった。シーズン中は4位以下に落ちることはなく、最終的にチーフスに勝ち点2、レッズに勝ち点8の差をつけた。

スカルクの怪我は当初の診断の8週間が経っても、それからさらに8週間後にも回復しなかった。結局、彼はシーズンをすべて棒に振った。もし彼が戻ってきても6番のポジションは明け渡さなかった、または少なくともほかのバックローのポジションで出場できたと思っているが、そうはならなかった。その経験は計りしれない価値があった。ひと試合ごとに、ピッチ内だけでなく、トレーニングや戦術、準備のしかた、時差ボケや移動への対処法など、周囲のあらゆることから学んで成長できた。

だが、レギュラーシーズンの1位になるだけでは十分ではなかった。スーパーラグビーで優勝するには、プレーオフトーナメントを勝ち抜かなくてはならない。準決勝はニューランズでのシャークス戦で、心強い材料はホームで戦えるということだけではなかった。われわれはすでに準決勝にコマを進めていたので1週間の休養があったが、シャークスはそのまえの週にレッズ戦でブリスベンに遠征していた。彼らはそのゲームですばらしい戦いを見せて勝利を収め、絶好調だったが、こちらのディフェンスは固く、混乱した状況からトライを奪う力は随一だった。

だが、思いどおりにはならなかった。前半の遅い時間帯にルイ・ルディクのトライで3対11とリードされた。60分になろうという時間に、9対16の状況でJP・ピーターセンがわれわれのディフェンスを切り裂いてトライした。こちらは残り15分でジャン・デヴィリアスがジオ・アプロンにパスを通し、16対23に迫った。相手の背中が見えてきて、観衆の声援は最高潮になった。あと8分でペナルティが決まり、4点差、トライだけで足りる。ところがその3分後、シャークスは22メートルラインまで攻めこんできて、スタンドオフのフレデリック・ミシャラクがドロップゴールを狙った。あまり見栄えのよいキックではなかった。弱く、揺れながら低い弾道で飛んでいった。だが、ボールはゴールポストのあいだを通過した。それが何より大事なことだった。相手陣深くまで攻めこんでいるときに80分を超え、つぎにプレーが切れれば試合は終了となる。わたしは夢中でディフェンスに襲いかかったが、シャークスは数フェーズ後にターンオーバーし、ボールを蹴り出した。試合終了。またしても準決勝での敗退だった。

個人的には、この大会は成功だった。はじめてのフルシーズンで、プレーも悪くなかった。新顔として参加し、ゲームが進むにつれて話題にされるようになっていった。激しい当たりをして、ボールをキャリーしたので一般のファンの目にとまった。だがそれ以上に、チームメイトやコーチには、ポジショニングや仕事量、ほかの選手のサポートなど、もっと目立たないが、重要な働きで認められた。ワイドオープンで目立つヒーローは誰の目にもつくが、ブレイクダウンやラックのなかで力を発揮することはチームの大きな力になる。

しかし、2012年にはピッチの外でさらに大きな出来事が起こっていた。

ステレンボッシュにはジーノというイタリアンレストランがある。80年代にヨハネスブルグでオープンすると大人気になり、金曜や土曜の晩は5時間ほども並ぶ有名店になったため、まもなくステレンボッシュに2号店ができた。ジーノは学生の街のレストランとして完璧だった。陽気で、活気があり、手頃な値段で、堅苦しくない（はじめはイタリア語で同じ村の出身同士がたがいを呼ぶ「Paesa（パエーザ）」という店名だったが、発音できない人があまりに多かったので現在の名に変更された）。何より、ジーノは家族経営で家族向きのレストランで、やがて妻になる女性と出会うには完璧な場所だった。

2012年5月19日。ニューランズでの過酷なワラターズ戦で勝利を収めたあとだった。わたしは当時のガールフレンドとワラターズの選手数人、そして誰かの従姉妹だったレイチェル・スミスという女性とジーノで食事をした。わたしたちが先に店に入り、しばらくしてレイチェルが兄と姉と一緒に到着した。彼女はわたしをなんとも思わなかったらしい。それどころか、彼らが着いたときわたしが立ちあがって挨拶をしなかったので、不作法な人間だと思ったそうだ。すわったのも反対側の席だったから、その晩はほとんど話をしなかった。

だが、彼女はどこか気になる存在だった。美しい女性だったが、ただそれだけではなかった。独特の存在感があって、ほかの女性とはちがう特別な人という感じがした。わたしはその後まもなくフェイスブックにメッセージを送り、チャットをするようになった。最初はただの友人だった。わたしには当時、切れたりくっついたりしていた、あまり本気ではないガールフレンドがいた。わたしは20歳で、品行方正ではなかった。ラグビーを愛し、酒を愛し、女性たちを愛していた。長期的で真剣な関係を望む女性には向いていなかった。

わたしはレイチェルが好きになり、そう告げたのだが、やりかたがまずかった。そんな気持ちを自分でうまく扱えないくらい子供だった。レイチェルもわたしと同じ気持ちなのだが、一歩を踏みだすのがむずかしいのだとわかった。彼女がわたしを愛することを自分に許すまで、長い時間がかかった。わたしは徐々に、誰といるときも、自分はレイチェルといたいと思っているのだと気づいた。わたしたちはおたがいにぴったりだった。それぞれが相手にはない性質や強さを持っていた。やんちゃなわたしに対して、彼女は穏やかだ。わたしはスポーツ選手が目指す大金や派手なものに囲まれた世界に吸い寄せられていたが、彼女はそうしたものをなんとも思っていなかった。逆に、彼女にはきついところがあって、わたしはそれを和らげることができた。彼女はタフなファイターで、目標を達成するのに懸命だった。そんな彼女に、わたしは親身になって「もっと人に感じよく接し、人に優しくならなくては駄目だよ」と伝えた。そのころ彼女は、周囲のあらゆるものと戦っていた。そんなふうにわたしに言葉を突きつけられて、彼女は大きく変わった。

何より好きな点は、彼女がわたしを必要としていないというところだった。ラグビーが大人気の街でプロのラグビー選手として暮らしていれば、多くの女性が近寄ってきた。だが、レイチェルはそのひとりではなかった。そんなことはなんとも思っていなかった。猛烈なまでの独立心があり、わたし同様に過酷な子供時代を過ごしていた。これまでの生活は、ある意味ではわたし以上に穏やかではなかった。わたしより1歳年上で、ポートエリザベスから車で1時間半のグレアムズタウン（現在のマカンダ）出身だ。彼女は生まれたときに呼吸をしておらず、医師の処置によって助けられた。

パートナーを選ぶには、自分が持っていないすばらしい性質を持つ人を選ぶのがよいという理論は知っていた。わたしはそれまで、ずっと自分のことで精一杯だったから、彼女が他の人々を育む姿は本当に魅力的だった。逆に、彼女のほうはわたしの人への接しかたが好きなのだという。それまでに彼女がつきあった何人かは、たとえば車の窓に寄ってきてお金や食べものを求める人々にきつい態度をとることがあった。それをされると、彼女は一発で興ざめしてしまった。だがわたしは、誰かに道で助けを求められれば、つねにその人を助けようとした。食べものを見つけたり、お金をあげたり、といったことだ。無視することは絶対になかった。何もないつらさはよく知っている。

大きなことから小さなことまで、レイチェルの好きなところはたくさんある。わたしがメキシコ料理をはじめて食べたのは彼女といたときだ。はじめて寿司を食べたときもそう。箸の持ちかたを教えてくれた。ヒュンダイ・アトスで運転を教えてくれた。あるときわたしが運転していて、曲がるはずの交差点を逃し、Uターンをしなければならなくなった。焦りすぎて、アクション映画のように前輪が宙に浮いてしまった。彼女は落ち着いていたが、わたしはパニックに陥り、足をペダルからはずし、両手をハンドルから放してしまったが、どうにか車を止めた。「無理だよ。君が運転してくれ。おれは助手席に乗る」

人種の異なるカップルを誰もが認めてくれるという場所は、世界でもあまり多くない。南アフリカは、そのひとつではなかった。わたしたちの関係が人々に知れると、とくにソーシャルメディアで、かなりの批判を浴びた。黒人はわたしになぜ黒人の妻を見つけなかったのかと言い、白人はレイチェルになぜ白人の夫を見つけなかったのかと言った。まるで、そうすれば物事はうまくいったとでもいうように。だがわたしは気にしなかった。わたしは彼女に恋をした。それがすべてだ。わたしは祖母から、肌の色によって誰かを愛してはいけないとは決して教わらなかった。誰かを愛したら、その人をただ愛するだけ、それがどんな相手であろうと。祖母が言っていたのはそれだけだ。そして、その相手を家に連れてきなさい、と。わたしが家に彼女を連れていくと、みなが彼女を愛し、一緒にいることを楽しんだ。それがいちばん重要なことだった。

レイチェルとつきあって間もないころ、わたしはコサ族の男にとって非常に重要な経験をした。少年たちが茂みにこもり、大人の男になるための通過儀礼、アバクウェタだ。ほとんどの男子は学校を卒業するとすぐに行うが、わたしはラグビーのキャリアで忙しくて、参加しようとするたびに、アカデミーからプロヴィンスチームへの昇格とか、スーパーラグビーのシーズン前のトレーニングなど、それを阻む要因が出てきた。もし南アフリカ代表に選ばれたら、さらにチャンスがなくなることはわかっていた。外の世界からは奇妙で古めかしい、さらには野蛮な風習に見えるかもしれないが、コサ族の文化ではとても高い価値が置かれている。わたしが少なくともひとりは知っている例では、成功したラグビー選手でも通過儀礼を行っていないと、ある人々からは一人前の男とはみなされなかった。

古いラグビーのことわざがある。「旅での出来事は、旅にとどまる（旅での出来事を口外してはならない）」まあ、口にされる多くの場合は冗談だ。通過儀礼もやはり同様だが、こちらは完全に真剣だった。これは男たちとともに行われる神聖な儀式であり、そこにいなかった人々には、何が起こったかを決して話してはならないという誓いが立てられる。ただし、基本的にどういうことが行われるかはよく知られている。参加者は一時的に自分の名を放棄し、自分の衣服は引き裂かれ、端に白い布をつけた短い棒を持つ。そのあいだ食べものや水は制限され、儀式的な割礼が行われ、その後回復のための時間がとられる。たくさんのことを経験する。いじめや戦いさえ起こることがあり、それに耐えられない者もいる。ただ独りで、眠れず、痛みに苦しみ、それをどうすることもできない。痛みに耳を澄ませる。そして考える。

茂みから戻ると、レイチェルが待っていた。父は服役中でいなかった。父と経験を分かちあいたかったから、残念だった。父はわたしの特別な瞬間にあまり立ち会ったことがないのだが、このときはとりわけ父に見てほしかった。

わたしは第1回のザ・ラグビーチャンピオンシップ（それまでは南アフリカ、ニュージーランド、オーストラリアの3か国によるトライネーションズとして行われていたが、アルゼンチンが参加したため名称が変更された）に招集された。だが、わたしはただの「若手選手」で、期待されたのはプレーではなく、チームで過ごすことで経験を積み、ゆっくりとチームになじんで、必要なことを吸収することだった。そのため国際試合が始まるまえにウェスタン・プロヴィンスに戻された。そしてわたしは、スプリングボクスがアルゼンチンと戦ったその日に、カリーカップのゴールデン・ライオンズ戦で左の親指を骨折してしまった。怪我をした瞬間に、折れているとわかった。突き指のほうが鋭い痛みなのだが、骨折はもっと奥深く、しかも痛みが続く。レントゲン検査で、手術が必要だと診断された。いずれにせよシーズンは終了だったから、同時に肩の手術も受けることにした。以前と同じ手術だが、今度は反対側の肩だった。

わたしがいないあいだに、主要なクラブ大会で3連続で準決勝敗退していたわがチームはシャークスを破ってカリーカップを制した。今度はかつてのスカルクと立場が入れ替わって、わたしがどんな犠牲を払ってもチームに戻りたいと思う側になった。自分がそこにいないと、チームの勝利が自分のものだとは思えなかった。カリーカップの予選プールでは何試合かに出場したが、厳しい相手や、決勝トーナメントでは出番がなかった。記録上はカリーカップ制覇のメンバーに名を連ねていたが、とてもそうは思えなかったし、いまだに、カリーカップの制覇回数を聞かれたときは一度だけと答えている……。

年末に、わたしは南アフリカ・スポーツ賞の新人賞を受賞した。それはラグビー以外にもあらゆるスポーツを含む賞で、しかもほかの賞の受賞者たちもすばらしい選手たちだったので、大きな栄誉だった。

オリンピック競泳の金メダリスト、チャド・ルクロスがスポーツ・スター賞、クリケット選手のヴァーノン・フィランダーがスポーツマン賞、陸上のキャスター・セメンヤがスポーツウーマン賞だった。

ピッチ上では、2013年のスーパーラグビーは前年にはほど遠い成績だった。大きく順位を落とし、全体でも南アフリカ勢のなかでも中位でシーズンを終えた。チームは勢いに欠け、最後に5連勝したが、それまでの10位付近から、どうにか7位に上昇しただけだった。

しかしわたしにとって、このシーズンはべつの面で記憶に残っている。最後の3戦のまえに国際試合による中断があり、スプリングボクスはイタリア、サモア、スコットランドとの4か国でトーナメントを戦った。初戦のイタリア戦ではベンチ入りできず、チームは44対10で勝利を収めた。フランソワ・ロウが6番で先発し、控えはマルセル・クッツェーだった。だがフランソワが結婚式のため、つぎのネルスプロイトでのスコットランド戦を欠場することになり、マルセルが先発、わたしは控えメンバーに入った。出場できる保証はなかったが、ラグビーは23人全員で戦うゲームであり、たぶんフィールドに立つチャンスは巡ってくるだろう。

22歳の誕生日を翌週に控え、わたしはスプリングボクスの一員になろうとしていた。

# 第3章
# スプリングボクス

ラグビー代表チームのジャージは、それを着る選手が競技の頂点に上り詰めたことを示すものだが、多くの国では、デザインはシンプルだ。だが南アフリカには、はるかに複雑な経緯がある。長いあいだ、跳躍するスプリングボックが描かれた胸のエンブレムは国のごく一部の人々と、その人々の意識を象徴するものだった。ラグビーは真の男、つまり白人のアフリカーナー男性のスポーツであり、サッカーは黒人男性のスポーツだ、という意識だ。アパルトヘイト下の南アフリカのアフリカーナーにとって、スプリングボクスのジャージは、オランダ人の祖先を記憶する青、白、オレンジのストライプの旧国旗、移住者たちの栄光を歌う旧国歌「南アフリカの呼び声」とともに、神聖なる三位一体のひとつをなしていた。国旗と国歌は、アパルトヘイトの終了後まもなく変更されたが、スプリングボクスのジャージは、国家統一のためにそれを使うことを望んだネルソン・マンデラ大統領の尽力によって存続した。

いまわたしは、そのチームの一員になる。

デビューとなるテストマッチの準備期間に、主将のジャン・デヴィリアスが宿舎の同室になってくれた。彼は主将であり、50以上のキャップを持っているためひとり部屋に泊まる権利があるのだが、それを放棄してまでわたしに付き添い、必要ならわたしを落ち着かせ、何が起こるか、わたしに何が期待されているかを話して聞かせ、わたしがこのレベルにいるに足る選手だと言ってくれた。コールやサインプレーに関しても覚えることが多く、その点でも助けてくれた。

試合はわたしの21歳最後の日に行われた。父もスタンドに来ていた。それまでにわたしのプレーを観たのは2回しかなく、しかも飛行機に乗るのはこのときがはじめてだった。おまけに屋根から落ちて骨折し、脚はギプスで固定されていたので、試合会場まで行くのはひと騒動だったが、どうにかやり抜いた。父のほうがわたしより喜んでいた。父自身も優秀なラグビー選手で、わたしが子供のころから一緒に過ごせない時間は長かったが、わたしは父が観戦に来てくれたことを誇りに思った。

フランソワ・ロウが欠場しているから23人に選ばれたのだということはよくわかっていたが、また、代表への選考は「自分ではどうすることもできない」ことのひとつだとも考えていた。できるのは最善のプレーをして、今後につなげることだけだ。

開始わずか4分でアルノ・ボタが負傷した。どういうわけか、わたしは試合序盤で負傷があるといつも、そんなに深刻な負傷なはずがない、と反射的に考えてしまう。もちろん、それがまったく非合理であることはわかっている。怪我の深刻度は、経過時間とはなんの関係もない。それでもそう思ってしまうのだ。いずれにせよ、すぐにアルノはプレーを続行できないほどひどい怪我で、交代しなければならないことがわかった。ベンチで唯一のバックローであるわたしが代わりに入った。

準備の時間はほとんどなかった。体を動かし、マウスピースをはめ、必死で1週間苦しんだラインアウトのコールを反復した。とつぜん頭のなかで、思考が猛烈な速度でまわりはじめた。生涯ずっと、この瞬間を待っていた。ところがいざそれがやってくると、まるで心の準備はできていなかった。

フォワード・コーチのヨハン・ファングラーンがわたしの肩を抱いた。この人はとても面白い人だ。コーチにしては若い——30代前半で、わたしにはほかのコーチ陣よりも親近感があった——だけでなく、高いレベルでラグビー選手としてプレーした経験がなかった。プレーの分析にずっと取り組んできて、コーチとしての地位を確立した人物だ。それは、「自分でやってみせてくれ」という態度の選手もいるなかでは、それほど簡単なことではない。

「シヤ」ヨハンは言った。

「はい」

「ラインアウトのコールは心配するな。プレーに集中しろ。自分らしく行け」

この言葉は忘れられない。あのときのわたしにとって、これ以上のアドバイスはなかった。大会スタッフに肩を叩かれて、わたしは走りだした。

わたしは851番目のスプリングボックになった。何番かということはあまり重要ではないが、この数字は大きな意味を持つ。フィールドに立った瞬間、選手はひとりのスプリングボックになる。その試合が唯一のキャップとなるかもしれないし、キャップ100まで行くかもしれないが、関係ない。それは一生消えることはない。

エベンが最初にわたしにハグをした。それからジャン、そしてブライアン(・ハバナ)。ストーマーズのチームメイトたちだ。そうやって、自分がついている、おまえはこのレベルで戦える選手だということを知らせてくれた。

〈プレーに集中しろ。自分らしく行け〉

その言葉に従った。よく走り、的確なタックルをし、ターンオーバーし、トライ目前まで行った。もし決めていれば、前年のスーパーラグビーに続くデビュー戦でのトライになっていた。多くの選手が初出場のテストマッチは一瞬で終わったと言うけれど、わたしは全部覚えている。

スコットランドは強敵で、ハーフタイムで6対10とリードされていた。控え室でジャンはひとつのことを強調した。後半が始まったら、絶対に先に点を取る。スコットランドはいいプレーをしており、ワントライワンゴール以上の差をつけられることは許されない。

チームはジャンの言葉に勇気づけられ、走って後半のピッチに戻った――ところが2分後に、スコットランドのロック、ティム・スウィンソンが中央を突破し、サインプレーでオーバーラップを作り、ワイドのセンター、アレックス・ダンバーにトライを決められた。

グレイグ・レイドローがコンバージョンの準備をするあいだ、ゴールポストの下で円陣を組んだ。わたしはパニックだった。「おれたちはスプリングボクスだ。こんなはずはない」ジャンはきっといきり立ち、みなを奮い立たせる言葉をかけるだろう……だが彼は、なんと笑っていた。

「みんな、心配するな」と、彼は言った。「追いついてやるさ。いままでどおりでいい」

われわれはいままでどおりにプレーし、やがて追いついた。レイドローのコンバージョンで6対17となったのが彼らの最後の得点になった。こちらはギアを上げ、3トライを決めた。スコットランドが自陣ゴールライン近くでモールを崩したことによる認定トライ、グレイ校のチームメイトでもあったＪＪ・エンゲルブレヒトのトライ、終了間際のジャン・サーフォンテインのトライだ。最後のトライで、スコアは少しできすぎの30対17で終わった。わたしはなんとデビュー戦でマンオブザマッチに選ばれた。夢にも思わなかった。試合のレポートは、ほとんどどれもわたしに言及し、プレーを賞賛していた。テストマッチがこんなに簡単なわけはないとわかっていたが、しばらくはそれに浸った。

　試合後、ジャンに笑っていたわけを尋ねた。すると、あれは自分のパニックをわたしたちに見せないためで、パニックはプレーにも影響するからだ、と彼は答えた。その教えを記憶にとどめ、わたしは選手として、そしてのちには主将として役立てた。どんな失敗でも笑えばいいわけではないが、ときにはちょっとした笑いが必要になることもある。

　それからまもなく、知らない番号から電話がかかってきた。グレイ校の会計学の先生だった。勉強をサボって、いつの日かスプリングボクスに入ると言ったわたしに、君は傲慢だと告げた人だ。彼は心からわたしを祝福してくれた。そして、帳簿のプラスマイナスを合わせる科目の教師なのに、べつに会計学で手を抜いたからラグビーで成功したわけじゃない、これはゼロサムゲームじゃないんだ、と言って笑った。

　つぎのサモア戦はまたベンチに戻った。試合は接戦にはならなかった。ハーフタイムで32対9とリードし、最終スコアは56対23だったが、太平洋島嶼国《とうしょこく》はいつも身体能力が高く、例外なく相手を吹き飛ばすようなパワーがある。わたしはピエール・スピースが負傷したためハーフタイムに交代で入ったが、わずか7分後に敵のプロップにタックルしたとき、相手にのしかかられて頭を強打した。ＨＩＡ（ヘッド・インジャリー・アセスメント）のため外に出たが、その当時はまだルールが緩やかで、脳震盪かどうか、質問にきちんと答えられるかを確認するだけだったので、5分後にはピッチに戻った。それからゲーム終了までの記憶はあまりない。ただ、脳震盪を起こしてプレーするのは、そんなに特別なことではない。自分がどちら側の選手で、誰が自分と同じジャージを着ているか、どちら側に向かっていけばいいかがわかっていればなんとかなる。あとは筋肉が覚えていることを本能に従って遂行するだけだ。

２０１３年のザ・ラグビーチャンピオンシップでは、出場はできたもののずっと控えだった。ヨハネスブルグでのアルゼンチン戦で16分。メンドーサでのアルゼンチン戦は12分。ブリスベンでのオーストラリア戦で10分。オークランドでのニュージーランド戦で6分。ケープタウンでのオーストラリア戦は21分、ウィレム・アルバーツがハーフタイム直前に負傷したヨハネスブルグでのオールブラックス戦は42分。インパクトを与えるには少なくとも20分は欲しいと思っていたから、出場時間が短いと自分のプレーを印象づけるのはむずかしかった。ヨーロッパでの秋の国際試合でも状況は変わらず、ウェールズ戦は14分、フランス戦は6分の出場にとどまった。そもそもチームにいるのがすごいことで、全員が自分こそ先発にふさわしいと思っていることはわかっていたが、それでも鬱憤はたまった。予期せぬ偶然からではあったけれど、ほぼ試合を通して出場したあのスコットランド戦でベストのパフォーマンスを発揮し、マンオブザマッチに選ばれたのはまぐれではなかった。デビュー戦から頭角を現してチーム内での地位を確立できていたはずなのに……。足踏みをして、前に進めずにいると感じていた。代表チームに入って、自分の実力を示すチャンスをつかめずにいた。

２０１３年は不満を抱いて終わったが、２０１４年は比べものにならないくらいひどかった。ストーマーズは、数年前のレギュラーシーズン首位がべつの時代の出来事に思えるほどだった。開幕戦からひどいプレーで10対34でライオンズに敗れ、個人的にもかなりの不調に陥っていた。シーズン前半で５連敗を喫し、リーグ戦で９ラウンドものあいだ最下位かブービーの位置にいたが、ようやく終盤に調子が戻り、11位まで順位を押しあげた。

もがいているチームで戦うのは、個人としても集団としても困難だ。集団的なレベルでは、結局チームが負けているため、選手が頑張っても、負の状況から逃れられないという明らかな問題を抱えていた。だが個人的なレベルでは、何をしてもうまくいかなかった。何度もいいタックルができる試合がときどきあるのだが、攻撃面ではつねに、ボールに対して、あるいはブレイクダウンでわずかに後れをとってしまった。基本を忘れて結果を追い求め、さらに状況が悪化した。わたしはそれを深刻に受け取った。もちろんそうすべきだが、それが度を越し、イライラしていた。

その年の不遇を少しでも拭うチャンスがカリーカップだった。チームとしても、個人的にも、楽しんでプレーしようと決意していた。そのほうがプレーもよくなるからだ。スーパーラグビーで欠けていたものは、少なくてもある程度は取り戻していた。ウェスタン・プロヴィンスは開幕から５連勝し、わたしも大きな役割を果たした。よく走り、よくボールを奪い、よくディフェンスした。だが、ゴールデン・ライオンズ戦の早い時間帯に、両膝の内側側副靭帯を断裂してしまった。またライオンズ戦、またカリーカップだった。２年前も同じ状況で親指を骨折し、その後わたしが出場しないまま、ウェスタン・プロヴィンスは優勝した。そして歴史は繰りかえし、やはりチームは優勝した（皮肉にもライオンズを倒して)。わたしが所属しているうちに、ウェスタン・プロヴィンスはカリーカップ2度目の制覇を果たし、そして2度とも、わたしは役割を果たせなかった。今回もやはり、優勝を自分のものだと思うことはできなかった。

それでも、もっと明るい、ラグビーの本質を思い出させてくれるような出来事もあった。2014年に、グレイ校から声がかかり、グレイ・ブルーム戦のまえにジャージを手渡す役目を引き受けた。そのときに、いまでこそわたしはスプリングボクスの一員だけれど、宿命のライバルには勝てなかった。君たちはわたしにできなかったことができる可能性があるんだ、と話した。もし成し遂げられれば、彼らのなかにずっと残る勝利になるだろう。それはあまりに稀な勝利なので、グレイ校では特別な伝説として語り継がれる。そして、彼らはやってくれた! 27対20での勝利は、わたしが在学してからはじめてであり、またこれを書いている時点で最後の勝利でもある。グレイ校のグレイ・ブルームに対する勝利は、スプリングボクスのワールドカップ制覇よりほんの少し頻度が高い程度だ……。

この年の調子では代表に呼ばれるとは思えなかったし、実際に招集されなかった。わたしのキャリアのなかでも飛び抜けて暗い闇のなかにいた時期だ。12か月前、わたしは代表デビュー戦でマンオブザマッチに選ばれ、スプリングボクス最大の新星だった。だがいまでは、自分が無価値なように思えた。落ちこんでめまいがし、進むべき方向が見えず、どうすれば状況を変えられるのかわからなかった。

2014年は、フィールドのなかでは苦しんでいたが、フィールド外でははるかによい状況だった。年のはじめに、レイチェルが妊娠していることがわかった。出産予定は11月だった。わたしたちは親になる。わたしは父になる。そう考えると、わたしはわくわくし、同時に恐れを抱いた。自分が得られなかったような父親になりたいと思ったけれど、なれるかどうか不安だった。そのときは気づいていなかったが、わたしは自分自身がまだ成長しなければならなかった。赤ん坊が生まれれば、ごく普通に日常は過ぎていくと思っていた、というよりも願っていたのだが、やがて、物事はそんなふうには進まないということがわかった。

6月に、スプリングボクスはポートエリザベスでスコットランド相手のテストマッチを戦った。わたしは代表候補には入っていたが、試合には招集されなかったので、昔の友だちに会うためにズウィデに行った。従兄弟に会うと、わたしの弟と妹、リエマとリペロを見かけた、と言った。ふたりは正確には異父弟と異父妹なのだが、そんな区別はいつも無視していた。心の底から、わたしの弟と妹だ。母が亡くなってからは会っていなかったが、ふたりの父親が亡くなって孤児になってしまったとき、わたしは彼らがどこにいるのか探しはじめた。何度も訪ねてまわったが、いつもどこかで行き止まってしまった。「ここには数か月前にいたけど、いまはどこかに行ってしまった。詳しくはわからないね」ふたりはつぎつぎに家族を頼って移動していたが、誰も長期的に世話をするような立場ではなかった。少なくとも、そう主張していた。

そこで彼らはソーシャルワーカーのところへ送られ、孤児として保護を受けることになった。里親のもとで暮らすこともあれば、孤児院に入れられることもあった。ふたり一緒のときもあれば、離ればなれになることもあった。ズウィデにいることもあれば、マザーウェルやニューブライトンといったほかのタウンシップにいることもあった。わたしは長いあいだ彼らを探したが、見つけるのは困難だった。

どこに行っても、ふたりの居場所は確認できなかった。自治体の担当部署に行っても、わたしに情報を伝えることは許可されていないと言われた。親戚たちのあいだをまわってもその後の行き先がわからないということが何度となくあった。リエマとリペロはまだほんの子供で、幼く貧しく無防備なのだから、周囲の大人はただ州の仕組みに委ねてそれで終わりとするのではなく、全力で助けなければならない。それに、わたしはズウィデの人々より多くのことができることもわかっていた。ふたりを学校に通わせ、適切な機会が得られるようにしてあげることができる。

従兄弟がふたりを見たと言ったのは、そんな矢先だった。わたしは従兄弟を車に乗せ、彼らがいるという、親切なおばあさんのところへ案内してもらった。ふたりは登校中だったが、帰ってきたときに会うことができた。わたしは感情があふれた。いまだに、どんな言葉で表現すればいいのかわからない。すばらしい瞬間だった。6歳の妹はわたしのことを知らなかった。最後に会ったときはまだハイハイだった。再会したときは怯えて後ずさりしたが、12歳の弟がわたしを覚えているのを見て安心し、わたしの膝の上にすわった。わたしは店に行き、車のトランクいっぱいにチョコレートを放りこんだ。とにかく、できるだけお菓子を買ってあげたかったのだ。再会できた大きな喜びに心が満たされていたので、そこに置いて帰るのがつらくて連れて帰ろうとしたほどだった。それでも、絶対に戻ってくる、本当だよと告げてそこを去った。ふたりはあまりに多くの人々に失望させられていたが、わたしはもうそんな思いをさせるつもりはなかった。

帰宅すると、11月に出産予定の赤ん坊の気が変わっていた。ニコラス――友人のニック・ホルトンにちなんでつけた名だ――は、あと2か月を待つことができず、緊急帝王切開で生まれた。この小さな赤ん坊は、わたしが見た、最も美しいものだった。そしてレイチェルとわたしの家族の始まりだった。どれだけ多くの子供を持ったとしても、親でなかった人間を親というものにしてくれるのは最初の子供だけだ。そのときはじめて、誰かの存在すべてに対する責任を負うようになる。その境界線を越えられるのはただ一度、しかも一方向からだけだ。もしかしたら、そういう運命だったのかもしれない。レイチェルが気がついたのだが、前年の父の日はわたしの誕生日6月16日にあたっていた。それはわたしがスプリングボクスでデビューした翌日でもあった。

けれども、家族は3人だけではなかった。クリスマスの直前に、わたしはまたズウィデを訪れ、リエマとリペロをケープタウンまで連れて帰り、一緒に休暇を過ごした。

「これまでふたりにしてくれたこと、本当にありがとうございます」わたしはおばあさんに言った。

「もう子供たちをここに戻さない、なんてことはないよね?」彼女は尋ねた。

わたしは微笑み、首を振った。「もちろん、そんなつもりはありません」

ところが、わたしはふたりをもうズウィデには戻さなかった。わたしの家に入れてしまったら、手放せなくなってしまったのだ。法的手続きが必要だったので、休暇明けから取りかかった。わたしたちがふたりの法定後見人になるまで、18か月かかった。「わたしたち」というのは、これはレイチェルと共同で決めたことだからだ。彼女の立場では、こう言うこともできただろう。「いまは自分の子が生まれたばかりなんだから、リエマとリペロについて、こうして責任を負うことはできない。一緒に暮らしはじめたばかりだし、いまは遠くから保護をして、しばらくしてから引き取りましょう」と。ところが、レイチェルは最初からイエスと言った。彼女はこの養子縁組や、家族が離ればなれでいることがわたしにとってどんな意味があるかを知っていた。彼女自身もわたしも子供のころ、家族の人間関係に振りまわされた経験があった。「ふたりはシヤの弟妹だけれど、これまではあまり接してこなかった。彼はふたりを求めている。だったら、もちろんふたりはわたしたちと一緒に暮らすべき。ほかにどうしたらいいの？　いまもこれからもずっと、それがとるべき手段でしょう」というのが彼女の考えだった。一瞬たりとも断ることなど考えなかった。シンプルに、わたしだけでなくわたしのまわりの全員を受けいれてくれた。

後見人になるための過程は長くて複雑だった。わたしがただ、ふたりの兄で、ズウィデよりもよい暮らしを提供できると伝えればいい、といった単純なことではなかった。役所の手続きは煩雑だった。担当者が誰であれルールはルールだし、これは子供の将来に関わることなのだ。署名して、それで終わりというわけにはいかない。担当者たちはレイチェルとわたしがリエマとリペロにとって最善の養い親であることを確認しなければならなかった。彼らが強く主張したのは、この手続きが子供のために家庭を見つけることなのであって、家庭のために子供を見つけることではない、という点だった。そのためには、オリエンテーション、状況の確認、生活スタイルの評価、ソーシャルワーカーとの面談、収入と支出の評価、医学的、心理的評価、わたしとレイチェルの関係の安定性、家庭訪問、無犯罪証明、身元保証人などが必要になった。またわたしたちは人種が異なるカップルなので、氏族（コサ族内の内部集団）や、リエマが大人になるための儀式として割礼を受けることをどう思うか、なども質問された。ときにはやりきれないこともあったが、レイチェルははるかに落ち着いていた。彼女が半分以上の書類を書いてくれたし、「まあ、こんなものよ。とにかく進めなきゃ。やがてふたりはうちの子になるわけだし、もしそれが数か月遅れたとしても、たいしたことじゃない。人生はまだまだ長いんだから」と、いつも言っていた。

わたしがピッチ上で成し遂げたどんなことも、ふたりの子供たちを引き取ったこととは比べものにもならない。けれども、簡単なことばかりではなかったことも認めなければならない。リエマとリペロは文字どおりあまりに頻繁に住居を転々としていたので、ずっと同じ家に暮らすことに慣れていなかった。数か月以上、同じところで暮らしつづけた経験はなかった。いまふたりは、育った場所から何百キロも離れたケープタウンで、ほとんど知らない兄と、それよりもさらに知らない兄のガールフレンドと暮らそうとしていた。強い口調で言いあうことも多く、ふたりは何度も泣いた。それはどこの家庭でもあることだが、うちのように極端な経験をしてきた者が集まった家庭ではなおさらだった。それでもふたりは、わたしたちが自分を愛していることがわかっていた。少しずつ、ここは自分たちがずっと暮らす家なのだということを理解し、そしてもう誰かが自分たちを連れに来ることはないし、兄妹が離ればなれになることもないことを受けいれていった。もう里親のところや、孤児院に行くことはない。ここで、ずっと安全に暮らしていくことになる。

わたしはよく遠征や試合で家を空けているので、半分くらいの時間は、ふたりとレイチェルで過ごした。レイチェルはリエマとリペロ以外にもたくさんのことに、それに、わたしたちの関係にも対処しなければならなかった。自分でも悔しいのだが、わたしはそのころ、最低な行動をしてしまうことがあった。レイチェルとつきあいだしたころには、有り金を全部酒に費やしてしまって、彼女にデートの代金を出してもらったこともある。しかもそれは、アカデミーで稼ぎも少なかったころではなく、プロ選手としてそれなりの収入を得ていた時期の話だ。わたしは酒癖が悪かった。暴力はふるわないが、ひどく酔っ払って、通りで意識を失うことがあった。逮捕されて、警察署の独房で目を覚まし、しかもどうしてそこに入ったのか、それがどこの警察署なのかさえわからないこともあった。わたしは名声と富を、それを扱えるだけの人格がともなうまえに手に入れてしまったのだ。

4年ごとにやってくるワールドカップは、何にもまして重要な出来事だ。わずかでも代表争いに絡んでいるなら、なんとしてでも最終選考に残りたいと思うものだ。ワールドカップは選手としてのキャリアで最大の山場だ。選ばれるためにそれまで以上に頑張っていいプレーを見せようと思うが、そうすると、すべてをふいにしてしまう怪我のリスクが高まる。すべての選手がそのきわどいラインを越えてしまわないよう注意して過ごす。

スーパーラグビーの2015年シーズンで、前年と同じようにひどいプレーをしたら、到底スコッドに入れないことはわかっていた。怪我をしているあいだに行った筋力トレーニングは効果が出ていた。はっきりとわかるくらい力がついていたし、頭角を現すならこの年しかなかった。そして、もしストーマーズが前年のようにひどい状態だったら、自分が輝くことはできないこともわかっていた。チームは多数の代表選手を擁しており、国内でも最高のサポートがあった。

そのシーズンは、完璧とはいかないが、よいシーズンになった。シーズン途中でわずかに順位を落としたが、おおむね上位を賑わせ、最終的には南アフリカ・カンファレンスで首位、総合でもハリケーンズとワラターズに次ぐ3位だった。わたしは全試合に出場し、体もよく持ちこたえた。ノックアウトステージも勝ち進みたいと願ったが、そうはならなかった。ニューランズに遠征してきたブランビーズに引導を渡された。わずか24分でジョー・トマネに3本のトライを決められ、ハーフタイムでは6対24、さらに終わり間近にヘンリー・スペイトがレッドカードで退場し、スコット・ファーディがシンビンで外に出て相手が13人になった時間帯でさえ、得点できなかった。結局、相手の6トライに対してこちらはチェスリン・コルビがすばらしいインターセプトから取ったワントライに抑えられ、19対39で敗れた。その年はずっと代表に呼ばれていなかったが、ワールドカップ前の最終戦を控え、選考が行われた。ダーバンで行われるアルゼンチン戦で、21か月ぶりの代表戦になった。ワールドカップのメンバーに入るだけの結果はまだ出せていないと思っていたので、自分の名前が呼ばれたときは驚いた。

ワールドカップはイングランドで開催され、数試合がウェールズでも行われた。予選プールには、いくつか好カードが組まれていた。トゥイッケナムではイングランドがオーストラリアを迎え撃つ。ウェンブリーではニュージーランド対アルゼンチン戦がある。アイルランドとフランスはミレニアム・スタジアムで対戦する。

ブライトン・コミュニティスタジアムで行われた南アフリカ対日本戦は、客観的に見てそれほど注目のカードというわけではなかった。わたしたちは2度のワールドカップ覇者で、世界のラグビー大国の一角であり、一方日本はワールドカップでは過去に24戦してわずか1勝のみ、世界ランクは15位だった。この大会で、わたしたちは優勝候補の2、3番手に挙げられていた。日本の優勝オッズは1500倍だった。

もしこのスプリングボクス対ブレイブ・ブロッサムズ戦のチケットを持っていたら、奇跡的な番狂わせを目撃することになっただろう。日本の勝利に40倍のオッズをつけるブックメーカーもあった。この試合のチケットを持っていたら、砂のなかに混じった金の粒のように貴重なものを持っていたことになる。

それはイングランド南岸の街の、9月の美しい、初秋というよりも晩夏の1日で、空には雲ひとつなかった。もちろん、スタジアムでこれから繰り広げられる嵐を予感させるものは何もなかった。

試合開始直後から、日本はただの数合わせで出場しているのではないところを見せた。こちらの巨大なフォワード陣に筋力では劣るが、賢明にプレーし、セットプレーからはすばやくボールをまわして、ちがうポイントでぶつかってきた。

ゲームのコントロールを取り戻すために、フォワード陣を接近させて力を解き放った。フランソワ・ロウとビスマルク・デュプレッシーがトライを決め、ハーフタイムに入った。後半開始まもなくにはルード・デヤハーが続いた。だがブロッサムズは屈しなかった。こちらが得点し、決着をつけようとするたび、彼らは立ちあがって、自分たちを鼓舞し、立ち向かってきた。

わたしは残り25分、3点リードの場面でピーターステフに代わって入った。5分後、五郎丸歩《あゆむ》のペナルティキックで22対22の同点になった。ジャン・デヴィリアスは選手たちを集めて、切羽詰まった口調で言った。あと20分、全力でプレーしつづける必要がある、と彼は言った。厳しく行って、正面からねじ伏せ、粉々にする。そうすれば勝てるぞ。今回は、わたしがデビューしたスコットランド戦のように笑ってはいなかったし、不安を隠すことはないと考えていた。両ベンチを見れば、違いは明らかだった。

こちらの控え選手は混乱し、イライラしていた。彼らの控え選手は活気づき、興奮していた。

だが、わたしはまだわれわれが勝つと確信していた。2分後には、アドリアン・ストラウスが執拗なタックルをかわしてトライを決め、ふたたびリードを奪った。ハンドレのコンバージョンで29対22。これで決まりだ。ラグビーの歴史には、格下が60分以上持ちこたえたが、そこで力尽きたという例はいくらでもある。今回も、そうなるだろうとわたしは感じた。しかも相手のゴールラインまで5メートルでラインアウトを得た。もう一度得点すれば、それで決まる。だが、彼らは楽にしてくれなかった。今度は自分たちのラインアウトを取り、地域を挽回した。

残り12分、南アフリカ陣内。日本はラインアウトからボールをすぐにまわし、外、内、外と3枚のカードを使った巧みなプレーで最後は五郎丸が鮮やかにゴールラインに滑りこんだ。スプリングボクスのファンさえ拍手を送るほど完璧なプレーだった。コンバージョンは簡単ではなかったが五郎丸がねじこみ、また同点になった。29対29。

〈前進しろ。必要な仕事を続けろ〉

残り9分。スクラムからハンドレが突進する。ボールを両手で抱えて外のジャンをおとりにし、ふたりのディフェンダーのあいだを裂いてあと5メートルまで走りこむ。そのあとわたしが前進しようとするが、タックルにつかまった。アドバンテージをもらい、トライを目指してプレーを続ける。アドリアンとエベンがつなぎ、わたしがもう一度持ってゴールラインに迫る。ラインに触れられるほどの距離だが、相手が身を挺《てい》してラインを守り、ボールを置くことはできない。ペナルティの3点を選ぶことになる。ゼロよりはいいが、必要な点には足りなかった。これで32対29。

残り3分。日本は波状攻撃でフェーズを重ねて前進し、われわれは本来のポジションを崩されたままディフェンスラインを敷くことを強いられた。彼らはまるで不死身のドラキュラのようで、息の根を止めることはできない。18フェーズで、彼らはコーナーへと展開してゴールライン目前に迫る。コーニー・ウーストハイゼンがラックの相手側から動かず、すばやくボールを出させないようにした。トライを取られれば日本の勝ちであり、ほかにどうしようもなかった。あれは賢明なプレーだった。だが、そのためイエローカードをもらい、最後の数分を14人で戦うことになった。

日本がペナルティを得る。きっとペナルティゴールを狙い、3点取って同点を目指すだろう。ところが、彼らはそうしなかった。タッチラインに蹴り出し、ラインアウトを選んだ。彼らはこの試合を勝ちに来ている。観衆は沸き立ち、その選択を賞賛した。

日本はラインアウトのボールを取り、巨大なモールを作り、そこにバックスまで加わって圧力をかけてきた。ゴールラインを越えそうになり、密集のなかで、彼らはボールを地面に置こうとした。わたしの手は、日本の選手――どの選手かはわからない――の手とともにボールをつかんでいて、その選手にボールをグラウンディングされないように全力で耐えた。数分前、わたしはゴールまであとわずかなところに迫り、そして今度はわたしが同じくらいきわどい場所で彼らのトライを持ちこたえている。ほんのわずか、あと数センチの世界だ。レフェリーのジェローム・ガルセスは密集を覗きこみ、ホイッスルを吹いた。

「5メートルスクラム、赤ボール」

チームメイトたちはわたしの手を引いて立たせ、背中を叩いて称えた。だがトレヴァー・ニャカネはそのモールで負傷しており、退場せざるをえなかった。ウーストハイゼンがシンビン中であるため、スクラムにふたりのプロップが必要で、また14人の状態を保つためにフォワードがひとり外へ出なければならなくなった。それでわたしが外へ出た。スカルクがブラインドサイドへまわり、エイトマンのポジションは無人になる。スクラムが組まれると、すぐに回転した。ガルセスの笛。もう残り時間はなくなり、ふたたび日本がペナルティを得る。今度こそ、ペナルティゴールで引き分けを取りに来るはずだ。

明らかに狙いやすい位置だし、五郎丸はこの試合、8回のキックで7度成功させている。

キャプテンのリーチマイケルはためらわず、またガルセスにスクラムを要求した。これではっきりした。日本は引き分けなどいっさい考えていない。なんの迷いもない。全か無か。死か栄光か。

それは無理だ。サイドラインの脇にすわり、額の汗を拭いながら、わたしは確信していた。彼らの攻撃を抑えこんでわたしたちが勝利を収め、試合に勝つ。そしてのちのち誰もが、あのときは危なかったけれど、どうにか勝ちきったと話しあうことになる。

80分を過ぎ、両チームがスクラムを組む。単純明快な二者択一だ。こちらがやるべきことはボールを奪い、外へ蹴り出すこと。日本がやるべきことはトライすること。それがすべてだ。スタジアムは、まるで生きもののように音を立て、躍動している。スクラムは横に流れ、90度回転する。ガルセスが笛を吹き、やり直しを命じる。

81分が過ぎる。クラウチ、バインド、セット。限界の淵にいる男たちの肩に数トンの圧力が加わる。スクラムは崩れる。またガルセスが笛を吹き、やり直しを命じる。

82分。戦いつづけた金髪の戦士、スカルクがスパイクの爪のあいだの泥を拭って落とす。いまは誰もが、少しでもしっかりと地面に踏ん張れるようにしなければならない。リーチは仲間に声をかけ、最後にもう一度、力をふりしぼるように鼓舞する。スタンドから猛烈な滝の音のような声援が押し寄せてきて、リーチは声を張りあげなければならない。

83分になる。わたしはまだ負けるとは思わなかった。こちらのディフェンスは固い。抑えこめる。どちらのサポーターでもない観客も、全員が日本に声援を送っている。日和佐篤がもう一度スクラムにボールを入れる。フーリー・デュプレアが日和佐を押し、隙を狙う。われわれが押している。日本は後退し、ルーズボールになる。スカルクとルーリーがボールを狙う。だがアマナキ・レレイ・マフィがふたりの目の前でボールを拾う。まだ日本ボールだ。日和佐は左のブラインドサイドにボールをまわす。リーチの突進。薄い緑のディフェンスラインはピッチ全体に広がっている。タックルし、人数を数え、押しあってポジションにつく。

日和佐は右の広い空間にボールをまわした。またリーチ。真壁伸弥。立川理道《はるみち》。日本のフォワード陣はひたすら前進する。ディフェンダーに押しとどめられ、もう一度、もう一度、もう一度前へ向かう。日和佐はコーナーのリーチに3度目のボールを託す。リーチはラックのいちばん下に入っていたはずだ。何であんなに早く起きあがれるんだ？　リーチはアドリアンに首をつかまれる。観衆がさらに声を上げる。もはや、動物のわめき声のようだ。まるで、その意志の力で日本の背中を押し、トライさせられるかのように。日和佐はバックスが待ち構えている左にボールを送る。薄い緑のラインはさらに伸び、手薄になっている。

マフィがフィールド中央でボールを持つ。ジェシー・クリエルが高いタックルに行く。だが、高すぎる。それは怠慢ではなく疲れきっているせいだ。何度も力をふりしぼり、もう余力が残っていなかったせいだ。マフィはジェシーを振り払い、さらに走る。

緑のラインが折れ、裂ける。そしてついに破れる。

すべてがスローモーションのようだ。マフィの外側にはマレ・サウとカーン・ヘスケスがいる。ハンドレとJPがカバーにまわる。3対2。JPはウインガーの永遠のジレンマに引き裂かれている。間合いを詰めるか、距離を保つか。マフィはサウを飛ばしてヘスケスにパスする。ヘスケスは脚を入れ替えるようにしてボールをつかむ。サウがコーナーを示し、ヘスケスに向かって叫ぶ。JPがヘスケスめがけて飛びこむ。ヘスケスはゴールラインに飛びこむ。ヘスケスは滑りこんでボールを置き、得点する。

トライ。勝利。地響きがわき起こる。

選手と観客は、最大の喜びに一体となって狂喜乱舞する。スタンドでは、大人が体を震わせて涙を流している。負けつづけた自分のチームを応援し、レプリカジャージを着つづけた人々だ。そのあいだ、こんな日が来るとはまったく思わなかっただろう。こんな、あらゆることが可能だと思える日が。王たち、英雄たち、そして負けつづけたすべての人々のための日が。


わたしたちはたしかにファンや報道陣から叩かれた。だが、日本を賞賛し、笑顔で勝者を抱きしめるのが大切なことだ。翌日、スカルク・バーガーが真壁伸弥と健闘を称えあっている写真が話題になったが、それはどちらが勝者でどちらが敗者かわからないような写真だ。この試合についてはその後、何度もさんざん質問されたが、そんなときは決まって、強いチームが勝ったと答えた。それはただの礼儀ではなく、真実だ。彼らのほうが強さで勝っていて、われわれの力は十分ではなかった。

ロッカールームの雰囲気は葬式のようだった。選手たちは壁を叩き、ぼんやりと宙を見つめた。予選プールの残り試合を全勝しないと勝ちあがれない、ということだけではなかった。ワールドカップでは、遅かれ早かれ負ければ終わりというステージがやってくる。だから、それが少し早く来たとしてもあまり違いはなかった。わたしたちはラグビーワールドカップの歴史で、それどころかラグビーのすべての歴史で、もしかしたらあらゆるスポーツの歴史のなかでも最大の番狂わせで敗れてしまったのだった。

つぎの試合は1週間後のサモア戦だった。大会の敗退を回避するには勝つしかなかった。自信を取り戻すには、大勝するしかなかった。わたしはまたベンチスタートだったが、日本戦では競った試合で25分が与えられたのに、今回は勝ちの決まった試合で13分だけだった。29対6の時点で驚異的なプレーを見せたスカルク・バーガーと交代し、さらにスカルク・ブリッツとブライアン、JPのトライで46対6で勝利を収めた。わたしのプレーはまずまずで、ラックに加わり、ボールキャリアの横について、タックルをし、相手の強力なディフェンスをかきわけてボールキャリーした。だがこの試合では、自分の力を示すことはできなかった。

そして、この試合を最後に、この大会ではもう出場することはなかった。つぎのスコットランド戦ではスカルク・バーガーとドウェイン・フェルミューレンがバックローの先発、ウィレム・アルバーツがフランソワ・ロウとともに控えに入り、その後メンバーの入れ替えはなかった。スコットランド戦と、そのあとのアメリカ戦の勝利により、日本に負けたにもかかわらず予選プールを1位で通過し、準々決勝ではウェールズとの激戦を制したが、準決勝でニュージーランドに18対20で敗れた。

トレーニングでは役目を果たしていたが、正直にさらけ出すなら、できることをすべてやったとは言えなかった。その4年後、日本でのワールドカップでバックアップメンバーが23人のベンチ入りメンバーの準備のためにしてくれたことを思うと、自分の行動をいまも心から恥ずかしく思う。オフの時間は、ひたすら酔っ払っていた。うんざりし、自分を哀れんでいた。同じような態度の仲間たちがいたから、いつもふらふらと外出して、バーやパブで楽しい時間を過ごした。レイチェルは赤ん坊だったニックを連れてきていたから、家族で過ごすよい機会だった。ところがわたしは仲間たちと外出するほうを好み、レイチェルにつらい時間を過ごさせてしまった。わたしはあまりに自分勝手で、そんなことにさえ気づかなかった。ハンドレのパートナー（いまは妻）のマリーゼとよく出かけ、ふたりは仲良くなったのだが、レイチェルは結局わたしのひどさに嫌気がさし、1週間早く帰宅してしまった。

トゥイッケナムでのオーストラリア対ニュージーランドの決勝戦を観戦した選手たちもいたが、エベンとわたしはサッカーのリヴァプール対チェルシー戦のチケットを持っていた。わたしは子供のころからリヴァプールファンだった。実際に試合を観るのはこれがはじめてで、待ちきれないほどだった。ただひとつ問題があって、それはわたしたちのシートがチェルシーファンのあいだということだった。イギリスのサッカーの観衆は、ラグビーとはちがうということは知っていた。ラグビーのスタジアムでは、双方のチームのファン同士が交ざって席を取り、何も問題は起こらない。だがイギリスのサッカーファンはそうではない。わたしたちは注意を与えられていた。とにかく、リヴァプールが得点しても絶対に喜ぶな。チェルシーの得点のときに飛びあがったり、喜ぶふりをしたりする必要はない。でも、ホームチームがゴールを決められたときは祝ってはいけない。ファンは中立の客は気にしないが、相手チームのファンは目の敵にするんだ。

チェルシーは早々に1点リードしたが、ハーフタイム間近にリヴァプールのフェリペ・コウチーニョが同点弾を決めた。わたしはうっかり、ケープタウンの自宅でテレビ観戦しているときはいつもしているように、飛ぶように立ちあがって声を上げた。数百人の観衆がこちらを向いてわたしをにらんだ。チェルシーファンだ。怒り狂い、わたしを威嚇している。

隣で身長204センチのエベンが立ちあがり、腕を組んで、いつも以上に上腕二頭筋を盛りあがらせた。すると威嚇は収まっていき、観客たちはぶつぶつと文句を言いながら席に着いた。わたしたちも腰を下ろした。エベンはわたしの耳元で言った。

「今度やったら、おれがぶん殴るぞ」

後半に入り、コウチーニョの2点目とクリスティアン・ベンテケのゴールで3対1になった。わたしは行儀よくおとなしくして、心のなかで精一杯祝った。

スタジアムから出る途中で、数人のファンにサインを頼まれた。しばらく、何が起こっているのかわからなかった。イギリスのサッカーファンに、ラグビー南アフリカ代表の選手を見分けられるとは思わなかった。そしてやはり、彼らはワールドカップでもほとんど目立たなかったわたしを見つけたのではなかった。通行人の声が聞こえてきて、ようやくわかった。「間違いないよ。ボニーだ」わたしはマンチェスター・シティのウィルフリード・ボニー選手だと思われているらしい。

そんな状況では、できることはただひとつしかない。差し出されたプログラムすべてに、自分としては最高にクールなウィルフリード・ボニーのサインをした。

ワールドカップが終わり、自宅に戻って1週間後の日曜日の朝、わたしは最悪の二日酔いに苦しみながら庭の芝生で寝転がっていた。目は充血し、アルコールの臭いを充満させている。「駄目なときの感じになってるね」そう言ったのはリペロだ。そのとき彼女は6歳で、自分でも意識しないまま、大人に耳の痛い事実を告げるにはぴったりの年齢だった。

レイチェルはわたしにうんざりしていた。ときどきこんなこともあるというならまだいいが、そうではなかった。わたしは毎週決まって、ずっとこんな調子だった。

「わたしたち、教会に行くのよ」とレイチェルは言った。彼女は日曜にはいつも教会へ行く。

「じゃ、あとで」わたしはつぶやいた。

「駄目。わたしたち、と言ったでしょ。あなたも行くの」

彼女は正しかった。わたしもわかっていた。わたしの人生は悪い方向へ向かっていた。こんな行動をやめないと、わたしは家族を失うことになる。必要なのは「酒を飲むのをやめる」ことではなかった。もしビールを2、3杯飲んで、そこでやめることができるなら、問題は何もない。わたしには「酒を飲むたびにいつも、正体がなくなるまで飲むのをやめる」ことが必要だった。

それがわたしの姿だった。酒を飲みはじめるといつも、ボトルの底に「飲め。飲みつづけろ」というメッセージが書いてあるような気がした。大騒ぎをして、翌朝起きても、まえの晩に何があったのかわからなくなった。そのときの様子をほかの人から聞くのは、最初は楽しかった――「おまえ、信じられないようなことをしてたぞ。ほんとに馬鹿だった」。だが、まもなくそれも嫌になり、人生はもっとましなはずだと考えるようになった。父もやはり同じだった。酒を飲んでいる自分は父とそっくりで、そのことがつらかった。父は酔っ払うとひどかったからだ。このまま進んだら破滅する。そうわかっていても、やめることはできなかった。

わたしたちはケープタウンのセンチュリー・シティにあるヒルソング教会に行った。教会の建物には、看板が掲げられていた。「本日、洗礼が受けられます」洗礼とはなんなのかとか、どんなことをするのかといったことはほとんど知らなかったが、心のなかで、「洗礼を受けよう」という声がした。そのための準備も、学習も、聖職者との会話もしたことがなかった。ただ、自分はこれをしなければならない、何か理由があって自分の前にそれが現れたのだと感じた。

水が入ったタンクがあり、両側に階段がついていた。なかに入ると、幼い子供たちを先頭に、50人ほどの人々が集まっていた。両側にひとりずつ立った聖職者に手首を支えられながら水に浸かった。牧師のフィル・ドゥーリーが話しはじめた。

「マルコによる福音書にこうあります。『そのころ、イエスはガリラヤのナザレから来て、ヨルダン川でヨハネから洗礼を受けられた。水のなかから上がるとすぐ、天が裂けて〝霊〟が鳩のようにご自分に降ってくるのを、ご覧になった。すると、「あなたはわたしの愛する子、わたしの心に適う者」と言う声が、天から聞こえた』洗礼とは、あなたが心のなかでイエスに従うと決めたことを外に向かって宣言することです。それは人生で困難に直面したとき、信仰を保つためのしるしになります。それは神があなたを救ったことを示しており、神はあなたの人生への働きかけを、いつもやめることはありません。洗礼を受けることは、イエスを主とし、人生の救世主とするという個人的な決定を、公的に宣言することです。コリントの信徒への手紙二の5章17節にはこう書かれています。『だから、キリストと結ばれる人は誰でも、新しく創造された者なのです。古いものは過ぎ去り、新しいものが生じた』と」
わたしはその後、生まれ変わったように感じた。わたしの問題が急になくなったわけでも、わたしがとつぜん聖人になったということでもない。それにはほど遠かった。そのあとも、ときどきアルコールの問題は起こった。チームの結束を高めるためにビールを飲むのを断るのはむずかしかったし、ときにはイエスとの結びつきが揺らぐこともあった。だが心の奥底で、わたしはもっとよいパートナーになりたかった。そしてその道が開けたのは、センチュリー・シティの教会で水に浸ったあの瞬間だった。それは信じればあらゆることが克服できるという証だった。わたしには、選択肢が与えられていた。神を崇拝するか、アルコールを崇拝するか。だが、それぞれの道から導かれて行った先に何があるかを考えれば、それは選ぶまでもなかった。

それからまもなく、レイチェルにプロポーズした。ケープタウン上空を飛ぶヘリコプターに乗っているときだった。ふたりとも、ヘリコプターに乗るのははじめてだった。乗るのは怖くてしかたなかった。わたしはひるみ、3度も4度も、乗るのをやめようと思った。手には汗をかき、震えが止まらない。〈絶対何かに衝突する。墜落して、空から真っ逆さまに落ちる〉

だが、もう遅かった。いったん上空まで昇ると、景色のすばらしさに恐怖は吹き飛んだ。わたしは指環を取りだし、結婚してくれますか、と尋ねた。イエスと答えてくれたのはラッキーだった。もしノーだったら、プランBは用意していなかった。

わたしは地に足をつけた生活を送り、自分だけでなくまわりの人々の生活をよりよくしようとした。昔わたしは、モッセル・ベイで開催されたU12の大会で、文字どおりのラッキーバウンドに恵まれた。

もしあれがなかったら、そもそもいまの立場には立てていない。それに、グレイ校に通わせてもらった奨学金がどこから出ていたのかもいまだに知らないということに気づいた。考えたことさえなかった。わたしが機会を最大限に生かした、ということもたしかだが、そのチャンスは誰かに与えられたものだった。その人に感謝を伝えたかった。

グレイ校に連絡し、その人物に連絡を取りたいと伝えた。たぶん学校は、個人情報保護と儀礼的な意味からまず彼に確認し、そのあとで詳細を教えてくれた。その人物はヴィンセント・メイという名で、ニューヨークで暮らしているが、生粋の南アフリカ人だ。東ケープ州で生まれ、グレイ校とケープタウン大学でラグビーをしたのち金融の世界に入り、慈善活動を行えるほどの財産を蓄えた。１９９０年代初め、ちょうどマンデラ大統領が刑務所から釈放された直後に奨学金制度を開始した。毎年およそ６人の子供が進学する支援をしている。わたしは彼に助けられた、およそ75人目の子供だった（現在では、その数は２００人に迫っている）。

わたしは、彼の寛大なふるまいによって大きな利益をもたらされただけでなく、人生を変えてくれたことを感謝するために、彼に手紙を書いた。

拝啓、メイ様

あなたはわたしをご存じありませんが、わたしはシヤ・コリシという名で、ラグビー南アフリカ代表でプレーしています。わたしはここに写真を同封するすばらしい家族に恵まれ、ズウィデでの子供時代には想像すらできなかった生活を手に入れました。これはあなたがいなければ、決して実現しなかったでしょう。ありがとうございました。

敬具

シヤ・コリシ

そこに家族の写真とスプリングボクスのジャージ1枚を添えて送った。数日後、ヴィンセント伯父はわたしに電話をくれ、そこから、いまも続く友情が始まった。長いあいだ、電話とメールだけのやりとりが続いたが、2019年のワールドカップ後に、ようやくニューヨークで会うことができたとき、わたしたちはハグをした。彼はわたしを息子のようにハグし、とても誇りに思うと言ってくれた。わたしたちは何時間も、どうすれば南アフリカの現状を改善できるかについて語りあった。そしてそのとき、わたしたちには多くの共通点があることがわかった。同じユーモアのセンス、同じ人生観。

わたしたちはベランダにすわって、さまざまなことを語りあった。ラグビーではなく、人生について。彼は自分がやったと声高に主張することなく人々のために多くのよいことを行っていた。彼は懸命に社会を改善しようとしていた。そのことは、まさにわたしを鼓舞してくれた。彼は朝食まで自分で作ってくれた。ある朝はトマト入りのスクランブルエッグで、翌日はブルーベリーの入ったオートミール。ニューヨークを彼とともに観光するというすばらしい体験をし、再会を約束した。彼は地元のカルーでお気に入りの場所にわたしを連れていってくれた。そのあと、またアメリカに彼を訪ねていった。はじめて会った人と言うより、まるでずっと離ればなれになっていた人に会っているような感覚だった。最近では毎週のように話をし、子供たちは彼をおじいちゃんと呼んでいる。

２０１６年に、スーパーラグビーははじめてアルゼンチンと日本からのフランチャイズチームを加え、全18チームになったため、全体が2グループに分割された。ひとつ目のグループはニュージーランド5チームとオーストラリア5チームで、もうひとつは南アフリカ6チームにブエノスアイレスのハグアレス、東京のサンウルブズが加わった。各グループをまたいだ対戦も組まれており、こうして説明するととても複雑なようだが、実際にはそれほどでもなかった。

チームは新ヘッドコーチのロビー・フレックのもと、いいシーズンを送り、全体の3位で終了し、15戦中10勝をあげて準決勝をホームで迎える権利を得た。わたしは半分以上を先発で、全試合に出場し、調子も前年よりはるかによかった。

このことが代表でのキャリアにも影響を及ぼした。アリスター・クッツェーがヘッドコーチになり、最初のテストマッチがアイルランドとのシリーズ3戦だった。その初戦でわたしは先発で起用された。スプリングボクスでの14キャップ目ではじめての先発だった。コーチ・アリスターはストーマーズでコーチをしていたので、わたしの能力を知っていた。このこともまた、選手にはコントロールできない要素を思い出させる。自分を評価するコーチと、評価しないコーチというのもそのひとつだ。本物の、異論の余地のないワールドクラスだというなら問題なく、いつだって選ばれるだろうが、そうではない選手もたくさんいる。自分のほうが優れていると思っているのにほかの選手が選ばれればコーチに対して憤慨したくなるものだが、自分が選ばれたときには、不公平だといらだっている選手がいるということはつい忘れてしまう。

代表の先発に入ったことは、わたしのプレーに大きな影響を及ぼした。好循環が生まれた。価値あるチームの一員として見られることが自信になり、それがプレーの向上につながり、さらにポジションが確立され、それによってさらに自信がついていった。

アイルランドと3週連続で土曜に試合を行い、わたしはすべてで先発出場した。初戦は80分のフル出場で、残りの2戦の出場時間はそれぞれ67分と60分だった。全選手がそうだが、わたしも最後までピッチにいたい。それでも現代のゲームでは毎試合少なくともバックローのひとりは途中交代するため、自分がそのひとりなら、それまでに全力を出しきることができる。

初の先発試合がニューランズで行われたのは特別なことだった。メンバーが読みあげられるとき、観客はわたしの名前に対して一層大きな歓声を送ってくれた。わたしにとって長かった道のりを、みな理解してくれていたのだ。ここまで、初キャップからあと4日で3年という時間がかかっていた。それに、ストーマーズの青と白のジャージであれ、緑と金のジャージであれ、わたしがこのピッチでは毎回全力でプレーしていることもわかってくれていた。ハーフタイムを同点で迎えたものの、結局20対26で敗れたのは残念だったが、残りの2試合は32対26(ハーフタイムでは3対19のビハインド)、19対13で勝利を収めることができた。

足首の靱帯を故障し、スーパーラグビーの準々決勝のチーフス戦では開始3分で交代することになり、21対60の敗戦をサイドラインの脇で見守った。またザ・ラグビーチャンピオンシップも不調だった。チームは6試合(アルゼンチン、オーストラリア、ニュージーランドとのホームアンドアウェイ戦)で、アルゼンチンとオーストラリアとのホーム戦での2勝しかできなかった。何より心配なのは、ニュージーランドとの差だった。1年ほどまえのワールドカップでは2点差で敗退したのだが、今回はクライストチャーチのアウェイ戦で30点近く、ダーバンでのホーム戦で50点以上の差をつけられてしまった。

レイチェルとわたしは2016年8月13日にフランシュフックで結婚式を挙げた。まさか、膝から下を固定具で固め、杖をついて結婚することになるとは思わなかった。参列者には、ズウィデ、グレイ校、ストーマーズ、スプリングボクス、レイチェルの友人や家族など、わたしの人生のあらゆる場所で出会った200人の人々を迎えた。さらに特別なことにその日はリペロの誕生日だったので、「ハッピーバースデイ」をみなで歌った。

わたしは介添人たちと、笑い、冗談を言いあいながら待ったが、式が始まり、レイチェルが通路の向こうに現れるととつぜん泣きはじめた。彼女はあまりに美しく、あたりの雰囲気には愛が満ちていた。何か大きなものに圧倒されてしまった。おそらく自分でそれを経験しないと、その感覚はわからないだろう。司会はわたしに洗礼を行ったフィル牧師だった。彼は誓いの言葉のまえにこう言った。

「あなたたちは結婚式にべつべつにやってきて、ともにここを去ります。レイチェル、あなたはシヤの可能性を開く鍵を神に与えられました。シヤ、あなたはレイチェルの可能性を開く鍵を神に与えられました」

自分のスピーチは、ほぼ原稿なしだった。手に少しだけ書いてあったのだが、使うことはなかった。わたしはアンドリュー・ハイダキスに、グレイ校へ連れていき、人生を変えるチャンスをくれたことを感謝した。そしてコサ語でコーチ・エリックに語り、彼を氏族名のマワワで呼んだ。そしてエベンには、彼との友情がどれほど大きな意味を持つかを語った。だがもちろん、スピーチでいちばん大切なのはレイチェルへの言葉だった。

「ふたりでたくさんのことをくぐり抜けてきた」とわたしは話した。

「君と会ってから、たくさんの苦労をさせてきた。自分がたくさんの失敗を犯してきたことはわかってる。ぼくは若かった。そのときどきで、いろんなことが大切に思えて、追いかけてきたけれど、それは大切なものじゃなかった。いろんな場所に行って、ほかにいいものがないかと探して、いちばん大事な人のことを忘れていた。くずなことをたくさんやった。さんざん過ちを犯した。それでも君はぼくを捨てなかった。信じてくれた。立ちあがってどこかへ行ってしまったりはしなかった。ここにいてくれた。そんなくずなことをしてきた結果、いまのぼくがいる。君は、ぼくがましな人間になるために後押しをしてくれた。家族が欲しいくせに、いまだに外へ遊びに行くこともやめられない。人から大きな賞賛を受けることもあるが、家族をつなぎとめてくれているのが誰なのか、よくわかってるつもりだよ。君がぼくにとってどんなに大きな存在か、どれだけ言っても伝えきれない。自分の気持ちを話すほうじゃないから、たぶん君はぼくがわかってないと思っているだろう。でもちゃんとわかってる。今日は、ぼくの人生でいちばん誇らしい1日だ。今日ようやく、自分は大人になったと言える。毎日、君に対して最善を尽くすことを、ここで約束する」

北半球の秋の代表戦が進むあいだ、わたしはまだ回復の途上だった（結婚式から、ではなく足首の故障からの……）。週末ごとにバーバリアンズ、イングランド、イタリア、ウェールズと対戦した。ザ・

ラグビーチャンピオンシップはよくなかったが、この代表戦はもっと悪かった。試合前はお決まりの飲み会で、あまり練習をしていないバーバリアンズを相手に31対31のドロー。イングランドには21対37で敗れた。イングランドはわれわれに対して10年ぶりの勝利で、しかも試合が決まったあとのウィリー・ルルーのトライがなければ、もっとひどい点差だった。そして最終週にはウェールズに13対27で負けた。

だが、いちばんひどかったのは、フィレンツェで行われた3戦目のイタリア戦だった。イタリアは世界ランク13位で、シックスネーションズのなかでも明らかに格下だ。彼らはそのまえの週に、ニュージーランドに10対68で敗れていたし、しかもわたしたちに勝ったこともなかった。それどころか15点差以内で終わったことさえなかった。自信がすべてではないが、彼らは自信を持ち、こちらにはそれがなかった。彼らは20対18で勝利し、ホームの観衆から当然のスタンディングオベーションを受けた。日本戦の敗北ほどの衝撃はなかったとはいえ、ふたつの点でさらに状況は悪かった。第一に、日本戦ではプレーは悪くなかったが、今回はひどかった。パスを落とし、初歩的なミスを犯し、陣形もぼろぼろだった。第二に、日本戦のあと、立て直すことができたのは、わたしたちがよいチームであり、意図を持っていたからだ。ところがもう、そんなチームではなくなっていた。「おれたちは史上最低のチームだ」とジャンは試合後に言った。まさにそのとおりだった。「なんの言い訳もできない」とコーチ・アリスターは言った。「今日の試合は、チームとして、ラグビー強豪国の代表として、ふさわしいものじゃなかった」

２０１７年のスーパーラグビーのシーズンが始まるころには、わたしの休養期間は6か月になっていた。ズヴィデでの子供時代から、これほどプレーできなかったことはなかった。早く出場し、自分のポジションを取り戻したくてしかたがなかった。何年も怪我なく、しかしプレーはもうひとつで代表に選ばれない状態が続いていたのに、先発選手になり、プレーも改善したいま、怪我で戦列を離れているのはとくにつらかった。だが、リハビリをできるかぎり早めようとし、馴染みのウェスタン・プロヴィンスのメディカルチームと取り組んでいるあいだに、体は自然に癒やされていった。リハビリの期間を短くすることはできたが、それをなくすわけにはいかなかった。

２０１７年は、始まるまえからどこかちがっていた。いまやわたしは一児の父で、つぎの子もまもなく生まれる。夫であり、スプリングボクスの先発だ。25歳で、キャリアのピークにさしかかろうとしていた。絶不調だったのはそんなにまえのことではなかった。それに、つぎの大物と呼ばれたのもそれほどまえのことではない。だが、つぎの大物はいつだって出てくるものだ。そう呼ばれているあいだに、「つぎの」という限定を取らなければならなかった。選手としても人間としても成長を続け、少年から大人にならなければならなかった。

ストーマーズはよいチームだった。核となるフランス・マルハーバ、エベン・エツベス、ニザーム・カー、スカーラ・ントゥベニはアカデミー時代からの仲間で、ずっと一緒にやってきた経験があった。ロビー・フレック・コーチは2度目のシーズンに入ろうとしていた。「去年は、多少の遠慮もあった。だが今年は、選手たちに認められているし、わたしとやることに自信を持ってくれている。去年より、ずっといい状況だ」

ファン・デ・ヨングがキャプテンだったのだが、シーズン前のライオンズとの練習試合で、彼は内側側副靱帯に怪我を負った。離脱期間は10から12週というのがチームドクターの診断だった。チームには新キャプテンが必要になった。

コーチ・ロビーがわたしを指名するとは思っていなかった。そのときは心から驚いたのだが、今日まですっと、彼の判断に感謝している。わたしとほかの選手たちとの関係、いつもポジティブな方向を目指していることを彼が気に入ってくれていることは知っていた。だがそれだけでなく、彼は人生にはラグビー以外にもすべきことがある、ということを最初に伝えてくれた人のひとりだった。実は、その種は前年、わたしの結婚式の日に播《ま》かれていた。彼はたぶん、わたしのスピーチで最も心を動かされたひとりだった。「あのスピーチを聞いて、衝撃を受けたよ」と、彼は言った。「気持ちが高ぶった。しかも原稿もなしで、心から直接語りかけるようだった。どんな子供時代で、どこへ向かっているか、何を成し遂げたいか。大事なのはラグビーだけではないんだ。仲間たちとの接しかた、大事にし、毎日の生活に影響を与えている価値観、コーチがリーダーに求める、大きな価値観。会場の人々は、みな君の話に引きこまれていた。あのときに、君にはすばらしいリーダーシップがあると確信したね。わがチームのキャプテンを見つけたと思ったんだ」

だが、コーチ・ロビーは容赦なかった。彼はわたしに、行動に一貫性を持たせ、意識を変えるように求めた。わたしはチームプレーヤーで、仲間たちと一緒にいるのも好きだが、人の後ろについていくところがあり、もっと自分を主張すること、顔を上げてリーダーシップを示すことが必要だと自分でも気づいていた。だからコーチに指名されたことは嬉しかったが、自分にキャプテンが務まるという確信はなかった。

「キャプテンの経験はあまりないんです」

「それを言うなら、わたしだってヘッドコーチの経験はあまりない。まあ、とにかくやってみよう。一緒に学んでいくんだ。一緒に前に進もう。一緒にミスをしたらいいじゃないか」

映画『ゴッドファーザー』でいうところの、断ることのできない提案だった。それに、コーチ・ロビーはわたしと自分の共通点が多いと思っていることも知っていた。彼は選手時代にはときどき羽目を外すことがあり、楽しむことが好きで、パーティにはいつも真っ先に現れ、最後までいるようなタイプだった。プロのラグビーは真剣勝負だが、気を抜くときもたくさんあるし、ときにはガス抜きをしなければやっていられない。

また、周囲にはチームの核となる選手たちがいて、助けてくれることもわかっていた。やがてスプリングボクスでもわかることだが、チームのリーダーはひとりではないし、成功するキャプテンは自分ひとりではやろうとしないものだ。自分を支え、必要なときには責任を分け持ってくれる4、5人の選手が必要だ。わたしの場合、フォワードだけでもエベン、フランス、ピーターステフ、ドウェインがいた。

開幕戦のブルズ戦でまずまずの勝利を収め、シーズンを通してカンファレンス2位から下位に落ちることはなかった。だが7戦目のライオンズ戦を落とすと、そこから不調に陥り、ニュージーランドのチームに3連敗（クルセイダーズ戦が24対57、ハイランダーズ戦で14対57、ハリケーンズ戦で22対41）を喫した。その後調子を取り戻し、残り5戦で4勝してプレーオフトーナメント進出を確保した。

チーフスとの準々決勝はホームアドバンテージがあった。ハーフタイムでは3対9でリードされていた。後半開始早々にわたしがトライを決め、1点差に詰め寄る。さらにペナルティキックでリード。だが残り5分でアーロン・クルーデンからショーン・スティーヴンソンにパスが通り、トライを決められて万事休す。3シーズンで3度目の準々決勝敗退だった。

ただ今回は、敗北そのものだけでなく、チームはもっと上へ行けたという感覚があったという無念さがあった。だがコーチ・ロビーが言ったように、わたしたちはみな、学びの途上にいた。個人的には、ただよいプレーをするだけでなく一貫してよいプレーができるようになったし、キャプテンであることで、コーチ陣との折衝で自分の殻を破って意見を主張しなくてはならなくなった。2017年シーズンには、たくさんの議論が行われた。コーチ・ロビーとわたしは、どちらも学ぶべきことがたくさんあり、多くのミスをした。だが彼は、いつもわたしを信頼して話しかけ、わたしは彼の話を理解しようとした。練習で選手たちが口論になると、彼は言った。「自分の権威を印象づけるいいチャンスだったのに、それを逃したな」わたしの最大の弱点はそこだった。それにたぶん、新しくキャプテンになった者の多くが苦しむ点でもあるだろう。わたしは必要なときに、チームメイトに厳しく接することができなかった。わたしはずっと仲間たちの一員で、しかもとても仲がよかったから、とつぜん自分をそこから切り離して、上の立場に置くことができなかったのだ。キャプテンは誰でも、腕章をつけた瞬間からみなと距離を取らなくてはならない。もう、ただのチームの一員ではない。少しそこから距離を置いて、決断し、選手たちとコーチ陣を結びつける役割を果たさなくてはならないのだ。

わたしはフランスとの3連戦でスプリングボクスに戻り、全試合6番で先発して、国内最高のオープンサイド・フランカーであることを示すために全力を尽くした。チームはこの3戦を全勝し、平均30点差以上をつけた。2016年の惨状から持ち直した。わたしはそれまでの代表戦でいちばんのプレーができ、2戦目のテストマッチでマンオブザマッチに選ばれた。その日はちょうど父の日で、自分の誕生日の翌日だった。どういうわけか、わたしはその時期にはいつもよいプレーができる。4年前に代表デビュー戦でマンオブザマッチになったのも同じ日だった。この試合ではよいトライを決め、相手のパスを拾いあげてインターセプトし、エルトン・ヤンチースのトライもお膳立てした。ウイニ・アントニオからボールを奪い、相手ディフェンスを突破してエルトンにオフロードパスをつないだのだ。この試合は、わたしにとって過去最高に気持ちのよいゲームだった。すべてがあるべき場所にカチッとはまり、狙いはすべてうまくいった。目はチャンスを捉え、体にはそれを実現するスキルがあった。脳は普段より速く動いているみたいで、疲れ知らずでいつまでもプレーを続けられそうな気がした。絶好調の心地よさがあり、またその心地よさは、それまで数年の不調を乗り越えてきたからこそ、より強く感じられた。不調のなかにいるときはひどい気分だが、もしそれがなければ、好調もそれほど心地よくはないだろう。このときに学んだことを、わたしはその後、繰りかえし自分に言い聞かせることになる。不調のときでも取り組みを続けることで、やがて好調なときもやってくるのだ。

問題は、このあとすぐに知ることになるのだが、逆もまた成り立つということだ。

キャプテンを務めていたワーレン・ホワイトリーの負傷により、2017年のザ・ラグビーチャンピオンシップではエベンがキャプテンになり、わたしは副キャプテンになった。ストーマーズではエベンのいるチームでわたしがキャプテンだから、それはおかしいと言ってくる人もいたが、わたしにとって、それはべつの事柄だった。チームも、求められるものも、コーチ陣も異なっている。それにわたしはスプリングボクスのキャプテンになりたいという強い望みがあるわけではなかったし、自分にその立場に立つだけの力量があるとは感じられなかった。ただ、先発としての地位を確保して、チームの核の一員になれたことが嬉しかった。

２０１７年のザ・ラグビーチャンピオンシップは好調なスタートを切れた。だが、それは見せかけだけだった。ポートエリザベスとサルタで２週連続で行われたアルゼンチン戦で大差勝ちした。わたしは1戦目で1トライを決め、２戦目では2トライでマンオブザマッチに選ばれた。アルゼンチンでのプレーは楽しかった。ファンはどこに行っても熱狂的で、いつもアウェイであることを思い知らされた。観衆は敵意むき出しで、愛国心があり、ラグビーを愛している。そして自分たちのチームに全力で向かってくるよう要求する。

パースではオーストラリアを相手に23対23の引き分けで、つぎがアルバニーでのオールブラックス戦だった。この年、チームは6戦して無敗だった。復活の手応えを感じていた。ニュージーランドはザ・ラグビーチャンピオンシップでそれまで4度優勝しており、しかもホームでのニュージーランドに勝つのは、どう控えめに言うにせよ難攻不落だ。それでも、きっと今回はいい戦いができるだろう。

だが、それは最初の13分だけだった。スクラムは優勢に進め、ディフェンスは固かった。だが、ボーデン・バレットがペナルティを決め、３分後にはリーコ・イオアネがトライを決めた。そこからは、堰《せき》を切ったようだった。彼らはあらゆる角度から襲いかかり、ゴールラインを何度も突破された。ネヘ・ミルナー＝スカッダー、スコット・バレット、ブロディ・レタリック、再度ミルナー＝スカッダー、オファ・トゥウンガファシ、リマ・ソポアガ、コーディー・テイラー。後半開始後まもなく、全裸の観客が乱入するという出来事があったが、それはわたしたちへの脅威というより、彼らのすさまじい勢いを少し削いだくらいのものだった。

最終スコアは、0対57。もう一度書く。0対57。これはティア1国同士の対戦だ。得点のうえでも失点のうえでも、あまりに屈辱的なスコア。ときには大量失点することもあるが、そんなときはたいてい、自分たちもそれなりの得点をする。あまり得点できないこともあるが、そんなときは相手もそう多くは得点できないものだ。今回は、3つの点でひどい惨事になってしまった。まず50点という点差だ。その差は大きい。しかも最悪なことに、こちらは無得点に終わった。80分間を通じて、ただの一度も得点できなかった。無得点に終わるのはとりわけ屈辱的だが、このときはそれだけではない。この試合は、いつまでも終わらないように感じられた。試合ではしばしば、時間の感覚を失ってスコアボードを見上げ、こんなに時間が過ぎたのか、とか、これしか経っていないのか、と驚くことがある。今回はそのどちらでもなかった。まるで時計の針がずっと半分の速度でまわりつづけ、そのあいだにオールブラックスに何度も何度も自陣を破られているように感じられた。しかも彼らは、それをなんの苦もなくやってのけていた。ひとつひとつの差はそれほど大きくない。たとえば、ブレイクダウンでボールを奪いあっているときの差はほんの一瞬だ。だがいつも、ほんのわずかにリードしているのは彼らのほうだった。そしてその微差は、またたく間に膨れあがった。またラインアウトのサインを見抜かれていたことが、すべてのプレーに影響を及ぼしていた。ハーフタイムを0対31で迎え、控え室では誰もほとんど口を開かなかった。そんな状況で、話すことなどありはしない。

6戦無敗など、それで吹き飛んでしまった。スプリングボクス史上最悪の敗戦だった。スコアの面では、2002年の対イングランドで喫した3対53よりもさらにひどい。少なくともそのイングランド戦は、早い時間にひとり退場になり、多くの時間を14人で戦わなくてはならなかった。それに対して今回は人数が揃っていたが、オールブラックスを止めるのは、23人のメンバー全員が同時にピッチに立たなければ無理だとさえ思えた。唯一の好材料は諦めなかったことだが、それもいい意味ばかりではない。ゲームを捨てて力を抜いていた、というほうがむしろ受けいれやすいほどのスコアだった。

試合後まもなく、わたしはレイチェルを連れてサファリ旅行に出かけた。2番目の子、ケジアがお腹のなかにいたときだった。聖書の、ヨブの2番目の娘にちなんだ名前だ。リラックスし、緊張をほぐすためにあえて出かけた旅行だった。わたしのソーシャルメディアには、なぜ気楽に外出などできるのかという問いかけがあふれた。まるでわたしが犯罪人であり、その償いとして1日中練習をしなければならないかのように。わたしはあの試合の結果がどうでもよかったから出かけたわけではない。過ぎた試合のことをいつまでも気に病んでいても何も得るものはないし、そこから離れて時間を過ごすことが自分にとってよいと思ったからだ。チームの全員が、あの結果は悔しくてしかたがないし、かならず改善しなければならないと決意を固めていた。だが、自分たちを責めているばかりでは何も成し遂げられない。感情的になってしまい、きっと客観的な判断はできないだろう。わたしたちは明快な意識を持って問題に取り組み、何が間違っていたのかを率直に話しあい、その賢明な解決策を探さなくてはならなかった。

打ちのめされたあとに立ちあがるのは、ラグビーで最も困難なことのひとつだ。たぶんありがたいことに、つぎの試合はニュージーランドではなくオーストラリア戦で、前回に引きつづき引き分けた。だがそれも手放しでは喜べなかった。２０１２年にザ・ラグビーチャンピオンシップが始まって以来のホームでのオーストラリア戦の連勝がここで途絶えたためだ。

そしてあとは、オールブラックスとのリターンマッチが残された。場所はわたしのホーム・スタジアムであるニューランズだ。南アフリカ国内でオールブラックスと戦いたくないスタジアムをひとつ挙げるとすれば、このニューランズだった。エリス・パーク・スタジアム（ヨハネスブルグ）やロフタス・ヴァースフェルド・スタジアムのような標高による優位はないし、アパルトヘイト時代に、黒人たちがスプリングボクス対オールブラックス戦でオールブラックスを応援していたころから続く、多数の相手方サポーターがいた。

ニューランズに入った満員の観客は沸き立っていた。わたしたちは強い意欲を持ってこの大一番に臨み、ノース・ハーバー・スタジアムでの汚名をそそぐ決意を固めていた。この2国は世界のラグビー界で最大のライバルであり、それに値する力を持つことを示さなければならない。ここ2試合で114点も与えてしまっていた。クリケットの試合のようなスコアは、もうこれ以上許されなかった。

先制したのはこちらで、サム・ホワイトロックの反則で得たペナルティキックをエルトンが決めた。観客は歓声を上げた。完封負けは免れた。これは小さなことではない。無得点という屈辱はあまりに大きく、ときにはわずか3点がそれ以上に感じられることもあるのだ。ライアン・クロッティにトライを決められて3対8でハーフタイムを迎えると、後半は追いつ追われつの展開になった。こちらがワントライ、つぎに彼らがワントライを決め、またこちらが、そして彼らがトライを決めた。残り2分で（ダミアンがレイトタックルで退場して）ひとり少なくなったとき、得点は1点差でリードを許していた。オールブラックスはその最小得点差を守りきった。ノース・ハーバー・スタジアムでの試合よりはましだが、負けたことに変わりはない。

奇妙に思われるかもしれないが、それはある意味で0対57の惨敗よりも厳しかった。徹底的に痛めつけられたときには、なすすべはなかったと納得できるが、1点差負けのあとはずっと、ああしていれば、こうしていればという意識が頭を離れなかった。だがこうした苦しみにも前向きな意味はあった。誰ひとりとして、あと一歩で勝てたことや、前回よりも差が縮まったことに満足などしていなかったからだ。みな、プロスポーツは結局、結果がすべてなのだということを理解していた。

ちょうど12か月前と同じく、北半球の秋の代表戦は1年をよい結果で締めくくるチャンスだった。だが12か月前と同じく、チームはそのチャンスをふいにした。対戦相手はイタリア、フランス、ウェールズ、アイルランドだった。イタリアには楽勝した（前年負けていたため、容赦なく叩きのめした）。フランスには辛勝で、ウェールズ戦は22対24で惜敗した。

だがアイルランド戦は、この試合はぶざまだった。彼らの得点は4トライ、4ペナルティゴール。こちらの得点はペナルティひとつ。スコアは3対38。どん底に落とされた。ニック・マレット元ヘッドコーチはこう言った。「どんなポジティブな性格の持ち主でも、この試合にポジティブな要素は見つけられない」たしかに、反論の余地はなかった。ある意味では、オールブラックス戦の惨敗よりもひどかった。どうしても改善できない点があった。個々の選手は優秀なのに、チームとしてボールを前へ運べなかったのだ。八方ふさがりで、何かを変えなければならないことは全員がわかっていた。

しかし、いったい何を変えるべきなのかがより大きな問題だった。ひとつになりきっていないチームの常で、選手それぞれがチームでの自分の地位にとらわれていた。レギュラーで、出場のチャンスが多い選手は、控え選手ほど変化に熱心ではなかった。それはたぶん自然なことなのだが、惨敗を喫し、試合終了のはるか以前に観客が席を立ってしまうような状況では、正当化することはできなかった。

翌週はフランスに1点差で勝利した。その後わたしはレイチェルがケジアを出産するためイタリア戦を欠場して帰国した。復帰したウェールズ戦は2点差で敗れた。通常、スプリングボクスのメンバーはビジネスクラスで移動する。ラグビー協会が差額を払うか、航空会社がアップグレードしてくれるからだ。しかしケジアの出産のために往復したこのときはエコノミークラスだった。チームがこんな体たらくでは、誰もアップグレードしようとは思わなかったからだ。

コーチ・アリスターは就任後25試合でわずか11勝という結果を受けて解任された。彼が去るのはつらかった。彼はよいコーチであり、好人物だった。ストーマーズに入団したときからのつきあいで、よくわたしを訪ねてきておしゃべりをし、父のことや家族のことを尋ねてくれた。わたしにとって父のような存在だった。

コーチ・ラシーは当時、南アフリカ共和国のディレクター・オブ・ラグビーとしてアイルランドから帰国し、全年代の代表チームを統括していた。だが、彼がヘッドコーチに適任であることは明らかだった。ふたつの役割を同時にフルタイムでこなすことは大変な重荷だったにちがいないが、わたしたちは窮地にあり、彼を必要としていた。コーチ・アリスターは退任し、コーチ・ラシーが着任すると、それにともなって大きな変化が訪れた。

コーチ・ラシーははじめに、団結のためのキャンプを開き、ピッチ内外で期待することを選手に告げた。このキャンプではトレーニングもスキルの習得も行わなかった。わたしたちはただ話を聞き、語り、さまざまなことを考えた。コーチ・ラシーは、重要なのは全員が単に意思統一することだけではないと理解していた。重要なのは強制されたからではなく、選手が自ら望み、コーチの見解に納得した結果として意思が統一されることだった。

コーチ・ラシーは集中すべき3点を掲げた。結果と、国民からの認識、そして変革。それらはもちろん結びついているが、またそれぞれ異なる意味を持っている。

第一に、結果だ。何より、まず勝たなければならない。「人を鼓舞するとか、国をひとつにする、ロールモデルになる、といった物語を持ってここに来てはいけない」と彼は言った。「それを出発点にしては駄目なんだ。それは勝てば、そのあとからついてくる」人を鼓舞したい？　すばらしいじゃないか。そのためには、まず勝つことだ。勝利自体は人を鼓舞しないが、勝たなければ、鼓舞することなどできないんだ。ほかのあらゆることが、勝利から生じてくる。マンデラ大統領とスプリングボクス主将であるフランソワ・ピナールが写っている、1995年のワールドカップ表彰台での有名な写真がある。あれはジョエル・ストランスキーが決勝点になるドロップゴールを決めたからこそ撮られたんだ。

コーチ・ラシーは代表チームヘッドコーチとして何度も繰りかえすことになる言葉を告げた。「いちばん大事なことを大事にする」大事なことはラグビーであり、それはいつも変わることはない。「今後もずっと変わらない」と彼は言った。「君たちの個人的目標は、わたしにはどうでもいい。君たちのスポンサーや、ソーシャルメディアのフォロワー数は、どうでもいい。そのどれよりも、スプリングボクスが大事なんだ。君たちはあらゆる行動を、スプリングボクスのためにしなければならない。集団を第一に考えるんだ。そしてそれができ、プレーがよくなり、チームが勝ちはじめれば、そこからほかのすべてがついてくる。それを理解し、それに適う行動を続ければ、君たちの個人的目標はさらに達成されるだろう。だがそれは副次的な効果であって、いちばん大事なことじゃない。いちばん大事なのはラグビーであり、わたしたちはいちばん大事なことを大事にしなければならない」

彼はアイルランドにはプロのラグビー選手が国全体でわずか160人しかいないと語った。そこに到達できた選手は、全員が非常に強くそれを望み、どんな努力をしてでもそこにとどまろうとする。プロ選手がそれほど少ないため、各段階の選抜は容赦がなく、ほんのわずかな気の緩みさえ入る余地がない。アイルランドの選手たちはつねにコーチにもっとトレーニングを課し、プレーを高めるためのスケジュールを組むように頼んでいる。コーチ・ラシーにこの話を聞いてわたしは、自分はいままで、何をしてきたのかと考えずにはいられなかった。

ある日、データ分析のセッションで、コーチング・チームが用意してきたわたしの映像が流された。選手のために、あるいはチームがどう動くべきかを示すために、ある選手の映像を見せて褒めることはいろいろなチームで行われている。だが今回はまるで逆だった。その2、3分の動画には、わたしの怠慢な動きが集められていた。タックルのあとゆっくりと起きあがる姿、プレーが行われている場所へ走らずに歩いていく姿、などなど。それをチーム全体が見ていた。自分ではいいプレーをしていると思っていた。ところがその映像を見て、自分がいかに怠けているかがわかった。恥ずかしかった。それこそが狙いだった。コーチ・ラシーがそれを見せたのは悪意からでも、わたしを駄目な選手だと思っているからでもなかった。それは、選手たち全員、なかでもわたしに、強い刺激を与えるためだった。

コーチ・ラシーは、これまでしてきたことを改善するだけでは足りないと考えていた。これまで考えもしなかったようなことをする必要があった。データアナリストは選手たちのプレー画像を編集し、自分自身のプレーを評価するよう求めた。そしてその評価がコーチ陣と大きく隔たっている場合は、その理由を話しあった。また試合に先だって、その試合をイメージし視覚化するようになった。それも試合全体という漠然としたものではなく、その各部分、スクラム、ブレイクダウン、カウンターアタックなどを視覚化した。そのため、実際の試合に臨むときは、試合はすでに行われたような気分だった。また、自分の「ボディランゲージ」も研究した。たとえばわたしは疲れてくると立ってプレーを傍観することがあった。それは相手を元気にしてしまうことにつながる。それに腰に両手を置いたり、腕をだらりと下げることもあった。ピーターステフ・デュトイは注意深くそれを見ていて、わたしのボディランゲージが始まったら支えてくれた。彼は80分間ずっと全力でプレーを続けられるので、その役目には最適な選手だった。もしも試合途中でテレビをつけ、ピーターステフだけに注目して見たとして、彼のボディランゲージだけでは試合開始から何分経ったのか、あるいはどんなスコアなのか、まるで想像できないだろう。彼はいつも全力を出しきっている。

選手として、ミスをしないことに集中し、毎回安全なプレーをするという誘惑に駆られることがある。だがコーチ・ラシーはそうは考えなかった。彼は戦術も陣形もないまま、ビーチでお遊びのセブンズをやっているときのようにただボールをまわすことや、失敗を恐れることを嫌った。選手たちに恐れを持たずにプレーすることを求めた。タックルをミスすることではなく、タックルしようとしないことが恥なのだ、と彼は言った。失敗することではなく、全力を尽くしてそれを挽回しないことが恥なのだ、と。だが同時に、彼はわたしたちが最後の1、2パーセントに集中するあまり、それまでの90パーセント以上を忘れてしまっていると言った。創造的な攻撃の戦略はよいが、それは基礎的な陣形に支えられているものだ。また彼は、コーチ・アリスターが積み上げてきたよいものを捨ててしまうのではなく、そのうえにチームを作ろうとした。コーチ・アリスターのもとでは、ミスをする可能性は少なかったがあまり結果が出なかった。コーチ・ラシーはもっと賢明なプレーを求めた。フォワードは自陣深くからでもダイヤモンドの陣形を保って前進し、スクラムハーフがただ近くの選手にボールをまわすのではなく、個々の選手をよく見て誰に渡すのがベストかを判断できるようにした。それによって、一挙にゴールラインまで運んだり、20メートルゲインする可能性は減ったかもしれないが、ボールを保持してつぎのフェーズにつなげる確率は劇的に高まった。

また、30キャップルールを廃止したことで、大きな効果が期待された。それは、30キャップ未満の選手は海外でプレーすると代表には入れないというルールだった。多くの選手が、給料のよさや、南アフリカの通貨ランドが弱いこともあり、経済的な理由から海外でプレーしていた。それはトッププレーヤーを流出させないための措置だったが、結局のところ代表チームの弱体化を招いただけだった。

第二に、国民からの認識だ。コーチ・ラシーによれば、代表選手の報酬は高すぎで、態度は尊大だと考える人々が多かった。「人々はずっと節約して過ごし、ようやく年に一度君たちのプレーを観戦することができるんだ。フィールドの内外で、どうして全力を尽くさないでいいなどと考えられるだろうか？　君たちに最高の努力を怠る権利なんかない。多くの選手がソーシャルメディアに投稿しているが、その理由はなんだろう？　たいていは見せびらかしか、基礎的な部分を怠っていることのごまかしでしかない。『いちばん大事なことを大事にする』という言葉から、べつの言葉が出てくる。『黙ってハードワークし、成功に語らせろ』オールブラックスはトレーニングの写真をインスタグラムに投稿したりしていないだろう？　彼らは誰も見ていないところでハードワークし、声高にそのことを主張したりしない。それを知ってほしいのなら、0対57という結果で十分じゃないか？」

わたしたちは、スプリングボクスが持つ意味ともう一度自分たちを結びつけなければならなかった。フォワード・コーチのマット・プラウドフットはこう語った。「南アフリカの少年たちはとても幼いころからラグビーの試合を観て育つ。わかるだろ？　それははっきりしてる。そのことの持つ意味は大きい。それがスプリングボクスの活力源であり、また逆に、スプリングボクスがその活力源を生み出している。小さな男の子たちはみな、その一員になりたいと思うんだから」わたしたちは、代表を尊敬する人々を尊敬しなければならない。ウィリー・ルルーは子供のころ、毎年誕生日にラグビーボールをもらっていた。ピーターステフはこう言っている。「野外でブライ（バーベキュー）をするときは、草の上に寝転がって、空を見上げた。そのとき、自分はスプリングボクスに入って信じられないほどの成功を収めたいと願い、祈った」

こうした結びつきは、南アフリカ人の自己意識のなかで大きな部分を占めている。勤勉で謙虚なチームプレーヤーたちは、南アフリカの人々だけでなく、その土地の一部でもある。「必要なのは正しい人物であって、最も能力が高い人物じゃない」とコーチ・ラシーは言った。そのふたつが重なるときももちろんあるが、そうでないときは、彼はかならず能力がある選手より、正しい行動をする選手を選ぶだろう。才能ある選手でも、もし信頼できず、不機嫌で、集中できないようならチームに必要ない。コーチ・ラシーはハードワーカーで、人がいやがることを進んでできる人物、信頼して一緒に仕事ができる人々をチームに集めようとしていた。そうした選手たちならば、国民は自分たちの姿をそこに見ることができるだろう。

最後に、変革だ。プロ化以降、代表チームだけでなく各年代や代表候補まで、ほとんどすべてのコーチが、一定数の有色人種の選手を含めなければならないことになっている。そしてほとんどすべてのコーチがそれに意欲的でないか、数値を達成できない。コーチ・ラシーはそれを真剣に目指した。彼はあらゆることについて選手たちとオープンに語りあい、それによって最も能力の高い選手がプレーすることによる、真の、適切な、有機的な変革をもたらした。

ハードにやるべきことをこなし、ほかの選手よりも高い能力を示せば、チームに選ばれる。これこそ能力主義であり平等だ。機会の平等が与えられているのだから。全員がチャンスを与えられる。コーチ・ラシーはこれをさらに考えもしなかったことにまで押し広げた。チームではつねに、ホテルのチェックインなどのさいには番号が与えられており、ヘッドコーチが1番だった。彼はこれをやめた。それ以降、番号は姓のアルファベット順となり、そのためルカニョ（・アム）が1番になった。コーチ・ラシーはまた罰金制度がもう古く、誤ったメッセージになってしまうと考え、廃止した。大人として行動しよう、と彼は言った。もし過ちを犯したら、罰金を払うのではなく、そこから学ぼう。彼は罰を与えるのではなく、前に進もうとする。そして試合に出場する23人の発表は全員の前で行い、先発、ベンチ、スタンドのそれぞれの理由を説明する。そうすることで、彼とわたしたちの両方が納得し、選手たちが仲間内で不平を漏らすことは少なくなる。

コーチ・ラシーは、契約書に基づき、２０１８年には出場選手のうち有色人種を45パーセントに、そして2019年には50パーセントにすることを目指した。それについて、彼が言ったのは3つのことだ。第一に、数字を把握するのはよいことだから、全員が現在の状況を確認する。第二に、安易に代表選手を選んだり、数値目標に合わせるためのチームは作らない。第三に、スーパーラグビーのフランチャイズチームには代表チームの競争力を保ち、変革をもたらすだけの能力を持った選手が十分にいる。率直な選出という新しい方針もいい方向に働くだろう。フランチャイズチームは自分のスタッフがつねに確認しているからたしかなことだ。また代表に値しない黒人選手が選出されつづけたという例はほとんどないが、代表に値しない白人選手がずっと残っていたことはある。以上。

人種間の統合を真剣に捉えていることを示すために、就任後最初のホームゲーム、エリス・パークでのイングランド戦で、彼は出場選手23人のうち、黒人選手を11人選び、そのうち3人がはじめての先発出場を果たした。そして彼の最大の選択、最も衝撃を与えた選択を最後に明かした。それはごく普通のチームミーティングで、なんの前触れもなく発表された。

「対イングランドのテストマッチでは、シヤがキャプテンを務める」

第4章
# キャプテン

「対イングランドのテストマッチでは、シヤがキャプテンを務める」

部屋は賛同の声に包まれた。

わたしはそこにいたが、あまり現実感はなかった。いまでも、コーチ・ラシーにイングランド戦でキャプテンに任命されたときのことはすべて覚えている。それからはあらゆることが流れるように過ぎていった。わたしの体はたしかにその部屋に存在した。だが心は半分宇宙をさまよっていた。

わたしが、スプリングボクスのキャプテン？　それはまるで考えもしないことだった。たしかにわたしはストーマーズのキャプテンだが、まだ就任して間もなかったし、スプリングボクスでの出場経験も数えるほどだった。もっと適任だと思える選手を幾人か思い浮かべることもできた。

チームメイトたちが歩み寄り、握手したりハグしたりした。わたしはそれが誰なのか、誰が何を言ったのかよくわからなかった。唯一覚えているのは、エベンから、いまどんな気分だと尋ねられたことだ。

「答えられない」とわたしは言った。

「そうだろうな」と彼は答えた。

ミーティングが終わると、レイチェルに電話をした。

「ねえ、大丈夫？　なんだか声が変だけど」と彼女は言った。

「スプリングボクスのキャプテンになった」

電話が切れた。すぐに向こうからかかってきた。「電話を落としちゃった。聞き間違いでびっくりしてしまって。さっき話したことをもう一度言ってくれる？」

わたしは笑った。「スプリングボクスのキャプテンになったんだ」

彼女はすぐに父に電話して伝えるようにと言ったが、できなかった。まだ正式な発表はされていないし、自分でも意味がよく飲みこめていないのだ。

信じてもらえないだろうが、これが真実だ。わたしがスプリングボクスで最初の黒人キャプテンになるとは、まったく考えていなかった。コーチ・ラシーは記者会見を開き、そのことを報告した。「わたしはシヤがアカデミーにいたときから、ストーマーズに加入するまでコーチとして接していました。だから彼の能力や、性格は知っています。また彼がひとりの人間として、主将として成長してきたことを知っています」コーチ・ラシーはキャプテンを務めるのは6月のテストマッチ限定だと強調し、こう言い添えた。「わたしはシヤが好きなんです。謙虚で、静かで、見かけ倒しの派手なプレーをしないから」

つまり、彼が作りあげようとしているチームの価値観をわたしが体現しているとみなしていたのだ。

わたしは何度も、これは政治的な任命だと思うかと質問された。根本的な変革を目指しているわけではない単なる名目、見せかけなのではないかと。わたしは2014年から2015年に、自分に対する疑いを抱いていたころのことを覚えていた。だが今回はちがう。わたしは選手として成熟し、代表の先発メンバーになって2年が経ち、スーパーラグビーに所属する国内最高のチームのひとつでキャプテンを務めていた。わたしは質問に対して、自分にできる唯一の方法、つまり真実で答えた。「わたしはラグビー選手であり、政治家ではありません。ですが、コーチ・ラシーは政治的な意図で行動するような人物ではないので、この任命は本物だと思っています。そして彼に応えるために、ピッチ上でしっかりとプレーしたいと思います」この困難は、わたしがそれまでに直面したどの困難よりも大きかった。だが、これまでもずっと、どうにかして困難を克服してきたし、その困難に突き当たっているときは、どれも世界でいちばん大きい困難だと思っていたんだと考えた。いままでもずっと克服してきたし、今回も同じようにすればいい。

だが、困難は思っていた以上だった。スプリングボクスのキャプテンとして、誇大な賞賛を浴びたのはまったく予想外だった。キャプテンとして、フィールド外でやるべきことはたくさんあった。いままで以上のメディア対応や、試合前の審判とのミーティング、コーチ陣との連携、問題を抱えた選手を見つけることなど。だが、それらはあとまわしになった。「国中の支持を集めるとは、最初はまるで思っていなかった」とコーチ・ラシーは言う。「あれは急な決定で、事前に十分な議論をしていたわけではなかった。わたしとシヤも、数か月前から話しあっていたというわけではなく、戦略的な決定でもなかった。シヤはスーパーラグビーのチームでキャプテンとして最高の働きをしていた。スプリングボクス最初の黒人キャプテンとして、南アフリカ全体で起こった感情的な反応は、シヤにとってもわたしにとってもまるで思いもよらないことだった。いまから思えば、こんな大事《おおごと》になると想定していなかったというのは甘かった」

たしかに大事になっていた。わたしのキャプテン就任は、多くの人にとって非常に大きな出来事だった。彼らにとって、わたしはただのラグビー選手でも、ただのキャプテンでもなかった。わたしは象徴、つまり崇拝し、祈りを捧げる対象になり、それとともに、彼らを失望させてはならないという大きな責任も背負うことになった。

子供のころに出会う自分の英雄というのは、たいてい自分に似た存在だ。子供たちは英雄の姿を見て、いつの日か、自分もああなるんだと思う。これまで、黒人の子供がスプリングボクスのキャプテンを見て、そこに自分自身を投影したことはなかった。そんなことはできなかった。もちろん、子供だけではない。南アフリカのすべての黒人にとって、かつてはずっと白人だけのものだと思っていたチームのキャプテンに、自分を投影できる人物が就いたことは大きかった。わたしと同じ肌の色、背景を持つ人々は、いまようやくそうした対象を手に入れた。わたしは彼らの目標となり、そこから、信じがたいほど強力なメッセージが発せられた。〈やればできる〉この言葉なくして、どんな変化も起こりようがない。

デズモンド・ツツ大主教は、わたしがキャプテンになったことで、「わたしたちは大いに自信を持って歩けるようになった」と言い、「肌の色や社会階層にかかわらず、選り抜きの人々が上に立つことのできる社会」が南アフリカの理想だと表現した。わたしはこの言葉を真剣に受け止めた。そして、たくさんの人々からの質問を受けたのだが、そのたびにこう言った。「わたしは黒人だけでなくすべての南アフリカ人を鼓舞したいと思っています。わたしはこの国の黒人だけを代表しているわけではありません」と。プロスポーツ選手であることには過酷な一面もあり、ときどき、それだけの価値のあることだろうかと悩むこともある。だがそのあとでは、自分の出身地の人々や、わたしを尊敬してくれる人々のことを思い出す。わたしを見て勇気づけられる人々の力になるためには、毎週プレーしなければならない。それがわたしの義務だ。わたしは黒人の子供たちだけでなく、すべての人種の人々を鼓舞したい。フィールドに立ち、観衆を見上げると、すべての人種、社会階層の人々がそこにいる。わたしたちは選手として、国全体を代表している。わたしはチームメイトたちにこう言った。「おれたちはひとつの集団の代表選手ではない。自分のコミュニティにアピールするために、最高の黒人選手とか、最高の白人選手になろうとしては駄目だ。すべての南アフリカ人にとって最高の選手になるためにプレーしよう。おれたちは想像できないほど大きなものを代表しているんだ」

大切なのは、目的地だけではなく、そこへいたる旅の過程だ。はじめての黒人キャプテンになったことは、それまでの経緯を思えば、さらに計りしれないほど重要なものになる。それはわたし以前の才能ある多数の選手たちが、ただ肌の色だけを理由に到達できなかった場所なのだから。わたしは、わかっているかぎり、記者会見で片言以上のコサ語を話すことのできる最初のスプリングボクスのキャプテンだ。コサ語は、これまでこの地位を得ることのできなかった有色人種の選手たちの言語だ。だがもう、そんなことはない。

わたしをマンデラ大統領になぞらえる人々もいた。光栄で、嬉しいことではあるけれど、やはり間違っている。わたしはラグビー選手であり、より小さな世界のなかにいる。マンデラ大統領は長年刑務所で過ごし、釈放されたあと、とても大きなことを成し遂げた。わたしは人々、とりわけタウンシップで暮らす人々の力になるために、ラグビー選手としてできることをしなければならない。しかしそれは、マンデラ大統領の仕事とは比較にならない。

クラブでも代表でも、プレーしたすべてのチームで、異なる文化出身の選手たちがいて、それが複雑なダイナミクスを生み出していた。そうしたダイナミクスは、うまく使えばチームの力を大いに高めることができる。また使いかたを誤れば、さまざまな問題を引き起こす。

コーチ・ロビーはこう言っていた。「戦術や、審判との関わりかたは教えたり学んだりすることができる。だがシヤは、人々を結びつけ、集団としてまとめる力を持っている。これは教えられるものじゃない。それは彼に自然に備わっているんだ。彼はなんでもないことのように、人々をまとめ、共通の目標のために戦わせることができる」

わたしはつねづね、こんな質問をされる。「あなたはタウンシップの出身です。そこを出ることができて、きっと嬉しかったでしょう」と。わたしはこんなふうに答える。「いいえ。いまのわたしがあるのは、幼いころに学んだことがあるからです」わたしは自分の過去の経験を何かと交換しようとは思わないが、転校したことで、異なる背景から来た人々を理解することができるようになった。わたしはひとりひとりの人と、できるだけ長い時間を過ごしたい。その人が何を好み、何を好まないかを知りたい。わたしは昔から、人をよく知り、仲良く過ごしたいという思いが強かった。ほかの人々にとって何が重要かを知るのは重要なことだ。

たとえば、わたしはエベンにとって音楽と家族がどれほどの意味を持っているかを知っている。こうしたことが、とても重要なのだ。人々を知れば知るほど、キャプテンとして何を話せばいいかがわかる。わたしはニュースの類いからできるだけ離れるようにした。多くの人々がとても前向きな反応をしていたのは知っていたし、チームの応援を耳にするのはすばらしい。だが、外からの重圧を自分にかけすぎないために、あまり読まないことにした。対イングランドのシリーズが終わったら、腰を落ち着けてゆっくりしよう。だがそのまえに、3試合のテストマッチがあった。

エリス・パークでは何度もプレーしてきたが、イングランドとのテストマッチ初戦の雰囲気はそれまでに感じたことのないものだった。トンネルでは、ビーストがわたしのすぐ後ろにいたが、わたしに悟られないようにほかの選手たちを立ち止まらせ、わたしひとりでその雰囲気と瞬間を味わわせてくれた。スタジアムに入っていくと、轟音のような歓声が聞こえた。おお。離陸するボーイング747みたいだ。エンジンはフルスロットルで回転し、雷のようにわたしの体全体にエネルギーを注入する。わたしは声を上げて走っていった。それは試合に向けた気合いでもあり、また大きな歓声へのお返しでもあった。スタンドを見上げると、エリス・パークでのこれまでの試合よりも多くの黒人の顔が見えた。スタンド全体というのではなく、ところどころにいるだけだが、はっきりと彼らがわかった。そして、はっきりと彼らの声が聞こえた。しっかりと耳に届いていた。

その日、スーパースポーツのカウンダ・ントゥンジャによる、コサ語での実況が行われた。わたしのキャプテン就任によって、10年以上も実況を続けてきたカウンダへの注目もさらに高まっていた。わたしは彼に大いに親しみを感じた。バックローとして南アフリカの高校ラグビーで2年間プレーしていた

（そして黒人選手としてはじめてキャプテンになった）という経歴だけではない。ラグビーとラグビー選手を愛していたし、彼の実況は独特で、力強かった。彼はまたコサ語も用いて、しかもそれがすばらしく、実況アナウンサーというより、信仰復興運動に携わる牧師のようだった。わたしのキャプテンとしての初戦で彼が行った実況はソーシャルメディアを通じて多くの人々に届いた。声の力や言葉のリズムまでは伝えられないが、以下の翻訳で、彼のマイクパフォーマンスの雰囲気を感じてほしい。

「その日、１９９１年6月16日。ポートエリザベス郊外のタウンシップ、ズウィデで、コリシ家は息子の誕生を祝った。この赤ん坊を育てたのは、父親でも母親でもない。赤ん坊は祖母によって育てられた。そして『わたしたちは彼を愛する』を意味するシヤムタンダと名づけられた。大きな困難と貧困のなかで生まれてきたが、多くの愛を受けられるようにと。子供のころシヤは、エリック・ソングウィーキと出会った。11歳のシヤに、『おまえはラグビーをする。近い将来、おまえはスプリングボクスでプレーすることになるのだから』と告げたのはソングウィーキだった。この指導者が彼をラグビーへと向け、あとは英語の言い回しのとおり、『その後はみなさんご存じのとおり』。そしていま、そのときは来た。シヤは黒人では歴史上はじめて、この虹の国《レインボーネーション》の代表チームのキャプテンになった。立ちあがれ《ライズ・アップ》、ズウィデ！　立ちあがれ《ライズ・アップ》、マザーウェル！　立ちあがれ《ライズ・アップ》、ワルマー！　立ちあがれ《ライズ・アップ》、クワザケレとニューブライトン［訳註：マザーウェル、ワルマー、クワザケレ、ニューブライトンはタウンシップ］！　この少年はあなたがたのものだ、わたしたちみなの代表だ。シヤはわれわれの孫、息子、甥、弟なのだ。ニコラスの父、レイチェルの夫。われわれの導き手。バックできないセメント運搬用トラックだ！　さあ、両チームの戦いを見よう！」

イングランドはつねにタフな相手だ。しかもエディー・ジョーンズ・コーチのもとで、開始からしかけてくるだろう。そうすることで、チームは心理的に優位に立ち、また先に得点を挙げればスコアでも先行できる。そのためそれを食いとめることが絶対に必要だった。スコアレスの状態を長く続けられれば、それだけ彼らはイライラしてくるだろう。

「うまくゲームに入らせるな」コーチ・ラシーは言った。「ゲームへの入りに注意しろ」

そして、どうなったか？　なんと、これ以上なくうまくゲームに入らせてしまった。

開始2分で、エリオット・デイリーが自陣からのペナルティキックを蹴った。前年、標高0メートルに近いオークランドでライオンズの一員として同じくらいの距離を決めるのを見ていたから、ヨハネスブルグの薄い空気のなかなら、飛距離にはなんの問題もなかった。そして彼らは、続けざまに3つのトライを決めた。マイク・ブラウンがコーナーに、デイリーが自ら、そしてキャプテンのオーウェン・ファレルがポストの下に。

ファレルがコンバージョンに向かうあいだにゴールポストの下でハドルを組んだとき、観衆からのブーイングが聞こえた。それはイングランドにではなく、わたしたちに対する罵声だった。ラインを切り裂かれ、10番のジョージ・フォードにいいようにやられ、ファンの不満はつのっていた。彼らが考えていることとさえ想像できた。「去年はオールブラックスに57点、アイルランドには38点取られたのに、またこの試合も同じか。ラシー・エラスムスが復帰して、期待できるようなことも言っていたが、何も変わらないな」わたしは彼らを非難しない。同じ立場なら、わたしだってそう考えただろう。

チームメイトを見まわした。半分は意気消沈していた。わたしの代表デビュー戦で後半最初の得点をスコットランドに取られたとき、ジャンが笑ったことを思い出したが、今回は状況がちがう。あの試合はまだ接戦だったし、スコットランドには分がよかった。まるで別物だ。イングランドは荒々しい。そしてコンバージョンキックは頭上を越えていき、残り60分を残してスコアは3対24になった。何かを言わなくてはならないが、何を？　わたしのキャリアのなかで、こんな状況ははじめてだった。もしかして、わたしがキャプテンになるという喧噪のなかで、試合の準備が足りなかったのだろうか。適切な言葉も、それを言うべき声のトーンもわからなかった。間違ったことを言って、敬意を失うのは嫌だった。〈自分自身でいよう。わたしはこんなときにみんなを奮い立たせる話ができる人間じゃない。行動で示すタイプなんだ。自分にできないことをできるふりするべきじゃない〉

ドウェインのほうを向いた。「ドウェイン、話してくれ」

彼は話した。いつものように力強く。だからこそみな、彼を認めているのだ。「基礎からきちんとやろう」と彼は言った。「ひどいタックルがいくつかあったぞ。こっちのせいで、イングランドが実際よりいいチームに見える。そろそろ、自分たちのラグビーをしよう。こんな点差ははねのけようぜ。まだ時間はたっぷりある」

ドウェインの熱意はチームに伝わった。ハンドレがキックオフを相手陣22メートルまで蹴りこみ、ボールを追えと声を上げた。まもなくファフがトライを決め、さらにシブ・ンコシが、自分で蹴ったグラバーを追ってデイリーの判断ミスを誘い、トライした。数分後に、シブが2度目のトライで自身の代表デビューを祝うと、点差はあと2点となり、歓声が観客席の屋根を揺るがした。前半で両チーム合わせて6つのトライ、そしてイングランドはすでに、怪我のためではなく、ディフェンスを修正するという戦術的な理由から選手をひとり交代していた。トライ数はまもなく、ウィリー・ルルーがブラウンとデイリーのあいだを切り裂き、7になった。イングランドがペナルティを決め、前半のスコアは29対27になった。そう、29対27だ。

後半はそれほどめまぐるしい展開にならなかったが、それはしかたのないことだ。アフィウェ・デャンティがトライして39対27になり、試合は決まったように思われたが、そのあとでマロ・イトジェとジョニー・メイのトライで詰め寄られ、最終スコアはわずか3点差の42対39になった。それでも、どうにか勝ちきった。そしてそれが大切なことだった。たとえ土砂降りのなか、退屈な試合展開の3対0での勝利だったとしても、わたしは心から喜んだだろう。実際には、これほどめまぐるしい攻撃の応酬で、息をのむ試合になったことが花を添えてくれた。

試合後、わたしはグウィジョ・スコッドがいた場所へ行った。グウィジョ・スコッドとは、東ケープ州から乗合タクシーに乗り、道中でメンバーを拾いながらゲーム観戦に訪れた男女グループで、試合中はずっとアフリカの歌を歌っていた。彼らは観客のなかのわずか80人ほどだったが、音だけを聞けば500人はいるように感じられた。わたしの地元の人々であり、彼らがわざわざわたしのためにスタジアムに来てくれたことはとても大きなことだった。変革は、ピッチの上だけでは十分ではない。スタンドでも起こり、選手にとっても観客にとっても、ラグビーが全国民のスポーツなのだと示す必要がある。グウィジョ・スコッドは白人サポーターが反感を抱くのではないかと心配していた。「サッカー場はあっちだぞ」「ここはおまえたちが来る場所ではない」などと言われるのではないかと思っていた。そして用心するあまり、自分たちのシートの端のほうに体格のいい男たちを配置して、誰かが手を出してきたときに備えた。ところが、起こったのはまるで正反対のことだった。彼らのエネルギーがグラウンド上へと押し寄せ、そのほかのサポーターも、多くが歌に加わっていた。

この試合のあとまもなく、グウィジョ・スコッドには1000人を超える人々が加わり、ホームでのテストマッチではかならずスタンドに陣取るようになった。彼らは試合前夜にはいつもホテルの外に集合する。そこにわたしも出ていって加わり、ともに歌う。彼らが歌う曲は「アマグウィジョ」と呼ばれる。伝統に根ざし、精神的に重要な意味を持つアフリカの曲だ。それらは愛と弔い、困難と儀式の歌であり、またわたしたちのルーツや遠い過去の先祖について語る歌であり、成人の通過儀礼や結婚式、葬儀、あるいは祝いや闘争の場で何世代にもわたって歌われてきた歌だ。グウィジョ・スコッドには、わたしと同じ気持ちがある。それは、個人よりも大きなものへの責任感、スプリングボクスのエンブレムが長いあいだ象徴していた白人支配のために、応援することができなかったすべてのファンへの責任感だ。だからこそわたしはグウィジョ・スコッドをこれほど愛しているし、彼らはわたしたちの文化を外の人々に見せ、聞かせてくれている。

ブルームフォンテーンで行われたイングランドとの第2戦はビースト、テンダイ・ムタワリラの代表100キャップ目だった。ブルームフォンテーンはいまもアフリカーナーが多い場所だが、ビーストがふたりの幼子、タルンバとワングを連れて入場したときに観客から起こった歓声は、南アフリカの状況が変化しつつあることを示していた。実況のカウンダは、「アフリカの子、これは可能なのだ」と語ったが、まさにぴったりの言葉だった。黒人がスプリングボクスで100キャップに到達することも、アフリカーナーの拠点であるフリーステート州で割れるような歓声を受けることも、ほんの少しまえまで、想像すらできないことだった。だがそのどちらもが現実となり、しかもわたしたちはそのゲームに勝ち、シリーズはあと1試合になった。

ニューランズでの第3戦はイングランドが勝ち、試合後にはイングランドの選手たちも参加した催しが行われた。わたしは数名の選手とともに歌を歌った。そのなかの1曲、「ショショローザ」はかつて植民地だったローデシアから、南アフリカのダイヤモンドと金の鉱山へ旅する途中で鉱夫たちが歌った伝統的な曲だ。美しい曲だ。鉱夫たちは斧で地面を掘るのに合わせてこの歌を歌い、ネルソン・マンデラも仲間たちとロベン島の収容所で働くときに歌っていた。曲名は「前に進む」とか「つぎの人のために道を作る」という意味で、わたしはいつも、それが何フェーズも必死にプレーをつなぎ、仲間と力を合わせるという点で、ラグビーにもあてはまると思っている。イングランドの選手たちと過ごす時間は楽しかった。わたしにとって、これがラグビーで最もすばらしい点のひとつだ。80分間はずっとたがいを叩きのめしつづけるが、そのあとは語らい、親交を深める。

だが、シリーズには勝ち越したし、キャプテン就任は大きなニュースになったものの、調子は下り坂だった。ストーマーズではシーズンを通してずっと不調だった。絶好調だった去年ではなく、今年スプリングボクスのキャプテンになったというのは、少し皮肉なことだった。わたしはイングランドとのシリーズのあと、現状を確認し、リセットする必要があった。医師の指示により、3週間、トレーニングキャンプでコンディショニング以外何もしなかった。コーチ・ラシーはわたしの仕事をかなり軽減してくれた。「フィールド上で最高の状態であってくれればいい」と彼は言った。「その点に集中してくれ。フィールド外のほかのことは気にするな」

そこで外部のことをすべてシャットアウトし、調子の回復と体力の強化だけに集中した。それまでは調子がもうひとつで、プレー以外の部分でも影響が出ていた。いつも少し万全ではないように感じ、萎縮してしまっていた。だがその3週間が終わるころには体が万全になり、そのおかげで自信も取り戻すことができた。フィールドの内でも外でも、なんにでも対処できると感じられた。困難が大きいほど、それに向かっていこうと思えた。

それはラッキーなことだった。オールブラックスのホームで彼らと戦うのは、ラグビー界で最大の困難なのだから。

コーチ・ラシーはすべてを大局的に考えていた。彼の就任時、ワールドカップの初戦までに戦える試合は、15試合ほどしか残されていなかった。そしてそれまでに、最高のスコッドを作りあげ、最高の23人を選ばなければならなかった。その過程で、彼はコンビネーションを試し、何がうまくいき、何がうまくいかないかを確認するために数試合落とすことがあってもかまわないと考えていた。短期的な結果を追い求めると、長期的な目標が達成できないこともある。毎試合ベストの布陣で臨めば勝ち越せるだろうが、それでは新しい才能は出てこないし、怪我や不調の選手を補うことができない。それまで長いあいだ、わたしたちはいつも非常事態のようなマネジメントを続け、遠い先の目標ではなく、目先のことばかり考えたチーム運営をしていた。

だがその反面、かならず勝たなければならない試合もあった。なかでも、アウェイのニュージーランド戦はそのひとつだった。前年の0対57の敗戦のお返しという意味はもちろん大きかったが、それだけではなかった。世界のラグビー界で最大のライバルとの対戦成績を五分に近づけるということだけでもない。大事なのは、はるかに単純なことだった。ワールドカップを勝つためには、ホーム以外の場所でニュージーランドに勝つことがほぼ間違いなく必要になる。そうでない場合は、ニュージーランドに勝ったチームに勝たなくてはならない。いずれにせよ、それは同じことだ。つまりニュージーランドは試金石なのだ。ホームから離れて、彼らを倒すことができれば、自分たちを優勝候補とみなすことができる。それに失敗すれば、つねに格下としてプレーしなければならない。勝つことによって信じはじめるのはチームだけではない。ファン、コーチ、対戦チーム、さらには審判も、わたしたちを信じはじめるのだ。

2018年のザ・ラグビーチャンピオンシップでは、まずアルゼンチンをホームで下したが、アウェイでのアルゼンチン戦、オーストラリア戦で連敗した。しかし、ニュージーランドとの対戦を翌週に控えたチームはまるで不安を感じていなかった。外部から切り離された環境で落ち着き、十分にトレーニングを積んで、自信にあふれていた。いつものように、すべてが明確だった。メンバーは月曜日、試合の6日前に発表された。すべてのことが議論され、すべての選手が自分のやるべきことを理解していた。

われわれの勝利を予測する人は少なかった。オールブラックスはこの大会で絶好調だった。対戦成績ではこの10戦でわずか1勝のみ、しかもそれも2点差の辛勝だった。試合会場となるウェストパック・スタジアムでのニュージーランドの勝率は85パーセントを超えていた。わたしたちに望みうるのは、せいぜい惨敗を免れ、ぶざまでないスコアを保つことくらいだ、と言われていた。だが、そういうことを書いた人々は代表選手ではなかった。代表選手なら、そんなことは考えない。そんなふうに考えることは不可能だ。ぶざまでないスコアを保つことなど、目標になるはずがない。そんな考えを持っているなら、仲間とゴルフに出かけ、ビールを引っかけながら楽しく笑っていればいい。

オールブラックスも下馬評どおり自信満々なのかはわからない。ニュージーランドのアシスタント・コーチ、イアン・フォスターはわたしたちを賞賛した。「彼らはコンタクトを好む。コンタクトに強く、ハードに前進してくる。セットプレーに自信を持っていて、ワイドのスペースが与えられればそれを生かせるバックスもいる。彼らはスピード豊富だ」どの言葉もそのとおりだが、それ以外にどんな言いかたができるだろうか？　緑と金のジャージを着た、最低の23人だとはまさか言えないだろう。

コーチ・ラシーはわたしたちにしっかりと食事を摂らせ、休憩では少しでもエネルギーを蓄えてピッチ上でそれを解放しろと告げた。「必要ならわたしがマッサージをしよう」と言った。だがまた、彼は相手と正面からぶつかりあう必要があるとも伝えた。「相手を慌てさせ、怯えさせろ。君たちが彼らを叩きのめすとわからせろ。そうすれば慌てはじめる。クリーンアウトしたら、相手の目を見てにやりと笑え。それで恐怖を植えつけられる」

ラグビーとはニュージーランドのようにプレーするものだと世界中が思いこんでいる、とコーチ・ラシーは言った。「そんなことはない。ニュージーランドの選手があういうプレーをするのは、それが自分に適しているからだ。それで彼らが成功しているから、その真似をしなければならないと誰もが考えている。そんなもの捨ててしまえ。彼らのようにプレーするのはもうやめだ。南アフリカ人らしいプーをしよう。歴史的にも、彼らはそのことに苦しんできた。強いセットプレー、強いディフェンス、キックでの陣地回復、タックル、強烈なカウンターアタック……それが南アフリカのラグビーだ。わがチームのアウトサイドバックスは強いどころじゃない。強烈なんだ」

わたしは、この試合に臨むにあたり感じたことや、オールブラックスのようにプレーするのではなく、本当に自分たちらしいプレーをすることで勝てるということを表現する、聖書の文章を見つけた。サムエル記上の17章38節と39節だ。「サウルは、ダビデに自分の装束を着せた。彼の頭に青銅の兜をのせ、身には鎧を着けさせた。ダビデは、その装束の上にサウルの剣を帯びて歩いてみた。だが、彼はこれらのものに慣れていなかった。ダビデはサウルに言った。『こんなものを着たのでは、歩くこともできません。慣れていませんから』。ダビデはそれらを脱ぎ去り……」

自分の存在をかけて行動するとき、そこにはとても純粋な何かがある。わたしたちは最初からこのゲームを目標にし、ベストのチームを組み、しっかりと練習してきた。言い訳はできない。エリス・パークでのイングランド戦はわたし個人にとって、そして黒人キャプテンという象徴を掲げた南アフリカラグビーにとって意義のある試合だった。この試合は、そうした特別な意味はないが、ワールドカップに向けたチームの進捗状況の確認材料として、はるかに重要だった。いまこそやるべきときだ。そして、自分がプレーする試合はすべて大事だとそれまでは思っていたが、キャリアを重ねるにつれ、本当にすべてがかかっている試合は実際にはとても少ないということに気づいていた。これはそんな試合のひとつだ。勝たなければ終わりだ。

こうしたゲームでは、ある点から先はコーチ陣ができることはあまりない。試合前日、エベンはコーチ・ラシーをはじめコーチ陣に、しばらく選手だけにしてほしいと頼んだ。試合はわたしたちにかかっており、余計な意見はできるだけ入らないようにしたかった。試合前のウォーミングアップでは、全員一緒にピッチまで走っていき、一緒に更衣室まで走って戻った。スタジアムは黒いシャツの海だが、それはわれわれの決意をさらに固めさせるばかりだった。

このときもやはり、相手に好調な出だしを許さないことが絶対だった。そしてこのときも、わたしたちはそれを許してしまった。彼らはグレイハウンドのようにフィールドへ出てきた。開始わずか4分で、ボーデン・バレットが足元からボールを拾いあげ、パスを受けた弟のジョーディーがディフェンスのあいだを抜けてトライした。10分後にまたトライを決められた。ベン・スミスからアーロン・スミスにボールが渡り、0対12。前回の敗戦から数えて、オールブラックス戦は69点連続失点だ。観客は今回も一方的になると思っただろう。南アフリカでテレビを観ている人々がどう思ったかはわからない。

だが、チームは慌てていなかった。ボーデン・バレットがコンバージョンを蹴るとき、わたしはポストの下にみなを集めた。対イングランドの初戦と状況は似ているが、今回はドウェインに話を振る必要はなかった。わたしはただ、しっかりとトレーニングを積んできたこと、この試合は絶対に勝たなくてはならないこと、このスコッドがタイトで、高い能力を持つことを強調した。まだまだ時間は十分にある。慌てずに、じっくり行けばいい。みなが恐れを抱き、殻にこもり、ミスを恐れてしまうのを避けたかった。自由なプレーを続けてほしかった。おれたちはイングランドを逆転したんだ。この相手でも、また同じことができる。

そして、われわれは逆転した。5分もしないうちに、アフィウェ・デャンティがゴールラインを越え、大胆にディフェンダーをかわしてゴールポストの下にボールを置いた。さらに5分後にはウィリー・ルルーが決めた。トライとハンドレのコンバージョンで逆転しただけでなく、オールブラックスのミス、しかもひどいミスから生まれた得点だけに大きかった。あとで行った動画分析でわかったのだが、彼らはクイックスローを狙った。そしてボーデン・バレットが自陣22メートルラインから投げ入れたとき、ボールをひねってしまい、イレギュラーなバウンドになった。粘り強く追っていたウィリーがボールを空中で捉えてトライした。しかも、こちらはさらに3人がフォローしていた。オールブラックスを倒すには、こういうプレーが必要なのだ。急かせつづけ、落ち着く時間をとらせず、息をつく間を与えず、隙ができたら砂漠のハゲワシのように襲いかかる。

これで主導権が移った。30分過ぎには、相手ゴール前5メートルでモールを形成した。モールはつねに相手との腕相撲で、ボールを動かしていないと、審判に「ボールを出せ」と指示されてしまう。われわれはモールを形成し、体勢を整え、前進した。後方でボールを持ったマルコムが、モールが崩れるときにブラインドサイドに飛びこんでトライした。リーコ・イオアネにトライを決められ、こちらはハンドレがペナルティゴールを決めて、24対17でリードしてハーフタイムを迎えた。

後半。先に得点して、点差を開く必要があった。彼らが調子を取り戻したら、リードを守りきれるチームはない。そして、こちらが必要な最初の得点を奪った。チェスリン・コルビがアントン・レイナートブラウンのパスをカットし、ゴールラインまで運んだ。ボールを置くと、前転してスタンドに向かって歓喜の声を上げる。チームメイトが駆け寄った。テストマッチ出場2戦目にして、すでにどのチームを相手にしても大仕事ができる切り札となりうる力を示した。ハンドレのコンバージョンでリードは14点。これで彼らが勝つためには3つのトライが必要になったが、まだ時間はたっぷり残っていた。残り30分で、イオアネがこの試合2度目のトライで7点差とした。またしても、やり返さなくてはならない場面だ――オールブラックス相手では、勢いを渡すわけにはいかない。ワイドに展開し、エルトン・ヤンチースの浮いたパスをワーレン・ホワイトリーがとってアフィウェに。そしてアフィウェは左足のサイドステップでボーデン・バレットをかわし、ふたりからタックルを受けながらコーナーにトライした。「スプリングボクスがウェリントンで派手なプレーを見せています！」と解説のジャスティン・マーシャルは声を上げた。「これはすごいプレーです」。だがハンドレのコンバージョンは失敗し、リードは12点。

オールブラックスは戦術を変えてきた。フォワードふたり、バックスふたりの4人を一挙に交代させた。これで試合開始60分をまえに、すでに6人を交代させており、われわれはまだ3人しか代えていなかった。彼らは全戦力を注ぎこんできた。そしてそれは功を奏した。今度は彼らがゴール前でモールを形成し、最後はフッカーのコーディー・テイラーがトライした。また7点差。あと20分だ。

観客はほえるように声を上げた。もう十分楽しんだだろう、とでも言っているかのようだ。そろそろ物事の自然な秩序を取り戻し、勝つべきチームに勝利を明け渡せ、と。こちらはフロントロー全員とわたしが交代し、わたしのポジションにはフローが入った。リードは保っている……だが、ウィリーがシンビンで外へ出て、10分間14人で戦うことになった。さらにリードを広げるというのはむずかしくなった。ひとり足りなくてもあまり変わらないと思われるかもしれないが、その差はかなりある。しかもオールブラックス戦という大一番で、攻撃にさらされた最後の時間帯では、その差は大きい。

いまは、わたしにできることは何もない。タッチラインの外から応援し、ノーマークの相手選手がいればフィールドの選手たちに大声で伝えるが、それは観衆の轟音に飲みこまれる。オールブラックスは矢継ぎ早に襲いかかり、こちらの選手をあちこちに引きずり、まもなくアーディ・サヴェアがトライを決めた。しかし、入れば36対36の同点になるボーデン・バレットのコンバージョンキックは、ゴールポストに跳ね返された。ほんのわずか。ほんのわずかの差だ。

死力を尽くして防御する。ホーンが鳴り、80分経過を告げる。プレーが途切れれば試合終了だ。コーチ・ラシーはコーチズ・ボックスで立ちあがり、ピッチサイドに下りてきた。その経路はいくらか距離があり、彼は階段の踊り場でプレーを確認しながら1階ずつ下りていった。だがまだ試合は終わっていない。つぎの階に下りても、つぎの階に下りても……。そして80分を過ぎて2分以上が経ち、サイドラインまで降りてきたときもまだ試合は続いていた。相手はオールブラックスだ。すべてを出さなければ、彼らに勝ちきることはできない。

こちらのゴールラインまであと5メートル。この状況からトライを取れるのは、彼らしかいない。ダミアン・マッケンジーがボールを持つ。アフィウェがタックルし、マッケンジーの腕に触れてボールを放させた……ボールが前に落ちる！　3万5000の観衆が失望のうめきを上げる。期待は破れ、最後の望みは消える。ウィリーがボールを拾い、スタンドに蹴りこむ。

これまで、どのレベルのチームでも、選手たちがこれほど勝利に感情をむき出しにするのを見たことはなかった。エベンは観客とともに声のかぎりに絶叫し、ハンドレは仰向けに寝転がって、その上にファフがまたがって叫びあい、ピーターステフは涙を浮かべていた。相手がぴくりともしなくなるまで攻撃をやめないターミネーター、ピーターステフが。この試合には、それだけの意味があった。もちろんそれは、オールブラックスへの裏返しの賛辞だ。特別なチームであるからこそ、倒すためにはそれを上回る特別なチームでなければならない。最大のライバルこそが、これほどの高みへと導くことができるのだ。

試合前、対外的には勝つつもりでいるということは話さず、決意はチーム内だけにとどめていた。黙ってハードワークし、声高に勝利を語らない。そして、困難に耐えてそれをやり遂げた。ポゼッションは彼らが75パーセントで、タックル回数はこちらが4倍ほども多い235対61。だがただひとつのスタッツ、スコアボード上の得点だけが、彼らの34に対してわれわれは36と上回った。

これではっきりしたことがある。わたしたちにはワールドカップを勝つ力がある。勝つだろう、とまではいかないが、勝つことができる、ということはわかった。奇跡の達成は、これから1年でどれだけ前進できるかにかかっている。ニュージーランド戦の勝利で、彼らを基準としたことが正しかったと信じることができた。目指しているのはそれよりもさらに上だ。それは可能なことだし、そのためには週ごとにさらにチームを改善しつづけなければならない。

その試合はザ・ラグビーチャンピオンシップの6戦のうちのただ1戦にすぎなかったのだが、あまりに重要で、そこに注力してきたため、残り2戦に向けてまた態勢を立て直さなければならなかった。ポートエリザベスでオーストラリアを下し、ロフタス・ヴァースフェルドでの最終戦に乗りこんだ。

オールブラックスとのリターンマッチだ。
チケットは完売した。彼らから1勝を奪ったのは大きかった。2勝目を奪えば、とてつもない変化が起こるだろう。前半はウェリントンでの前半40分の繰りかえしにはならなかった。たぶん全員の心拍数にとっても、それはいいことだった。たがいに2つのペナルティを決め、6対6でハーフタイムに入った。コーチ・ラシーは控え室で、つぎの得点が心理的に大きな意味を持つと強調した。後半が始まったらすぐに、ウェリントンでチェスリンがトライしたように、こちらが上なのだとはっきりと示す必要がある。

まさにそのとおりになった。数フェーズ続いた攻撃のあと、ジェシー・クリエルがふたりのディフェンダーのあいだを突き、3人目を振り払ってトライした。数分後、わたしがラインに入り、セカンド・レシーバーとしてジョー・ムーディをかわし、ソニー・ビル・ウィリアムズに引っ張られながらダミアン・デアレンデにオフロードパスを通した。ダミアンはそのままゴールラインまで走りこむ。ハンドレのコンバージョンで23対6、リードは17点だ。世界中のほかのどのチームが相手でも、これはセーフティリードと言っていい。だが相手はオールブラックスだ。ウェリントンでは14点差で追う状況からあと一歩までわれわれを追い詰めた。そしてやはり、時計のように規則正しく立ち向かってきた。コーディー・テイラーがラックのまずい守備をついてボールを拾い、抜け出してアーロン・スミスにパス。そのままコーナーにトライを決められた。60分目前に、こちらはチェスリンのコーナーへのトライで17点差に戻す。これで決まりか？

いや、そうではなかった。ボーデン・バレットがすばらしい浮き球で左ウイングのイオアネにパスを通し、イオアネは軽くコーナーにトライした。だがバレットのコンバージョンは失敗し、12点差。残り10分、そして5分。彼らはゴールライン目前まで迫り、フォワード陣が前進を繰りかえして、ついにポスト下にスコット・バレットに決められた。

これで点差は5点。わたしたちは自陣に釘付けになった。彼らはずっと22メートルライン付近でわれわれと対峙し、ゴールラインを狙いつづけた。時計の針は進むが、こんな状況では数分が数時間のように感じられる。あと70秒でアーディ・サヴェアがトライを決めた。これで、リッチー・モウンガのコンバージョンが決まれば逆転だ。

80分ちょうどに、彼はポストのあいだにボールを蹴りこんだ。32対30でオールブラックスの勝利。試合を通じて、彼らがリードしたのはこのときだけだった。そして敵地での2点差勝利という、こちらと同じことをやり返された。

この敗戦はこたえた。終了間際の敗戦は受けいれるのがむずかしいものだが、これほど勝利目前まで、長くリードを保ってきた試合ではとくにそうだ。それから数日は、頭のなかでゲームを何度も何度も思い返した。もしこうしていたら、ああしていれば。ちょうど前年ニューランズで1点差で負けたときのように、ある意味では0対57よりもきつかった。それは勝つチャンスがあった接戦だからだ。

この試合は、負けはしたがウェリントンでの試合よりいいプレーをしていた。だが、客観的に見れば、状況ははっきりしていた。わたしたちは世界最高のチームと肩を並べており、遜色ない力を持っている。彼らに対して2連勝というところまで、あと70秒に迫っていた。そして何より、スプリングボクスのジャージに対する誇りを取り戻していた。

そこまで到達できたのは、コーチ・ラシーがあらゆる細部にまで意識を向けていたためだ。フィットネス・コーチのウェールズ人、アレド・ウォルターズはトレーニングセッション以外では愛すべき男なのだが、セッション中はひたすら選手をいじめ抜くサディストだ。彼は選手の所属チームとつねに連携し、体力や調子を把握していた。フォワード・コーチのマット・プラウドフットは、スクラム、ラインアウト、モール、ボールの争奪、モールの防御という5つの領域で各フォワード選手のスキルを調べた。わたしたちはスキルや体力だけでなく、思考についてもあらゆる角度から毎週評価された。ストレスの処理法、挫折への対処、回復力、責任感のレベル、リーダーシップ……つまり、ワールドカップを勝つために必要となる、あらゆるものだ。

審判を尊重することの大切さについても話しあった。「審判についてのコーチの考えは、そのまま選手の考えになる」とコーチ・ラシーは言った。「コーチとして審判に敬意を持ち、彼らのゲーム進行をどうすれば助けられるかと考えれば、選手たちも同じように考える。審判がやりやすさを感じ、見下されていないと感じることは大きな意味を持つ。審判に怒りを向けたり、ひどい態度をとったりすれば、チーム全体がそう感じ、審判とのやりとりがうまくいかなくなって、その試合には負けてしまう。わたしは考えかたを大きく変えなければならない。コーチ全員が考えかたを大きく変えなければならない。そうすることで、選手たちの考えかたを変えることができる。それを怠り、審判に対する敬意を欠いていたら、勝つチャンスはない」

審判は、選手と同じように過ちを犯す。彼らの仕事は困難で、しかもほとんどの場合は適切な判定を下している。彼らは厳しいトレーニングを積んでいる――なかには、選手より体力テストの結果が優秀な審判さえいる。そしてつねに評価や審査にさらされつつ、ゲームを愛し、選手たちの助けになろうとしている。

その年、2018年の終わりに、キャプテンになって以来、自分が選手として、ひとりの人間としてどれくらい進歩したかをじっくりと考えてみた。わたしは全試合よいプレーをすることはできないことを理解するようになった。リーダーとして毎週大きな重圧にさらされるため、そのことへの対処を身につけなければならなかった。わたしはそうした重圧とキャプテンであることへの対処のしかたを学んでいた。このころはまだ、キャプテンという地位は一時的なものだという意識でいた。以前はべつの人がそこにいたし、やがてべつの人に譲ることになる。自分で求めた地位ではないが、いまはできるだけそれを全うしよう。

国の現状とわたしを重ねて見る人々もいた。人種や階級、世代、ジェンダーなどによって長いあいだ分断されていた南アフリカのさまざまな人々が力を合わせようとするとき、わたしが置かれたような状況はつねに起こりえた。おそらく人々はわたしに、過去と現在、未来の南アフリカ、そして自分自身を投影しようとしていた。一般の人々の目にはそう見えるだろう。それは自分でどうにかできるものではないし、それでストレスを感じることに意味はない。

ピッチ上の役割も、コーチ・ラシーのもとで変化しはじめた。これ以降、わたし自身がトライしたり、ダミーパスやラインアウトで目立つプレーをすることは減るだろう。目立たないプレーが増え、一般の人々にはその地味な働きはわかりにくくなるだろう――それに、わからなくてはならない理由など何もない――が、チームメイトやコーチたちはそれを理解してくれる。そして純粋にラグビーの面で、わたしにはそのほうが嬉しく思える。自分でボールを持って走ることは減った。それはドウェインやピーターステフに任せ、わたしはキックを追い、ラックで相手を押しかえし、ウイングが処理できないこぼれ球を確保することが増えた。攻撃では、できるだけボールキャリアの脇につくようにした。「タックルされても、ぎりぎりまで持ちこたえてくれ」とわたしは彼らに言った。「おれがかならず行くから」。タックルされた瞬間にそこにいて、真っ先にブレイクダウンに加わることも多い。ディフェンスでは、相手をつかまえることは少なくなった。チームにはすでに、ドウェイン、マルコム、キッツィー、フローなど、相手をつかまえられる選手はたくさんいた。わたしはカウンターラックでターンオーバーを狙い、ディフェンスラインが整うまで相手のボールを遅らせるようになった。また、自チームのスタンドオフと組んでディフェンスし、ひとりでタックルをさせないようにした。ただし、ハンドレの場合はその必要はなかったかもしれない。彼は10番を背負ったすばらしいキッカーだが、心の底では自分はフランカーだと思っていて、自分より20キロも重い相手にタックルするのを最高の喜びとしている。

わたしはいつも、対戦相手を思い描き、勝つための方法がわかるまで何度も頭のなかでゲームを行った。それを試合前の水曜、遅くとも木曜までに終わらせておくと、実際のゲームではまさに考えたとおりの展開になった。タックルし、地面を転がり、ボールを持って前進するたびに、「これはもう経験済みだ」と思った。きついトレーニングは好きではなかったが、それをしなければチームにいられないのだから、やるしかない。年齢を重ね、リカバリーに時間がかかるようになっていたこともある。またサプリメントにはとくに慎重だった。基本的には摂らないようにしていた。ラベルになんと書いてあっても、禁止された物質が入っていることが怖かった。

また、ほかのキャプテンのやりかたを見るようにしていた。最初に見たのは、当然、大好きなリヴァプールFCだった。応援するようになったきっかけは、スティーヴン・ジェラードがいたことだ。ジェラードはいつもジャン・デヴィリアスを思い出させた（あるいは、ジャンがジェラードを思い出させるのかもしれない）。理由は定かでないが、たぶんふたりに本来備わったリーダーシップのためだと思う。試合の終盤でインターセプトしてトライを決めなくてはならないとき、それが期待できるのはジャンだ。そして同じように、ジェラードはチームがいちばん求めているときに重要なゴールを決める。わたしはジャンから多くのことを学んだ。それは、ただ単にチームを奮い立たせるというだけでなく、自ら進んで行動するという点だ。リーダーシップは言葉ではなく、行動で示さなくてはならない。

リヴァプールのジョーダン・ヘンダーソンもそうだ。彼は厳しい時期を過ごし、プレータイムがあまりもらえず、チーム内での地位を確保するのに時間がかかった。だが彼は、サッカーだけでなくスポーツ界でも非常に重要なリーダーのひとりになり、彼のリーダーシップのもとでチームはかつてなかったほど飛躍を遂げた。多くの期待を背負い、困難を目の前にして、彼は大きな力を発揮した。それはわたしにとって自分の状況と重なるもので、大いに勇気づけられた。彼の逆境での強さはわたしを鼓舞し、またその働き、望み、勝利への渇望は報われた。彼は2020年のFWA年間最優秀選手賞に選ばれた。また新型コロナ感染症が大流行しはじめたころ、プレミアリーグの他チームのキャプテンたちとともに、多くの時間を費やしてイギリスの国民保険制度のために募金を集めた。わたしは彼にメルウッドにあるリヴァプールの練習場で会えて感激した。国を代表するスポーツ選手同士、同じレベルだと人は思うかもしれないが、そうではない。ジョーダンにジャージを1枚もらったわたしは、まるで6歳の男の子のように興奮した。話をしてみると、彼は選手としてだけでなく、人間としてもすばらしい人物だった。

わたしはストーマーズやスプリングボクスでキャプテンに任命されるまえは、キャプテンとしてのふるまいやリーダーシップについて学んだことがなかった。本を読んだり、講習を受けたりといったことは経験していなかった。わたしはすべてを実地で学んだ。まわりの人々から多くを学び、またまわりの人々もわたしから学んだ。スプリングボクスのヘッドコーチになるまえのコーチ・ラシーは、そのころを知っている人に言わせれば、「わたしに従えないなら出ていけ」というタイプだったが、その後、彼のやりかたはだいぶ軟化したらしい。そのすべてとか多くとは言わないまでも、彼はたぶんわたしに感化され、柔軟で落ち着いたやりかたから少し影響を受けたのだろうと思う。

変革型リーダーシップは、ひとりの人間が変化を起こそうと考え、議論も相談もすることなく推し進めることではなく、リーダーが多くの人とともに働き、そのなかで何をすべきかを明らかにしていくことだ。そうすることで、全員が変化をもたらすための計画を考え、全員が変化を起こしたいと願うようになる。こうしてもたらされる変革は大きく、グループのメンバーは単にそれまで以上の行動をするだけでなく、それまでできると思っていなかったほどの行動をすることになる。

昔から言われるように、変革型リーダーシップのモデルには「I（わたし）」はなく、その代わりに4つの「I」がある。Inspirational motivation（モチベーションの鼓舞）、Idealised influence（理想化された影響）、Intellectual stimulation（知的な刺激）、Individualised consideration（個人的な配慮）だ。

コーチ・ラシーとわたしはこの4つすべてを利用していた。

## モチベーションの鼓舞

コーチ・ラシーははじめから、ワールドカップで優勝できると主張していた。ラグビー界で最高の栄誉だ。ほかの選手のことはわからないが、世界チャンピオンになれるという思いと、それを達成できたとき、国に何がもたらされるかということがわたしにとって大きな原動力だった。そしてわたしが最初の黒人キャプテンであることは、多くの人にとって、不可能なことは何もないという象徴になった。

## 理想化された影響

コーチ・ラシーとわたしはふたりとも、やってみせることでチームを導こうとした。コーチ・ラシーの場合は、チーム選考などについて、その過程を全員に完全に透明化した。わたしの場合は、ピッチでできるだけハードワークをする。わたしたちはこうした価値観をチームに浸透させようとした。

## 知的な刺激

主体的に考え、さまざまなことを試すことが必要だった。それはゲームプランから勝手に逸れるという意味ではない。固定された枠組みの外側で考えることで、ゲームプランを改善する方法を見つけるということだ。これが最高に達成できたのがワールドカップ期間中だった。フォワード主体の屋内ミーティングを2度行い、全員が考えをぶつけあったことで、日本戦とイングランド戦での重要な得点につながった。

## 個人的な配慮

集団内の人は、それぞれが異なる性質を持っている。全員に強みと弱みがあり、さまざまな状況への対処のしかたもそれぞれに異なっている。またそれぞれが、集団内の単なる交換可能な部分ではなく、ひとりの人間として扱われたいと思っている。わたしはできるだけ自分から全員に話しかけ、みなの様子を確認した。

これらとはべつに、わたしがキャプテンとして学んだことを並べると、頭文字がスプリングボック(SPRINGBOK)から1文字ずつとったものになっていた。

## 自己(Self)

わたしは早い段階で、自分のパフォーマンスこそが最も重要だと気づいた。キャプテンは自分以外に目を向け、チームメイトやコーチ陣、ファン、メディア、スポンサー、大会組織、さらには対戦相手まで、他者が何を求めているかを考えなければならない。だが、ときには利己的になる必要がある。同時にいくつものことを考えなければならないこともあるし、ときには拒否しなくてはならないこともあるが、わたしにはそれは簡単なことではなかった。ラグビーチームには、どんなに優秀なリーダーでも、足手まといには居場所がない。もしもいいプレーができなければ、リーダーシップも発揮できず、チームメイトたちはキャプテンでいるべき選手ではないと判断する。コーチ・ラシーは、わたしがスプリングボクスのキャプテンになった当初にこのことに気づき、気が散るとわたしの調子が悪くなることを見抜いて、できるだけ重荷を背負わずに、プレーに集中しろと言ってくれた。

## 前向きさ（Positivity）

キャプテンは陽気でなければならない。チームはリーダーの感情に影響されやすく、前向きさも後ろ向きさも、人から人へとすばやく伝わる。わたしはありがたいことに、生まれつき陽気な性格だ。グラス半分の水を見て、まだ半分もある、と前向きに捉えられるし、どんな状況でも楽天的な面を見つけられる。だから前向きであることはわたしにはむずかしくはない。だが、自分が前向きであっても、それを示さなければ意味がない。わたしは選手たちによく言う。「自分らしくやればいい。君がここにいるのは、君が特別な選手だからだ。ただそれを発揮すればいいんだよ。ほかの選手にはできないことをしてみせれば、君はチャンスをつかめる」ピッチではいつも、ペナルティを得たり、ターンオーバーしたとき、チームメイトを賞賛する。選手たちを勇気づけ、ハイファイブしたり、肩を叩いたりしている。そうしたとき、大事なのは何を言うかではなく、どう言うかだ。前向きになるというのは、つねに改善の余地を見つけること、ここまでしかできないと考えるのではなく、目標を設定することだ。わたしは試合に負けるかもしれないと心配したことはない。いつでも勝てると考えている。負けたときはそのときで、理由を分析し、何を変えられるかを考える。そして前向きな選手は、困難が現れたときに圧倒されてしまうのではなく、それを楽しむ。

## 回復力（Resilience）

リーダーはゆったりと構えている必要がある。楽なことよりもつらいことのほうが、通常ははるかに多いからだ。順調なときは、誰でもリーダーになれる。だが逆境に負けずリーダーであることのできる人は少ない。マンデラ大統領はこう語った。「わたしを成功によって判断しないでください。何度倒れ、何度そこから起きあがったかで判断してください」回復力というのは、失敗せず、痛みや苦悩を感じないことではない。それらを経験し、それに耐えてその先まで到達することだ。平坦な道を進むときには、回復力はなくてもいい。わたしは、子供時代の過酷な環境に耐えるために回復力が必要だった。スプリングボクスは、２０１７年のニュージーランド戦、アイルランド戦のぶざまな敗北から立ち直るために回復力が必要だった。簡潔に表現するなら、たぶんこういうことだ。「地獄を通っているときは、そのまま前に進め」

## 包摂（Inclusivity）

リーダーであるとは、自分ですべてを決め、有無を言わさずそれに従わせることではない。とりわけ、競技の頂点に立つ、意欲にあふれた代表レベルの選手たちを相手にするときには。わたしがすべてをコントロールし、すべてを引き受けることになんの意味もない。重要なのはリーダーシップを分けあうことだ。それに、わたしが知らないことを知っていたり、わたしより上手にさまざまなことができる選手もいる。全員が成長するためにリーダーシップを分けあい、チームに全員の声を生かすのが望ましい。コーチ・ラシーはわたしたちに、よい選手になることだけでなく、それぞれがリーダーになり、チームとして成長することを求めた。わたしは自分の都合については考えなかった。ただチームとして、全体として前に進む方法を見つけたかった。わたしはいつも、全員に果たすべき役割があり、全員のためにプレーしようと言っていた。それは先発メンバーや、ベンチ入りの23人、主要なコーチ陣だけではなかった。フィジオやシェフ、メディア担当、用具係も含めた全員だ。彼らはみな、チームと心をひとつにしている。彼らの態度が前向きであれば、チーム全体によい影響を及ぼすからだ。23人に入らないメンバーも、対戦相手の動画分析をして、トレーニングで相手を想定した動きをすることができるし、そうしたことがビッグゲームの準備では大きな助けになる。コーチ・ロビーが、「シヤはテーブルのどの席についても自然に過ごせる」と言ったことがあった。わたしはキャプテンとしてもいつも、文字どおりの意味でも、比喩的な意味でも、そうでありたいと思っている。選手たちの食堂では、毎日ちがうグループと食事をし、また誰にでも心を開いていたい。チェスリンがストーマーズに入団したころ、わたしが友人たちと外出していたところに、彼が偶然友人を連れてきた。わたしは合流しようよ、と言った。それはわたしにとってごく自然なことだった。そのあとでさんざんな目に遭ったのだが……。

## 自然さ（Natural）

ピッチの内外で、リーダーシップを示す方法はたくさんある。そしてそれぞれのリーダーが、自分にとって自然な方法でそれを行うべきだ。ひとつの方法がほかの方法よりいいとか悪いとかということはない。全員に役割があり、自分なりの方法でリーダーシップに貢献することができる。

## 本物であること（Genuine）

これはリーダーとしてだけでなく、生きていくうえで大切なことだ。自分自身であろう。自分でないもののふりをしていても、遅かれ早かれ見抜かれてしまう。そして人は、偽物を尊敬することはない。だから自分自身でいなければならない。わたしはピッチの外ではリラックスしている。だがフィールド上では少し変わる。自分以外のものになろうとはしない。うまくいかないとき、わめいたり叫んだりはしない。わたしはただ、フィールドのなかでも外でも、自分にできることをする。実際にやってみせ、自分でもしないようなことを誰かにやらせたりはしない。知らないことがあれば、人に尋ねる。ほかの人がわたしより上手にやったり、話したりできるときは、その人に従う。長い目で見れば、そのほうが尊敬される。なんでも完璧にこなせる人などいない。

## 勇敢さ（Bravery）

リーダーは肉体面、精神面、感情面の３つで勇敢である必要がある。肉体面は言うまでもないだろう。勇気を持って体重１１０キロの男たちが全力で走ってくる場所に自分の体を投げ出す。あるいはその男たちがボールを奪おうと自分に向かって突っこんでくることがわかっていて、ラックのクリーンアウトに行く。80分間の試合で起こるあらゆることに対処する。精神面では、自分の目標に対して勇敢でなければならない。一流のスポーツマンであること、ましてやスプリングボクスのキャプテンの地位を保つことから来るプレッシャーに耐えていくには、胆力が必要だ。感情面でも、自分の弱さと向きあい、仲間の弱さを助けなければならない。男性が中心となる環境では通常、感情は意図的に排除されている。

そのため男たちは伝統的に感情を表現するのが得意ではない。だがワールドカップ制覇への途上で、チームで自分自身や生活、希望や恐れを共有することはチームの環境を整えるのに大いに役立った。

## 目標／客観的（Objective）

「objective」は名詞でも、形容詞でもある。名詞の「目標」は、リーダーにとって重要だ。目指す場所と到達する方法を知らなければ、導くことはできない。目標は達成でき、達成できたことが明確にわかるものである必要がある。コーチ・ラシーはこの点が優秀だ。彼はヘッドコーチに就任すると、３つの目標を立てた。ニュージーランドを倒すこと。ザ・ラグビーチャンピオンシップで優勝すること。ワールドカップで優勝すること。どれも単純で、達成したかどうかは明確であり、それぞれが連続している。中間目標を置くことなく、ただ「目標はワールドカップ優勝だ」と言っても意味がない。たしかに明確だが、達成可能な目標とは言えない。

形容詞の場合、この言葉は「客観的」という意味を持つ。できるだけ偏らずに、冷静に判断できる能力もまた重要だ。人は簡単に、自分が関わっている物事の真実から目を背けてしまう。それはあまりに近く、それに多くの労力を注ぎこんできたからかもしれないし、それまでうまくいっていたルーティンを変えられなくなっているからかもしれない。だがよいリーダーはときどき一歩後ろに下がり、問いを発する。「これが最善のやりかたなのだろうか？　よりよくするために、何か変えられる点はないか？」と。すると答えが見つかることもある。

## 知識（Knowledge）

無理のない範囲なら、リーダーには知識があってありすぎるということはない。情報が多いほど、判断力は高まる。わたしはチームメイトのプレーに影響を与えるもの――たとえば病気や怪我、家庭の問題――だけでなく、外部からチームに影響を与えうるあらゆることについて知ろうとした。あの審判は両チームのキャプテンとどう接するか？　モールから「ボールを出せ」と命じるまでどれくらいの時間を見るか？　天候はどうなりそうで、戦術にどのような影響を与えるか？　対戦チームはどのようなディフェンスラインを敷いてくるか？　相手のどの選手が気分屋で、うまくいかないときに冷静さを失うか？といった、かなり多くのことについて。こうしてわかったことのうち、ほとんどは使われないだろう。だが、その知識は持っていなければならない。持っていてそれを使わないほうが、持っていないのに必要になるよりもはるかにいい。また、その知識はうまく使う必要がある。

あっという間に、ワールドカップイヤーの2019年がやってきた。1月初めに、レイチェルとわたしはカレンダーをめくりながら計画を立てた。レイチェルは11月2日の決勝の日をめくり、こう書いた。「スプリングボクス対……」そして言った。「あなたたちは優勝して、国中が大騒ぎになって、トロフィーを持ってバスツアーが行われる。みんながあなたに会いたがるはずだから、11月は予定を入れられないね」

彼女は、もしそうなったらわたしたちの生活は完全に変わることを知っていた。その変化によって、多くのものがもたらされるだろうが、また新たな重圧も生まれるだろう。人生は虹の日や、晴れのときばかりではない。わたしたちはみな変わり、さまざまな季節を経験する。これは誰にでも起こることだ。たとえ大統領でも、無職でも、みなこれを経験する。わたしはまだキリストの道から引き離された行動をとることがあり、それが自分の愛する人に影響を与えていた。レイチェルはベン・スクーマンという起業家とわたしを引き合わせた。ベンはわたしのキリスト教のメンターになった。そのときまで、わたしが闘っているものは伏せられていたが、わたしの罪が白日の下にさらされたとき、わたしは生活を変えるか、すべてを失うか、どちらかという状況に陥った。わたしはそれまでの生活を捨て、キリストの教えに従った。最初にベンが言ったのは、ごく当たり前のことだった。「シヤ、君が過ごしている時間、それが君だ。飲んだくれる、女性たちと関係を持つ、クラブやストリップクラブに行く。ソーシャルメディアにはキリスト教の信仰について投稿しているが、君自身とすべての人を騙している。君は有名人だが、わたしにはそれはどうでもいいことだ。わたしは君にまっとうな生活をさせたいだけだ。悪いことをしているとき、君はゆっくりと自分を殺し、神から自分を遠ざけている」

おかしなことだと思われるだろうが、人生のなかで、わたしに率直にものを言う人はほとんどいなかった。そしてそれを言う人は、完全にわたしの人生の確固たる部分にいる人だけだった。たとえば結婚相手であるレイチェルや、スプリングボクスのコーチ・ラシー。多くの人はわたしに対して、いつも「イエス」としか言わなかった。それは、彼らはわたしが聞きたいのはその答えだと思ったからであり、わたしの名声に感銘を受けたか怖じ気づいたからであり、あるいは彼らは何かを求めていて、それを手に入れるにはおだてるか同意するのがいちばんいいと思ったからだ。

ベンはいつでも、わたしに対して率直だった。わたしが間違ったことをしたら、彼は瞬きもせず、

「間違っている」と言った。わたしの気分を害したり、怒らせたりすることをいとわなかった。彼はただわたしを助けようとした。そしてこう言った。「君は酒をやめる必要がある。馬鹿なことをするのは、酒を飲んでいるときだからだ。ただし、永遠に酒をやめる、とは思わないほうがいい。まずは一定期間飲むのをやめると考えてみよう。たとえばひと月。それでも、その期間が終わったとき、それほどつらくなかったと思うだろう。そこからひと月、またひと月と伸ばしていく。それで、ひとまず酒をやめることはできる。だが本当にやめたと言えるのは、そのサイクルに頼らなくてもよくなったときだ」

酒のほかにも多くの問題を抱えていた。わたしはたくさんのことに苦しんでいた。さまざまな誘惑や罪に負け、間違った生きかたをしていた。多くの男性のように、ポルノに苦しんでいた。わたしはスプリングボクス初の黒人キャプテンとして、人々の期待を背負っていた。誰もがわたしのことを知りたがり、わたしから少しでも何かを得ようとした。わたしはキリスト教徒だと名乗っていたが、それは本当ではなかった。いや、たしかにキリスト教徒ではあるものの、最も基礎的な意味においてだけだった。どうにかやり過ごしていたが、自分自身をイエス・キリストに委ね、キリスト教徒として生きていくときちんと決めたわけではなかった。それはまるで、週に一度タッチラグビーを楽しみ、自分はラグビー選手だと名乗っているようなものだった。

罪のなかで本当に苦しんでいたころ、聖書でぴったりの詩を見つけた。イザヤ書43章2節から3節だ。「水のなかを通るときも、わたしはあなたとともにいる。大河のなかを通っても、あなたは押し流されない。火のなかを歩いても、焼かれず、炎はあなたに燃えつかない。わたしは主、あなたの神、イスラエルの聖なる神、あなたの救い主」わたしはそれを数日間、何度も繰りかえし読んだ。

ベンはわたしにミッション・ステートメントを書くように言った。それによって、自分がどうなりたいかがはっきりし、それを達成するのに役立つだろうからと。わたしが考えたのは以下のものだった。

・すべての行動において、神を信頼し、愛し、あがめ、賛美したい。
・いつも妻を愛し、その栄誉を守ることを選ぶ。とりわけ、彼女がそばにいないときに。神の導きによって、子供たちにとってすばらしい父親になる。彼らがわたしの家庭を出ていくとき、さまざまな世界の変化を乗り越える力をつけているように。
・自分のコミュニティに対して、現在の状況から抜け出せるような機会を生み出すことで力を与えたい。
・すべての男性に、父親とは何かを身をもって示したい。

わたしは生きかたを完全に変えた。自分の弱さを認め、責任ある行動をとれるようにした。選手としてだけでなく、ひとりの人間として、男として、リーダーとして変わった。

必要のないときに誘惑に駆られるような状況に近寄らないようにした。たとえばナイトクラブへ行けば、ラグビーの代表選手だというだけで、女性が口説いてくる。またそこには、ちょっとばかり飲みすぎた男たちがいて、自分の強さを仲間たちに誇示するためにわたしに喧嘩を売ってくる。ズウィデで暮らしていたころに、喧嘩ならもう一生分していたし、毎週トレーニングや試合で真っ向からのぶつかりあいをしていたから、それ以上はいらなかった。またいまでは誰もがカメラつきの携帯電話を持っているから、わたしが何かしたら、数分のうちにソーシャルメディアに投稿されてしまう。

このため外出するよりも、友人たちを招くか、彼らの家に遊びに行くほうがよかった。知らない人がいるかもしれないという不安を感じずに食事や会話を楽しむことができるからだ。おかしなことかもしれないが、誰かの家にいれば、苦労しなくても酒を飲まずにいられた。酒は逃れなければならない誘惑とは感じられなかった。とにかく、酒は自分にとってよくないことは理解していた。だから実際に手の届く場所にあるかどうかはまったく違いがなかった。それに、酒を飲めばすぐ、レイチェルに見つかってしまう。かつて、隠れて飲んでいたころは、家のまわりにボトルを隠していた。そしていつも、レイチェルに見つかっていた。彼女は探そうとしたわけではない。だがボトルを見つけると、それを隠したとき、あなたは本当の自分を隠そうとした、と言うだけだった。それからわたしが飲酒をやめるよう神に祈った。いまのわたしはもう酒を飲まないが、記憶はいまも残っている。ときどき酒に酔ったような顔をしてみせると、妹はこう言う。「酔っ払いだったころの顔だね」

ベンは、禁酒という基本的なことだけでなく、よい父親、よい夫、よい人物になるための課題をわたしに課した。自分自身や人生について深い問いをするよう促した。そうした問いを通じてのみ、本当に自分にとって何が大切か、それはなぜかがわかるからだ。なぜわたしは生きているのか？　なぜ生まれたのか？　最も大切にする価値は何か？　神は人生において何を成功だとみなしているか？　わたしはこれらの問いを考え、この本の終わりにパーソナル・ステートメントとして述べている。この考えはわたしの人生と、価値観、それに基づく生きかたに関する中心的な信条のまとめになっている。

だが、そのステートメントにはある言葉が入っていない。「ラグビー」だ。このスポーツがわたしの人生で大きな意味を持つことを考えればおかしなことのように思われるかもしれないが、ラグビーはわたしがしていることであり、わたしという人間とは関係がない。もちろん、わたしは誠実に競技に向きあう。平日はできるだけハードに練習する。だが、土曜には、ゲームは神に捧げる。自分の手から放し、神の手に委ねる。わたしは全力を尽くし、神を満足させようとする。あとはすべて神の心のままだ。勝っても負けても、わたしは神から何かを学ぶ。周囲には、フランチャイズチームにも、代表チームにも大勢のキリスト教徒がいる。彼らはわたしを勇気づけ、強くさせ、いつも責任を果たすよう見守ってくれる。チームで聖書読書会を開いていて、一緒に祈ることも多い。またひとりのときは、毎晩眠るまえに聖書の言葉をできるだけ多く読むようにしている。チームメイトにはいつも、才能は神から与えられたものだと話している。わたしたちはいつも、謙虚でなければならない。何であれ、神の意志を阻むものはなく、神の意志はかならず遂げられるということを知るのは、大きな恩恵だ。わたしはチームメイトたちに、つねに「ベストのトレーニングをして、自分のすべてを捧げよう」と伝える。わたしはつねに神に、わたしをお使いくださいと語りかけている。すべてを神の手に委ねている。神の手にあることを知っていることが、わたしに平和を与える。キリスト教徒として、自分の価値を知ること、自分が何者であるかを知ることは重要だ。

精神的に成長したことで、どうにかレイチェルとのつながりを取り戻すことができたのだが、成果はそれだけではなかった。わたしはキャプテンとしても、より自信を深めることができた。２０１９年のスーパーラグビーで、ニューランズでクルセイダーズを迎えたとき、残り時間わずか、16対19で負けているという状況でペナルティを得た。キッカーはジャン＝ルック・デュプレッシーだった。ペナルティをきっちり決めて3点取り、ドローにする、と彼に告げるか、コーナーに蹴り出してラインアウトを取り、トライで勝ちを狙うと告げるか、わたしにはふたつの選択肢があった。観客が求めているのは後者だった。どのスタジアムの観客でもトライへのチャレンジを見たいだろうし、ニューランズの熱狂的なファンももちろん例外ではなかった。もし就任したばかりの若いキャプテンだったら、一か八かの選択をする誘惑に駆られただろう。だがこれはプロのラグビーであり、結果は大きな意味を持つ。引き分けは敗北よりも価値があり、ポール正面に近い位置からのペナルティキックだったので、ラインアウトからのモールより得点できる確率はかなり高かった。それまでのゲームでチームは負けが先行しており、一方クルセイダーズは十数戦してわずか1敗だった。ポイントを分けあえれば、チームにとってはよい結果だった。そこでわたしはジャン＝ルックにペナルティを指示した。観客は残念がったが、ドローをもぎ取った。

試合後の更衣室で数人の選手から、もっと強気に行くべきだったと言われた。だが、わたしは結果に責任を持たなければならない立場だ。これは2015年のブライトンでの日本戦とは異なる。あのときは日本が千載一遇の大番狂わせのチャンスを狙い、成功させた。だが今回は、ポイントが重要な意味を持つフランチャイズチームの試合だ。選手たちには、責任者であるわたしを信頼してくれと言ったが、そう言えたのは、わたし自身がわたしを信頼していたからこそだ。わたしには自分の考えがあり、揺らぐことはなかった。

翌週、ニューランズでのハイランダーズ戦で34対22で勝利を収めたが、膝を怪我してしまった。5月25日のことで、ワールドカップの開幕までは数か月しかなかった。怪我はいつもイライラするが、このときはふたつの理由で余計にそうだった。第一に、前週にフィールド外でトラブルがあったから、なおさらよいゲームをする必要があり、それを成し遂げたところだったからだ。そして第二に、ワールドカップが迫っていることを考えると、怪我からの回復は普段よりはるかに急がなくてはならなかった。

あとからなら、復帰は間に合うと思っていたと言うのは簡単だが、それは少し誇張がある。もちろん、周囲の人々は信じていた。チームドクターは心配していなかったし、レイチェルはわたしの回復を祈りつづけ、間に合うと信じきっていた。だが自分自身が怪我の渦中にいて、体が思うような反応を見せないときは、なかなかそうは思えなかった。またあまりに強く求めているものを逃してしまうかもしれないと思うと、ほとんど身体的な苦痛を感じた。カリーカップの準決勝やスーパーラグビーの準決勝といったビッグマッチやトーナメントで、怪我のために出場できなかったことを思い出した。ワールドカップまでの過程で、本当に出場できるのかと危ぶんだときはあったが、疑いを封じこめ、できることをただ黙々と行った。リハビリの手順をひとつずつ完璧にこなし、ジムでトレーニングしてできるだけ体力をつけ、チームといるときは前向きであろうとした。

どうにか間に合ったとしても、ゲーム勘が失われていて、日本に着いてから取り戻さなくてはならないことはわかっていた。ザ・ラグビーチャンピオンシップのあいだずっと調子を維持していた選手たちは万全の状態だが、わたしはそれに追いつかなくてはならない。チームには確固たる強さがあるので、チームに及ぼす影響も、わたしがチームの一員にふさわしいかどうかについても心配していなかった。それはわたしではなく、コーチ・ラシーが決めることだ。いずれにせよ、彼はむずかしい選択から逃げるような人ではなかった。

彼はまた、ザ・ラグビーチャンピオンシップでの優勝も狙っていた。ただしワールドカップイヤーのため、この年は例年どおりの2回戦総当たりではなく、各チームとの対戦は一度のみだった。かつてザ・ラグビーチャンピオンシップとワールドカップを同年に制したチームはなかったため、コーチ・ラシーは初の快挙を目指していた。彼はその点でも賢明な判断をした。大会前にあらかじめ3戦すべてについて、それぞれ先発出場する選手を割り当てておき、チームを分割してニュージーランド戦の先発選手は先にウェリントンに入って準備し、オーストラリア戦の先発選手はヨハネスブルグに残した。その2戦両方に先発する選手は少なかった。またメンバーの変更が行われるのは、ふたつの場合のみだった。そのひとつは選手が怪我をした場合、もうひとつは選手が尊大で愚かなふるまいをした場合だ。コーチ・ラシーは悪いプレーやミスでは怒らなかった。彼はその理由を理解しようとし、それをコーチ陣に修正させた。だが選手が尊大な態度をとる、勤勉さを失う、前向きに取り組まない、といったことが起こったら、そのときは断固たる処置がとられた。

コーチが彼でなかったら、チームの分割は対立を生んでしまったかもしれない。だがそれは勝つために必要なプランであり、全員が支持していた。選手間の力量差は、とくにフォワード陣ではほとんどなく、誰が1番手になるかはきわどいところだった。それに、オーストラリアは簡単に倒せる相手ではなかったから、チームには、「控えに任せる」というのではなく、「出場選手の働きを信頼している」という雰囲気があった。

彼らはその信頼に応え、オーストラリアに一度もリードを与えることなく、35対17で勝った。ハーシェル・ヤンチースは代表デビュー戦で2トライを決め、スクラムハーフ1番手のファフ・デクラークの控えとして地位を固めた。わたしはプレーしなかったが、どんな形でも参加したかった。開幕戦のエリス・パークでのオーストラリア戦ではウォーター係を務めた。キャプテンのなかにはたぶん、そんな仕事はプライドが許さないと思ったり、スーツを着てスタンドにすわっているほうがいいと考える人もいるだろう。だがわたしはちがった。ピッチサイドに下り、チームの選手たちと一緒に試合に参加したかった。

この勝利は、ザ・ラグビーチャンピオンシップ優勝の可能性以外にも影響を及ぼした。すでにニュージーランドに入っていた選手たちにとっては大きな力になったが、同時に、先発の座を争っている選手たちがいいプレーをしたと知って試合に臨むのはプレッシャーにもなった。実際に、オーストラリア戦の先発のうち6人がちょうど3か月後のワールドカップ決勝のイングランド戦で先発を果たしている。

オールブラックス戦にすべてをかけてきたのはこちらだけではなかった。オールブラックスもまた、そのまえのアルゼンチン戦では11人の新人を先発させ、20対16の辛勝で、わたしたちに全力で向かってきた。しかも彼らはオークランドではなくあえてウェリントンを試合会場に選んだ。それは去年の対戦と同じ場所で、その結果をぬぐい去るための意図的な決定だった。

前半はこちらがゲームを支配していたが、どこからともなく現れたジャック・グッドヒューにトライされ、6対7とリードされて折り返した。「向こうがどう思っているか、想像してみるんだ」控え室で、コーチ・ラシーは言った。「怖がってるぞ」こちらのほうがいいプレーをしている。そのことは彼らもわかっている。接戦になることは誰もがわかっていた。ひとつのタックルミス、ボールロスト、集中力の欠如で試合は決まってしまう。

後半はペナルティキックの応酬になった。彼らが3本、こちらが1本。残り3分で、9対16とリードされている。このままで終われば7点差以内の負けでポイントが得られる。そのボーナスポイントがザ・ラグビーチャンピオンシップの優勝に関わるかもしれない。コーチ・ラシーはその点差を保つようにピッチ上の選手たちに伝えようとした。勝ちに行くのではなく、さらなる失点を防げ、と。

だが、この1年間彼に主体性を植えつけられてきた選手たちは信頼され、ピッチ上で自ら判断するよう任されていた。スクラムからペナルティが与えられたとき、ハンドレは相手陣に蹴り出し、ラインアウトを得た。ウィリーがブラインドサイドにまわってチェスリンを余らせ、タッチライン沿いを走らせた。ボーデン・バレットが内側にふたりの味方を引き連れてタックルしてきた。チェスリンといえども、内側に切れこめばディフェンスにつかまっただろう。そこで彼はパントを蹴り、アーロン・スミスに競り勝ってそのボールをつかんだハーシェルがトライした。ハンドレがコンバージョンを決めれば同点だ。大きく右に寄っているが、彼にとっては確実な位置だ。ただしこのひと蹴りに試合がかかっているし、相手はキックを邪魔するためにチャージしてくる。

だが、もちろんハンドレは成功させた。この男はきっと、地雷原でも涼しい顔でタップダンスを踊れるだろう。

ニュージーランドとのここ3戦で、総得点はたがいに82点。1勝1敗1分け。点差は2点差、2点差、同点。たとえ彼らが世界一だとしても、わたしたちもそれほど離されてはいない。それも、コーチ・ラシーが闘志にあふれた犬のような戦士たちを集めたからだ。オールブラックス戦で、残り時間は2分、ここぞという場面になったとき、勝敗を決めるのはラグビーがどれだけうまいかではない。どれだけ勝ちたいと思うか、勝利のためにどれだけ戦えるかだ。そしてわたしたちは間違いなく、そこで戦うことのできるチームだった。

ザ・ラグビーチャンピオンシップの最終節ではアルゼンチンから46点を奪って勝ったが、なんとオーストラリアはそれを上回り、パースでの試合で47対26でニュージーランドを破った。後半早々にスコット・バレットが退場処分となり、ニュージーランドは14人になっていた。これはオーストラリアがニュージーランドから奪った過去最多得点であり、点差は過去最高タイだった。それでもわたしたちは唯一の無敗チームとして、オーストラリアに勝ち点差4をつけて優勝を決めた。

この結果にすぐにケチをつける人々もいた。大会は短縮されており、全員がワールドカップを見据えて戦っていたのだ。この年の優勝は大きな意味を持たない、と。だが、だからといって無意味なわけではない。

日本へ向かうまえには、トライネーションズまたはザ・ラグビーチャンピオンシップと、ワールドカップを同年に制した国はない、という言葉が幾度となく聞こえてきた。たしかにかつてそれを成し遂げた国はなかった。その言葉には、それは不可能なのだという言外の意味が込められていたが、それは気にしなかった。歴史は作られるためにある。記録は破られるためにある。

誰もやったことがない？　なら、われわれが最初にやればいいさ。そうだろ？

# 第5章
# 頂点

怪我から回復し、ワールドカップへの準備は順調だった。日本に出発する直前にロフタス・ヴァースフェルド・スタジアムで行われたテストマッチ、アルゼンチン戦では53分プレーし、体のキレもよかった。コーチ・ラシーには30分と言われていたが、調子がよかったのでもう少し長く出場した。

グウィジョ・スコッドは空港に見送りに来てくれた。わたしに注目が集まったが、全選手にそれぞれの物語があり、そこにいたる過程はひとりひとり異なっていた。

わたしたちは日本に最初に到着したチームだった。だが、日本を離れるのは最後になる、絶対にそうしようと誓った。日本の人々の歓迎はすばらしかった。トレーニングセッションには1万5000人が見学に訪れ、店先にはわたしたちの写真が貼られていたが、それだけではなかった。出会うすべての人々が温かく歓迎してくれた。礼儀正しく、マナーは最高だった。世界は日本から学ぶべきことがたくさんある。通り沿いの店の店主が、ちょっと店を閉めてラグビーファンの道案内をしてあげたという話もあった。わたしは前年のサッカー・ワールドカップロシア大会での日本チームのことを思い出した。彼らはラウンド16のベルギー戦で2対0とリードしたが、結局2対3で敗れた。それでも彼らは更衣室を掃除し、しかも去るときにはロシア語で「ありがとう」と書いたメモをテーブルの上に残した。

暑さと湿度はまるで経験したことのないものだった。つねに水分補給を行い、しかも電解質と炭水化物も摂らなければならなかった。慣れるまで、トレーニングセッションの最初の数回は相当にきつかった。それはアレド・ウォルターズ・コーチの要求がハードだったからだけではなかった。ピーターステフは1回のセッションで体重が5キロ減った。アレドは容赦なかった。そしてそれは理に適ったことだった。モハメド・アリはこんなことを言っている。「試合の勝敗は観客が見ていないところで決まる——試合のないとき、ジムでの練習やロードワークのとき、あの明るい照明のなかでダンスを踊るはるか以前に決まっている」あのときのトレーニングは、わたしたちにとって試合のないときのトレーニングだった。これが先々、かならず大きな効果をもたらすだろう。

「何日もあると思うな、毎日を大切にするんだ」とアレドは言った。彼のトレーニングはポジションごとに異なっていて、試合の日に選手ができるだけ走れるようにすることを目標にしていた。走行距離は何メートルか、どのような走りかたをするか、走りながらどんな衝突をするか。全員にとって、それはただの1回のセッションではなかった。たとえばプロップのフランス・マルハーバとフルバックのウィリー・ルルーとでは、ポジションがちがうため要求されるものもかなり異なっている。そのためトレーニングもまた異なったものになる。

コーチ・ラシーはチームがつねに意識すべき5つの点を掲げ、それぞれに責任者となる選手を指名した。フィジカルはボンギ。これはまさに適任だ。ボンギはフィジカル・トレーニングを愛しており、相手を吹っ飛ばしながら走りまわっていれば最高に幸せでいられる。ドウェインが担当したのは、相手陣22メートルでかならず得点を挙げることだ。3点であれ、5点、あるいは7点であれ、相手のゴールラインに接近したときは毎回、得点する。キックチェイスはウィリーとウイングたち。戦術は相手だけでなく、フィールド上での位置によっても変わる。フィールドの中央、自陣と相手陣の22メートルラインのあいだでは、13人制のラグビーリーグのように、5、6回フェーズを重ねてからキックすることもあった。キックするのはかならずしも陣地を進めるためではなく、勢いを得て、こちらが前進し、相手に後退させるためだった。ハイパントを蹴るのは、向かってくる敵に対して陣形を整え、しっかりとディフェンスすることで、防御の壁を破られないことが目的だ。ゲームをコントロールすることは、かならずしもポゼッションと同一ではない。

審判への対策はわたしの役目で、そのためにあらゆることを行った。たとえばジェローム・ガルセスは体力について褒められるのを喜ぶことがわかったので、いつも調子がよさそうですね、とか、どうしたら一流のアスリートに負けずに走れるんですか、といった声がけをした。だが、彼の判定がこちらに不都合なときは、わたしではなくドウェインがガルセスに抗議する。ドウェインは圧力をかけ、わたしが友好的に接することで審判に働きかける。チームとしては、両方をわたしが行うよりもそのほうがいいと判断したからだ。ピーターステフは運動量とコミットメントの担当だ。彼がチームの武器であることは知れ渡っている。その力を、単にディフェンス力だけでなく、より広い部分で活用し、体力と運動量で80分間フィールド中を動きまわらせることにした。それによって、対戦相手にとってますます分析しにくい選手になった。ピーターステフをよく表しているやりとりがある。

コーチ・ラシー「ピーターステフ、フィールドのどこをカバーしたい？」

ピーターステフ「はい《ヤー》」

「日本」そして「ラグビー」と来れば、もちろんわたしたちはみな2015年のブライトンでの出来事を思い出す。あの敗北はわたしのラグビー人生で最も屈辱的な瞬間だった。あの日、プレーしていた選手たちはみな同じだ。あの試合に出場していた選手のうち8人が、今回このワールドカップのために来日している。その8人――ジェシー・クリエル、ビースト、ルード、フロー、ピーターステフ、エベン、ハンドレ、わたし――は全員があの敗北で深く傷つけられ、いまもその傷は癒えていなかった。あれは初対戦での敗北だった。つまりわたしたちは、まだ彼らに勝ったことがない。その成績は気にかかっていたし、できれば払いのけたかった。しかも、早ければ早いほどいい。そのためコーチ・ラシーは、本大会前に日本との強化試合を組んだ。

2015年の日本チームには驚かされた。2019年の日本チームは、4年前よりもあらゆる点で進歩していたが、今回はそれに驚きはしない。元オールブラックスのフランカー、ジェイミー・ジョセフの指導のもと、この年はフィジー、トンガ、アメリカに3連勝していたし、2018年にはイタリアに勝ち、その前年にはフランスと引き分けていた。しかもほとんどの試合ですばらしいラグビーをしていた。ランナーは速く、クイックハンズや巧みなムーブがある。まったく勝ちが計算できる相手などではない。しかもホームアドバンテージがあり、情熱的な観客がついているので、彼らと戦うのはリスクがあった。今回も負ければ、心理的なダメージは大きい。ワールドカップにも影響を及ぼすかもしれない。

だがコーチ・ラシーは、そのリスクをとるだけの価値があると言った。わたしたちは彼らよりもいいチームで、本当に優勝トロフィーを狙うならどのチームも恐れてはいけないのだ、と。彼はまたべつの要素についても考えていたのだが、そちらはごく少数にしか伝えていなかった。日本はスコットランド、アイルランド、ロシア、サモアと同組で、5チーム中2チームが決勝トーナメントに進出する。そしてコーチ・ラシーは日本がきっとその2チームのいずれかに入ると考えていた。われわれの組の首位と2位が、それぞれこの組の2位、首位と戦うことになっていた。つまり、コーチ・ラシーの予測どおりなら、日本と準々決勝で当たる可能性は高かった。だから彼は、その試合のために事前に日本チームを確認し、力を見せつけようとしたのだ。

わたしたちは日本との強化試合で47対7で勝利を収めた。苦手意識をなくし、力を見せつけた。だがこの試合がそれ以上に意味があったのは、マピンピが3回決めたうちの最初のトライのあと、カメラへ走り寄って、少しまえに郵便局職員によるレイプ殺人の被害者となったケープタウン大学の学生、ウイネーネ・モヘットヤーナさんのために「NENE R.I.P」と書かれたリストバンドを指さしたことだろう。彼女が殺害されたことにより、南アフリカの国中の女性たちが通りへ出てジェンダーに基づく暴力に抗議した。また#AmInext?（つぎはわたし？）というハッシュタグで恐怖と怒りを訴えた。レイチェルはケープタウンで行進に参加し、少年のころにジェンダーに基づく暴力を目撃したわたしに声を上げるように勧めた。彼女はまた、わたしたちの立場を生かして、ジェンダーに基づく暴力の不都合な真実を人々の目に見えるようにできると考えた。ところがわたしはゲームに集中していたので、ソーシャルメディアにいっさい触れていなかった。これは以前感じたことがあり、また今後も感じるだろう葛藤だ。わたしはゲームに集中し、いまのことだけを考えなければならないときがあるのだが、同時に南アフリカという大きなコミュニティの一員であり、コミュニティが影響を受ければ、わたしもまた影響を受けることになる。

フィジオのレネは、あとで泣いていた。その週ずっと、彼女には主張したいことがあった。チーム内で数少ない女性のひとりであり、ウイネーネの殺害によって衝撃を受けていたのだが、わたしたちの集中を乱さないように配慮して黙っていた。マピンピはよいプレーを見せ（フィールドに集中し）、しかも「ウブントゥ」の大切さを示すことで、そのふたつをどちらも実現してみせた。ウブントゥとは、コミュニティに属するひとりがつらければ、全員がつらい、という他者への思いやりを表す言葉だ。

その試合後まもなく、悲しい知らせが届いた。チェスター・ウィリアムズが心臓発作のため49歳で亡くなったのだ。１９９５年のワールドカップ優勝メンバーのうち、亡くなったのはこれで４人目だ。わたしを含めた黒人選手にとって、彼はまさに道を切り拓いてくれた人物だった。当時の優勝チームで唯一の非白人であり、たったひとりで、スプリングボクスに入るのに肌の色は関係ないということを示した。

彼に捧げるため、ワールドカップ初戦のオールブラックス戦でジャージの背番号に彼の顔写真を印刷した。その試合は予選グループの好カードというだけでなく、おそらくワールドカップの歴史上、グループステージで最も重要な対戦となった。８回のワールドカップのうち、この両チームの優勝回数を合わせれば5回になる。まず、大会のこれほど早い段階でこのような大きな試合はかつて組まれたことがなかった。だがまた、ここで負けたチームもグループステージのほかの試合を勝てばトーナメントに進めることを考えれば、絶対に落とせない一番というわけでもない。同じグループにはほかにイタリア、カナダ、ナミビアが入っていた。イタリアは侮れない相手だが、シックスネーションズでは20戦以上負けつづけていた。カナダとナミビアは脅威ではないことはわかっていた。

そのため、チームはオールブラックスの分析に力を注いだ。狙い目を探しだし、攻撃するのが彼らの得意技だ。彼らほど対戦相手の弱点を突くのがうまいチームはない。自分のポジションから考えると、バックローのアーディ・サヴェア、サム・ケイン、キーラン・リードは今大会最高のメンバーで、賢いうえに強い。フィールド上のあらゆる場所で、彼らにストレスを与え、つきまとい、自由な動きを封じなければならない。彼らは世界一のチームだが、倒せないチームではない。オーストラリアは先月50点近く奪って勝利している。

いつものように、試合のまえの週は緊張がみなぎっていた。単に気持ちで優位に立てるというだけでなく、この試合の勝者は決勝トーナメント進出が楽になるだろう。だがコーチ・ラシーはチームからできるだけプレッシャーを取り除こうとした。彼は、もちろん勝ちを狙ってハードに行くが、結果は重要ではないと言った。彼が求めたのはパフォーマンスだった。運動量と、チームのためにハードに戦うこと。結果はわたしが責任をとる、と彼は言った。

「全員がナーバスになっている」とコーチ・ラシーは言った。「わたしは、フィジカルについての見通しが甘い気がする」彼はわたしたちが集中しており、ゲームプランもあり、コンディショニングや調子、ジャージへの情熱も十分だということを知っていた。彼が心配していたのは、最高の力を60分や70分ではなく、80分出しつづけなければならないということだった。そしてゲームでは、6分間の空白が結果を左右することになった。

立ちあがりは好調で、3分も経たないうちにリードを奪った。長距離のペナルティをハンドレがしっかりと決めた。その後20分はわれわれの時間帯で、ここのところのオールブラックス戦でも最高の出来だった。チェスリンがかなりのプレッシャーをかけられながらフェアキャッチし、ルカニョがチップキックでフィールド中央にスペースを作り、こちらのディフェンダーは集まってボールを追い、ボーデン・バレットに自陣のインゴールからのクリアを余儀なくさせた。コーチ・ラシーが期待したとおり、彼らに判断する時間を与えず、襲いかかり、つきまとった。

だが、オールブラックスを相手にしては、1秒たりとも気を抜いてはならない。彼らはその理由を見せつけた。まずファフからのパスが逸れ、こぼれ球をリッチー・モウンガが前方に蹴り出し、その後のファウルで与えたペナルティで同点に追いつかれる。さらに相手陣からの攻撃でトライを決められた。セヴ・リースがマピンピをよけてタッチライン沿いを抜ける。ボールがリースからアーロン・スミス、アーディ・サヴェアへと渡るあいだにわたしも追走した。そしてウィリーとファフのタックルをかわしたサヴェアを押さえた。そこまで走った距離は60メートル。コーチ・ラシーが就任したとき、わたしは60メートルも走ろうとしなかった。当時はコンディションも悪かったし、走らなければならないという気持ちも持っていなかったからだ。しかしまた相手ボールになり、ボーデン・バレットが十分にディフェンスを引きつけてからパスすると、ジョージ・ブリッジが突き抜けた。さらに3分後、アントン・

レイナートブラウンがまずいタックルを数度かわし、肩越しにスコット・バレットを確認してパスし、あっさりトライされた。6分前には3対0でリードし、優勢に進めていた。ところがいまや3対17でリードされている。わずか6分——たったそれだけの時間で、試合がほぼ終わってしまうこともある。それはオールブラックスにしかできないことだ。

それ以上の失点は防ぎ、どうにかハーフタイムに入った。後半開始から全力で行けというコーチ・ラシーの指示どおりに行った。後半5分にチェスリンがスミスのボックスキックをキャッチし、ふたりの選手をかわして右側のタッチライン沿いでリッチー・モウンガと1対1になった。モウンガは外のスペースを消しに行き、チェスリンは内に切れこみ、外、内とフェイントを入れてから最後は外に走った。ライン沿いの競走になり、チェスリンは余力十分だった。だがモウンガがあとを追い、正確に狙ってあと5メートルで彼を倒した。これは最高のトライセーブ・タックルだった。のちにチェスリンは内に切れこんだのがミスで、何も考えずひたすらライン沿いを走るべきだったと言った。コンマ数秒の、熱い戦いのなかでの判断が試合を分けることもある。

ともかく、まだボールは生きている。ボーデン・バレットがボールを拾って走り、レイナートブラウンに渡す。レイナートブラウンは緑のジャージの密集のなかをすり抜け、やっとキッツィーに止められる。まだ相手陣22メートルライン内だ。彼らが左にまわしたパスをピーターステフがインターセプトした。わたしが数メートル前に出て、それからハンドレ、マルコムも前進する。やがて今度は右に球が出て、またわたしが突進する。ウィリー、ピーターステフ、フランコ・モスタート。われわれは何度も前に出る。相手ディフェンダーを左右に振りまわし、穴を探す。ついに穴ができた。しかもかなり珍しい形で。エベンがボールを持って相手とぶつかった。そこにはオールブラックスの選手が4人いたのに、ラックの正面を誰ひとり守っていなかった。ピーターステフがボールを拾い、指一本触れられずにゴールラインまで走った。どんなクラブチームでも目を覆いたくなるようなディフェンスのミスだし、ましてオールブラックスなら言うまでもない。だが、こうした過ちはそれだけで起こるものではない。こちらがプレッシャーをかけつづけ、落ち着く暇を与えなかったからだ。ハンドレがコンバージョンを決め、点差は7点に戻った。

その数分後、わたしは下がってフローが入った。観客のスプリングボクスファンは猛攻を後押しするように歓声を上げた。たがいのゴールライン近くまで攻めあい、やがて相手陣であと20メートルほどの距離で、ハンドレが無得点で攻撃を終えないためにドロップゴールを狙った。これであと4点差だ。まだこちらの勢いが上回っていたが、彼らは持ちこたえた。スクラムでの反則でペナルティを与え、それをモウンガが決めてまた7点差になる。さらに6分後、ボーデン・バレットにもペナルティを決められ、13対23になる。

トレヴァーがふくらはぎに怪我をした。本人がはっきりとわかるほどの重症だ。もうこの大会でプレーはできないだろう。あらゆる努力をし、犠牲を払ってここまで来て、彼のワールドカップはわずか20分で終わった。キッツィーとわたしは慰めようとしたが、かける言葉がなかった。チェスリンがまたすばらしい走りで敵陣深くまで進出したが、足が速すぎてサポートが間に合わず、ターンオーバーされた。それが最後のチャンスとなり、13対23で試合は終わった。

コーチ・ラシーは試合後、メディアに対して率直に語った。「彼らは勝利に値するチームでした。トライ数はこちらの1に対して2。ペナルティが重要になったが、わたしが数えたところ、こちらの11に対して彼らは2つだけ。この試合は、スコアボードを見てもわかるように、彼らの勝利です。リードしているときにプレッシャーをかける方法を知っているチームです」

チームに向かっては励ましの言葉をかけた。「君たちの努力は責められない。どこかでわたしに判断ミスがあった。計画どおりに行かなかった原因を検討しよう」重要なのは、選手たちがまだチームを信頼していることだった。6分間をのぞいて、互角に戦った。ゲームプランには間違いはなかった。それどころか、成功だった。われわれはゲームプランが的確だったことを示し、ニュージーランドとの過去3戦よりも多くのチャンスを作った。そして、9回のキャリーで11人のディフェンダーをかわし、118メートル前進したチェスリンのパフォーマンスは、ずっと以前からわたしたちが知っていたことを世界に示した。この男はまさに特別な才能を持っている。

わたし自身についていては、取り組むべきことがふたつあった。ひとつは試合での鋭い動き。ゲームのペースについていくのは苦しかった。怪我明けはいつもそうなのだが、調子を取り戻すには数試合かかる。アルゼンチンや日本との強化試合と、オールブラックスとの真剣勝負はまるで別物だった。もうひとつ、うまくいかなかったのがガルセス主審への対策だった。ニュージーランドの主将キーラン・リードのほうがはるかにうまく主審に接していた。審判はどの試合でも重要な要素で、かりに対戦相手のキャプテンよりも上手ではなかったとしても、最低限、こちらの不利にならないよう審判に対処しなければならない。1試合で微妙な判定のペナルティはかならず5、6個はある。そしてそのペナルティが試合の勝敗を決めることもある。これについてもやはり、微妙な判定がすべてこちらの有利に働く必要はないのだが、最低でもすべてが相手有利にならないようにはしなければならない。

　ここからワールドカップ優勝を勝ち取るには、ザ・ラグビーチャンピオンシップを同年に勝っているチームとして初であることに加えて、グループステージで敗北を喫したチームとして初のワールドカップ優勝というハードルを越えなければならなくなった。だがコーチ・ラシーはそれも気にしなかった。そして、ザ・ラグビーチャンピオンシップのときと同じことを言った。「歴史は破られるためにある」

　実際のところ、その後の大会への取り組みはほとんど変わることがなかった。イタリアを倒さなければ準々決勝へ進出できないことはわかっていた。事実上、計画よりも早くノックアウトステージが始まったにすぎない（初戦に敗れ、残りの3戦に勝利したのは、2015年も同様だった）。ここから4つのビッグゲーム、イタリア戦と、決勝トーナメントの3試合に勝てば世界チャンピオンだ。そして優勝トロフィーで祝杯を挙げ、人生を一変させることができる。もしわれわれとニュージーランドがともに勝ちつづければ、決勝でもう一度対戦することになる。海外のプレスは、もしそうならなかったら、かなりの大事だと報じていた。このころチーム内では、このシナリオはこちらにとって有利だ、というジョークが交わされていた。彼らはわたしたちを二度倒さなければワールドカップが獲れないのに、こちらは彼らを一度倒すだけでいい。

　勝てなければ帰国、という状況は多くの点で好材料として働いた。ハンドレはこう言っていた。「スプリングボクスはもうあとがないという精神状態に追いこまれて、目の前の壁をすべて登らなければならないとなったときに、最高の力を発揮する」ウェリントンでのニュージーランド戦、画期的な勝利のときもそうだった。あのときの態度を、いまこそ呼び起こさなくてはならない。わたしたちはさらに態度を引き締めた。〈さあ、仕事をしよう〉トレーニングであれ試合であれ、ピッチに入るときは、これがかけ声になった。フィールドを離れれば、ゆったりとくつろいで笑いあったし、日本の街に出てぶらぶらし、コーヒーを飲んだり、コミュニティのイベントに出たりするのはもちろん楽しかった。だがピッチを囲む4本の直線の内側に入ったときは、それがどんなピッチであれ、やるべきことはただひとつ、仕事をするだけだった。

つぎのナミビアとの試合ではチームで9トライ、そのうちひとつはわたしが決めた。ベンチからスタートで、最後の27分間きっちりとプレーした。だがより大きなニュースがスタジアムの外から、というよりべつのスタジアムからもたらされた。日本がアイルランドを19対12で破ったのだ。その結果に多くの人が衝撃を受けたが、コーチ・ラシーはちがっていた。アイルランドはちょうど12か月前にシックスネーションズを制した世界の強豪国だ。日本にとって彼らを倒したのは大きな戦果だった。コーチ・ラシーはつねに日本がグループステージを突破すると言っていたが、いまやアイルランドを下し、おそらくそのグループのトップで通過する可能性が高まってきた。そうなれば、われわれと準々決勝で当たる。

つぎのイタリア戦は、チームにとってだけでなく、わたしにとっても非常に重要なゲームだった。まだ調子は回復途上で、大会を戦ううえでも正念場だった。わたしはチームのほかのリーダーたちと過ごすのが好きで、ハンドレとは強い絆で結ばれている。だから彼はわたしが自信を持てずに苦しんでいるのを見抜いていた。彼はわたしをコーヒーに誘い、話を切り出した。「まあ、あまりくよくよするなよ。わたしができる判断なら任せてくれ。いまは自分のことに集中してほしい」これはまさにわたしが必要としていた言葉だった。わたしはまず自分がよくできていると感じていないと、人に適切な態度をとれないのだ。飛行機の緊急時の対応のように、まずは自分の酸素マスクをつけなければ、人を助けることはできない。利己的だと思われるかもしれないが、そうではない。自分のパフォーマンスを最大化すれば周囲の人々の役に立てるし、自分が適切な場所にいることで、明確に考え、行動できるのだ。

イタリア戦で、コーチ・ラシーははじめてボムスコッド、つまり控え選手をフォワード6人とバックス2人にするシックス・ツーを採用した。シックス・ツー自体はこれまでにもあったが、そのときは残り20分でバックローをふたり代えることで大きな変化をもたらしていた。だが今回はフロントローとセカンドローの5人のタイトファイブを早めに代えることで、80分間ペースと強度を保つのが狙いだ。選手が新鮮なら、勘は冴え、いい判断ができるが、疲労してくるとそれらは落ちる。測定値からタイトファイブのエネルギーが落ちてきたときに入れ替わる。コーチは疲れきってしまうまでその判断を待たない。アレドのトレーニングはフロントローが50分間ピークの運動量を保つためのもので、そこに交代選手が入ってくる。これは、控え選手をフィニッシャーといった名誉ある呼び名に変えただけのことではない。先発選手はすべてを出しきり、つぎの選手がバトンを受けてそのポジションを全うする、リレーのような戦いかたなのだ。

このときボムスコッドという発想が生まれたのは、ふたつの理由からだ。そのどちらの点でも、日本に来ていたチームのなかでわたしたちは際立っていた。第一に、紙一重の実力を持つワールドクラスのタイトファイブが2組作れる選手層の厚さ。先発選手と控え選手を入れ替えても、まったくチーム力は低下しない。2組を入れ替え、選手を交ぜあわせても同じだ。ときにはトレーニングセッションがあまりに過酷で、ゲームのほうが楽に思えることさえある（対戦相手は、控え選手が出てきても力がまるで落ちなければ戦意を削がれるだろう）。

第二に、フランソワ・ステインがいたことだ。バックスの控えのうちひとりはかならずスクラムハーフでなければならないから、もうひとりの控えはできるだけどのポジションもこなせる必要があったが、フランソワはまさにその条件を満たしていた。10番から15番のどこでもプレーでき、実際にスプリングボクスでの13年間でスタンドオフ、センター、ウイング、フルバックのすべてのポジションでプレーしたことがあった。もしハンドレが何かの理由で出場できなくなれば、フランソワがそのまま10番に入ることもできたし、ウィリーが10番にまわりフランソワが15番に入ることも可能だった。ボムスコッドとはフォワードに関する呼び名だが、フランソワがいなければ実現しなかっただろう。

イタリア戦のまえに、周囲に何もないホテルに移動した。トレーニングピッチは歩いて3分のところにある。それ以外のもの——スーパーマーケットや喫茶店、映画館など——は少なくとも車で30分は離れている。何もできないが、もちろんそれこそ、首脳陣がそこを選んだ理由だった。すでに、1試合早くノックアウトステージに突入しており、目の前の試合を落とせば終わりという状況だった。

この試合では単なる勝利ではなく、メッセージを発することが狙いだった。ここまではニュージーランドに敗れ、ナミビアに勝ち、決して軽んじるわけではないが予選グループ最終戦のカナダ戦も勝利を収めることになるだろう。ここで必要なのはただ勝つことではなく、一流国相手にいいパフォーマンスを見せることだった。しかもそのパフォーマンスには、伝統的にスプリングボクスのトレードマークであるフィジカルの強さが欠かせなかった。

コーチ・ラシーは相手の息の根を止めるよう指示した。じわじわと痛めつけ、少しずつ相手の体力を削り取って容赦ない消耗戦でそうするというやりかたもある。だが、たとえば今回のように、試合開始から全力でそれを狙うこともある。「フィジカルで叩きのめせ」と彼は言った。

ボンギが先発に選ばれたのはそれが理由だった。フィジカルといえばボンギだ。選手は誰であれ、まずチームを第一とし、何であれ必要な役割を全うする。またベンチ入りの23人だけでなく、すべての選手に役割が与えられていた。ベンチ入りしない選手には大量の任務があった。モールやブレイクダウンでの審判の判定の癖など、あらゆることを分析し、トレーニングではつぎの対戦相手を想定した練習相手となり、また自分とチーム全員の士気を維持した。すでに書いたように、2015年のワールドカップではわたし自身がバックアップメンバーだったが、しっかりと役割を果たせなかった。だが今回は雰囲気がまったく異なっていた。もちろん彼らもプレーはしたかっただろうが――代表チームに入ったという喜びだけで満足できるのは、せいぜい飛行機で日本に向かうときまでだ――同時に、できるだけ出場選手の準備を助けることが重要なのだと理解していた。

そしてこれは、選手たちにも利点があった。コーチ・ラシーは、優勝ボーナスをバックアップメンバーまで全員に均等に分配すると明言していた（またそれは、大会途中で怪我のため離脱したり、途中から招集されたりした選手に関しても同じだった）。先発であれ、ベンチ入り23人であれ、ベンチ外のメンバーであれ変わらなかった。この年の最優秀選手に選ばれたピーターステフであれ、決勝トーナメントに出場した選手であれ、あるいはカナダ戦やナミビア戦でだけプレーした選手であれ。全員が平等であることが、チームの一体感に大きく寄与した。平等は、主張するだけでなく、実際の行動の基準にしなければならない。

試合開始のホイッスルからイタリアに襲いかかった。イタリアはまもなく、スクラムでこちらの強く速いしかけを受けた右プロップのシモーネ・フェラーリをハムストリングスの負傷で欠いた。だが代わりに入ったマルコ・リッチョーニも、20分も経たないうちに負傷退場し、右プロップのポジションに入れる選手がいなくなったため、スクラムはノーコンテストになった。スクラムでは圧倒していたので大きな痛手だ。だがそれはまた、身体と心理の両面でそれまで支配し、ダメージを与えつづけたからこそだった。それに、こちらにはまだモールがある。モールでのプレーは奪われることはない。むしろ、われわれはスクラムのエネルギーをすべてほかのプレーに向けた。容赦なく、コントロールされた敵意を持って、骨を砕くようなタックルを続けた。ハーフタイムでは17対3。そして後半2分には、プロップのアンドレア・ロヴォッティがドウェインにスピアータックルをして退場処分となった。イタリアのプロップにとっては、まさに踏んだり蹴ったりだ。その後はこちらが圧倒し、後半だけで5トライを決めて49対3で勝利を収めた。

わたしは80分フル出場で7キロ走った。これは過去最長の走行距離だった。チームとともに、ようやく本調子に戻ってきた。歯車がうまくまわりだした。自分たちに疑いを抱いていたり、信頼を欠いていたりしたら、勝ち進むことはできない。大事なのはただ勝つことではなく、どう勝つかだ。無慈悲に、圧倒的に勝てるかどうかだ。この段階のゲームで最も望ましいのは、観戦したほかのチームに「戦いたくない」と思わせることだ。この試合を観て、わたしたちと戦いたいと思ったチームはないだろう。ここに来てようやく力を見せつけることができた。

だが不運にも、チームは人種差別をしているという非難にさらされることになった。事の起こりはイタリア戦のあと、ボムスコッドが固く身を寄せあってハドルをしていたときだった。マピンピは選手のあいだを動きまわって勝利を祝っていたのだが、彼が近づいたとき、ボムスコッドのフランソワ・ステインが払いのけたのだ。その場面の短い動画がソーシャルメディアで拡散した。それを見た人のなかに、フランソワも、そのハドルの残りのメンバー(フロー、RG、フランコ、ヴィンセント、キッツィー)も、全員が白人だったことから、人種主義者たちだと非難した人がいた。

だが、その動画には前後の状況は映っていなかった。それに、直前にはルード・デヤハーも同じように払いのけられていたのだが、それも映っていなかった。それは肌の色とはまったく関係のないことだった。単に、ボムスコッドのメンバーかどうかだけの問題だったのだ。フランソワは好人物でジョークを好む。そして彼は、こんなふうにしてボムスコッドの士気やグループの結束を高めようとしただけなのだ。

人種差別の亡霊が頭をもたげてきた理由はわかっていた。南アフリカでは、過去に何度もチーム内で深刻な人種間の衝突が起こってきたからだ。だが、今回のチームはちがう。コーチ・ラシーが多大な努力で変革をもたらし、チーム全員が支持したこのチームでは。わたしたちは一般の反応を見て衝撃を受けた。人々がこんなふうに読み取るなどとはまるで思わなかったからだ。

レイチェルと子供たちはカナダ戦の観戦に訪れた。家族に会うのは嬉しく、到着したときは穏やかな気持ちになった。このワールドカップ優勝を目指す旅は彼らのものでもあり、彼らがいなければ、これまでわたしがしてきたことの半分もできなかっただろう。わたしは公園で子供たちとすわって過ごすことで、先走ってあれこれ考えるのではなく、現在に意識を集中することができた。家族が日常をもたらしてくれたので、必要なときは気持ちを緩められた。子供を寝かしつけてから夜の街をデートするというのはむずかしかったので、そのときに泊まっていたホテルのロビーで過ごした。わたしだけでなく、チーム全員の家族がいたことで、穏やかな気持ちが伝わり、前向きになれた。チームのメンバーだけでなく、遠征中のチームに献身してくれる人々からなる、ひとまわり大きなコミュニティができていた。われわれの戦いは彼らのためでもあった。そこには小さな南アフリカが出現していた。

カナダ戦はまた80分フル出場した。予想どおりの楽勝だったが、ニュージーランド対イタリア戦は台風19号のため中止となり、日本がスコットランドに勝ってグループ1位通過を決め、わたしたちは準々決勝で日本と戦うことになった。日本は4戦全勝、しかもすべて試合内容でも勝っていた。運などというものではなかった。たしかに強化試合では彼らに勝ったが、ワールドカップの準々決勝というのはまったく状況が異なる。彼らを侮ることなどできない。

コーチ・ラシーは対戦相手のつけいる隙や戦意を駆りたてる何かを探すのが上手だった。ゲインラインを突破し、スクラムを押すために個人的な感情まで利用する。だが、日本人に憎しみを抱くことなどとてもできなかった。とても親切で、すばらしいホストだ。誰も、このホスト国を打ち負かしたいとは思えない。それはなんと不作法なことか。どうやって戦意を駆りたてればいいのか？　たった1週間だけでも、彼らを敵視することなどできるだろうか？

その期間に、宿泊しているホテルのWi-Fiのパスワードが変更された。Brighton《ブライトン》1とBrighton2、

Brighton3の3つだ。それを見てわたしはしめたと思った。ほかにも、たぶん意図的ではないトレーニング施設などに関する小さな問題が起こった。そうしたことにあえてつけこみ、実際よりも強い相手とみなし、戦意を駆りたてる材料にした。小さなことをあえて大げさに受け取った。心を駆りたてるためにはなんでも利用した。日本人は理想的なホストで、すばらしい人々だ。彼らは何も変わっていない。ただ80分間だけは敵でいてもらう必要があった。

トーナメントのほかのどの試合にもまして、この試合はスタイルの異なるチーム同士の戦いだった。速さ対強さ。機敏さ対力。自分たちの意志を貫くことができたほうが勝つだろう。彼らはわれわれをダンスフロアにおびき出し、踊らせようとする。われわれは彼らを狭い溝に引きずりこもうとする。ディフェンス・コーチのフェリックス・ジョーンズは、彼らの意志を曲げさせ、こちらに合わせさせる方法を伝授した。試合中はずっと最大限フィジカルに行くが、セットプレーのときはゆっくりと時間をとる。スコットランドとアイルランドは80分間ずっと日本の速いテンポについていき、最後に崩壊した。同じ失敗はするな。

いたるところに写真が貼られている日本のキャプテン、リーチマイケルも要注意だった。ある世論調査によれば、彼は日本で安倍晋三首相についで2番目に認知度の高い人物という結果も出ていた。彼の経歴は興味深い。ニュージーランド人の父とフィジー人の母のもとに生まれ、クライストチャーチから交換留学生として15歳で日本の高校にやってきた。彼が日本で感じたカルチャーショックはグレイ校に入ったときのわたし以上だった。腰を落ち着けて生活に慣れ、日本語を学び、日本人女性と結婚し、代表キャプテンになった。派手ではないにせよ、危険な選手だ。タックルし、ディフェンスラインに突進していき、ラックで相手選手を押しかえす。彼は日本チームの護符であり、日本を封じこめるには彼を封じこめる必要がある。

わたしたちは世界を敵にまわしていることを知っていた。われわれとサポーター以外、ほとんどすべての人々が彼らの勝ちを願っていた。だが、それならそれでいい。彼らのほうが格下で、すばらしいラグビーをしており、伝統的なティア1の一流国以外からの勝ち上がりだ。もしわたしが中立の立場なら、やはり彼らに勝ってほしいと思うだろう。「ワンチーム、ワンドリーム」のスローガンで国中の心をつかんだ。だが、夢《ドリーム》はいつか覚めるときが来る。それをもたらすのがわれわれの仕事だ。


日本の選手たちが国歌を歌うと、満員のスタジアムが揺れた。すでに涙を浮かべている選手もいる。決勝トーナメントへの進出は日本にとってはじめてで、歴史上最高のビッグマッチだった。観衆の声は驚異的だった。この観衆は日本の大きな武器であり、チームはこの雰囲気と刺激を味方にさらに力を出してくる。選手から観客へ、そして選手へと、力は循環して伝わりつづける。それを断ち切らなくてはならない。十分に点差を開き、観客を静かにさせる。観客が静かになることで、選手たちの信念を打ち砕くことができる。

そのためには、早い時間帯で得点するのが最善だ。そしてわれわれはそれに成功し、開始4分でリードを奪った。マピンピがブラインドサイドでファフからショートパスを受け、田村優《ゆう》をかわし、コーナーにトライした。

5分後、今度は振り子が反対に振れた。ビーストが同じポジションの稲垣啓太を止めたとき、体を水平以上に持ち上げ、肩から落としてしまった。ビーストはすぐに両手を挙げて謝罪の意を示し、日本の選手たちは抗議した。審判のウェイン・バーンズはＴＭＯ［訳註：ビデオ判定］を確認せずにビーストにイエローカードを提示した。

ビーストはのちに、「あれは人生でいちばん長い10分だった」と話していた。その10分間、わたしたちはへとへとになって走り、しばしば自陣22メートルラインまで後退した。彼らの攻撃は速く、めまぐるしいパス回しで、どうにか前進を食いとめることしかできなかった。人数がたったひとり足りないだけで、大きな違いが生まれる。

彼らのスクラムになった。彼らの8人に対してこちらは7人だ。そこでわたしが外に出て、代わりにキッツィーが入り、フロントローのビーストの穴を埋めた。日本がスクラムで圧力をかけてくることは全員がわかっていた。圧力をかけてきて、反則で逃れるしかなかった。すると、すごい歓声が上がった。ペナルティ1本ではなく、優勝トロフィーを得たような歓声だ。田村がそれを決め、ビーストが戻り、試合の4分の1を過ぎてスコアは5対3になる。だが正直なところ、このひとり足りない10分が始まったとき、3点しか失わないと言われてもまったく信じられなかっただろう。

日本はギアを上げ、試合前の予想どおり、あらゆる場所から走ってきた。映画『サタデー・ナイト・フィーバー』のように、われわれをダンスフロアに引きずり出そうとする。その誘いに乗ってはならない。前半8分には、ウィリーとピーターステフが同じ相手にタックルに行き、激しくぶつかっていた。ウィリーは痛んだが、バックスの控えが2人しかいないためできるだけ我慢しなければならない。ドクターには大丈夫だと笑ってみせたが、数分後には普段ではありえないハイボールの落球をし、顔をしかめて左腕の状態を確認していた。

ハーフタイムまであと数分で、われわれはチャンスを作った。左サイドでルカニョが抜け、外に余っていたマピンピにパスしようとしたが、ボールが滑って地面に転がってしまった。ハーフタイム間近にはダミアンが怪力でタックルをなぎ倒し、ゴールラインを越えて2つ目のトライを奪ったかに見えた。だがバーンズ主審はダブルムーブメントと判断した。問題ないプレーに見えたのだが、こうしたことがあると意識がむしばまれ、不満が心にくすぶりはじめる。

ハーフタイムの控え室で、ドウェインはそんな不満は絶対に心に抱くなと言った。きっぱりと、もし前向きな発言ができないなら黙っていろと告げた。そしてさっさと前向きな意識を持つのにいちばんいいのは、うまくいかなかったことを嘆くのではなく、ピッチ上で貢献することだ、と。もちろん、彼は正しい。そしてコーチ・ラシーはもっとフィジカルで押せと言った。さらにしつこくやりつづける。そうすれば最後に彼らは崩壊する。

われわれは狙いを意識しなおしてピッチに出た。いまこそこちらの意志を押し通し、彼らの心を折る。後半開始わずか2分でハンドレがペナルティを決めた。6分後にもう1本。このときはビーストがスクラムの反則を奪い、喜びの雄叫びを上げた。これが両チームに点数以上の効果をもたらし、われわれは彼らの自由を徐々に奪っていった。派手ではないが、容赦なく。

残り15分で、ついに試合を決定づけた。ルードが自陣10メートルラインでラインアウトを取ると、こちらを向いた彼を軸にしてモールを組んだ。

まえの週に、フォワードのセッションを予定していたが、台風のためキャンセルになった。そこで代わりにホテルの会議室を借りてモールについてフォワード全員とコーチ陣で議論した。誰でも飲めるように、ビールが用意されていた。最初はそれに目をやる選手もいたが、やがて、いまは飲んでいる場合ではないと気づいた。それから2、3時間、ひたすらモールの戦術について話し、さまざまな方法を試した。どんな発想も禁じられず、検討が加えられた。そのときすでに、きっとこれが重要な意味を持つだろうと思っていたが、まさにいまこそそのときが訪れていた。

全員が自分の役割を理解し、どこに入り、どう動くべきかわかっていた。マルコムが後ろでボールを持つ。ピーターステフが背後から加わり、体重をかけると、モールが動きだした。圧力をかける部分を左、右へとずらして軸を変え、日本が態勢を立て直し、止めることを許さなかった。

モールはテクニックで止められるものではなく、絶対に止めると決意するしかない。防御側はどこに頭を置くかを考えすぎてはいけない。自分の体を張って、全力で止めるだけだ。モールでは、どちらにとっても最初の数秒が非常に重要だ。攻撃側はモールを作り、ドライブを始めれば推進力がつく。防御側はそれを阻止できれば、モールは静止し、攻撃側のスクラムハーフはパスするかキックしなければならない。

日本戦の残り15分、われわれのモールには推進力がついた。しかもかなり強烈だ。ドライブしながら、足の下を白線が過ぎていく。ハーフウェイライン、相手陣10メートルライン。両脚がプルプルと震えた。必死で止めようとする相手の抵抗に対して押していくのは猛烈な重労働だ。だが味方のエネルギーが感じられ、絶対に押してやるという決意のこもった声と、ファフの最後尾からの指示が聞こえていた。さらに速度が上がる。視界の隅には赤と白がちらちらと見え、日本のディフェンダーたちが剥がれ、急いで後ろにまわってもう一度防御に加わろうとしているのがわかる。だが防御に横から入ることはできない。いまや十分な推進力がつき、相手が狙いを定めて止めようとしても、止められなくなっていた。また白線を越える。相手陣22メートルラインだ。これでピッチの半分ほどを進んできたことになる。しかもこのモールは、漫画に登場する怪物のように生きており、火を噴いていた。

急に、体を寄せあった味方3人だけになった。ボールを持つマルコムと、ピーターステフとわたし。前には誰もいない。マルコムが走りだし、タックルが来たところでファフにパスした。ファフは最後のディフェンダーをハンドオフし、ゴールポストの脇にトライする。ハンドレがコンバージョンを決めて21対3とした。

観衆は静まった。涙を浮かべている観客も見えた。まだ15分残っているが、もう立ち向かっては来れないだろう。マピンピがさらにトライを決めた。彼は日本との強化試合を含めた2戦で5度目のトライだ。スコアは26対3。後半は彼らを完全に封じこめた。

レフェリーが試合終了のホイッスルを吹くと、わたしは跪き、神に感謝した。スタンドでは、わたしたちのファンが日本のファンを慰めていた。ジャージの交換をしている人々もいた。両チームが、試合後に何度かグラウンドをまわった。日本の選手たちはファンにサポートを感謝し、それに対して大きな歓声が返された。まさに彼らはそれに値した。彼らはこの大会を面白くしたチームであり、また間違いなく世界の一流国の仲間入りをするだけの実力を示した。わたしたちもファンに感謝した。日本の上位進出をここで止めてしまったにもかかわらず、彼らはもちろん温かい声をかけてくれた。試合後のインタビューでは、日本のある選手は、「(対峙した南アフリカは)いや、強かったですよ。強かったです」

と語っていた。

これで、勝ち残っているチームはイングランド、ニュージーランド、ウェールズ、われわれの4チームになった。準決勝第1試合でイングランドとニュージーランドが、翌日の第2試合でウェールズとわれわれが戦う。

その週の始まりはよくなかった。チェスリンは日本戦で足首を故障していた。しかもその試合だけで6度も怪我していた。翌日の月曜日はトレーニングできなかった。チーム内のルールで、月曜日にトレーニングできない選手は、その週の土曜の試合には出られないことになっていた。コーチ・ラシーは、メディアはさておき、チームには早めに情報を伝えることを好んでいた。全員にチーム状況をいち早く知らせるためだ。プレーすることになっている選手は、1週間かけて準備をし、愚かな行為や怪我をしないかぎり確実にプレー機会が与えられる。こうしたルールのため、チェスリンは欠場し、シブがウイングに入ると伝えられた。

だが、その週のうちに、チェスリンはみるみる回復した。フィジオがやるべきことをやり、本人と妻は祈りを捧げ、娘はチェスリンの足首に両手で触れ、パパがよくなるようにと心から願った。金曜日には、トレーニングでも走りまわり、普段の状態に戻っていた。コーチ・ラシーはチームのルールを破り、チェスリンを出場させる誘惑に駆られた。ワールドカップの準決勝なら、ルールを破ってもかまわないのではないか、と。だが、ムズワンディレはやめるべきだと忠告した。集団は最も重要なものだ、と彼は言った。そしてコーチ・ラシーが信頼を失ったら、それを完全に取り戻すことはできないだろう。

コーチ・ラシーが足の調子を尋ねると、チェスリンは順調ですと答えた。だがこのときも、直接チェスリンに出場を打診しても、全員で決めたことなのだからシブを出場させてほしいと答えるだろうという印象を与えた。

コーチ・ラシーは自分でもこの話をよく披露している。それは、誰も、たとえヘッドコーチでも、あらゆることがわかるわけではないし、学ぶことに終わりはない、ということを伝えるためだ。

わたしたちが、恐れはしないが注意すべきチームをひとつだけ挙げるとすれば、ウェールズだった。彼らには4年前から4連敗を喫しているし、戦術もよく似た相手だった。フィジカルが強く、規律を守って戦ってくる。ウェールズは、狭い溝に引きずりこめるチームではない。彼らはフィジカルに戦う相手を恐れたり、避けたりはしない。彼らは巧みな陣形を取り、戦術も効果的だ。「彼らのゲームプランは、こちらにボールを持たせて押さえつけることだ」とコーチ・ラシーは言った。「こちらをじらせて、動くのを待つ。つられて動いたら向こうの勝ちだ」こちらは相手のお株を奪う戦いをする。キックを蹴りつづける。見栄えのしない勝ちかたでかまわない。とにかく勝利を得る。

試合前日に、イングランド対ニュージーランドの準決勝を見た。ニュージーランドの勝利、しかも楽勝を予想する人が多かったが、イングランドはそれをはねのけた。最終スコアは19対7だが、点差以上にイングランドが圧倒していた。もしウイングのジョニー・メイが万全で、いつもどおり相手より速くコーナーのカバーをしていたら、もしスクラムハーフのベン・ヤングスが完璧と思えたトライを認められていたら、そしてもし自陣5メートルから簡単なラインアウトのミスをしてアーディ・サヴェアにトライを許さなかったら、30点以上取って完封勝ちしていただろう。それはお世辞でもなんでもない。イングランドは開始から終了まであらゆる面でオールブラックスを圧倒した。それはおそらく、試合前から始まっていた。オールブラックスのハカに対して、イングランドは逆向きの矢のような陣形を取り、その中心にいた主将のオーウェン・ファレルは笑みを浮かべ、ニュージーランドの戦いの踊りを眺めていた。試合前のボディランゲージで勝敗の行方はある程度わかるものだが、イングランドはすでに勝機十分に見えた。

これで、ニュージーランドとの2戦目はなくなり、分析チームはイングランド戦の準備に入った。だが、そのまえにしなければならない仕事がある。コーチ・ラシーはわれわれとウェールズをホワイトボードの両側に並べ、ひとりずつ確認し、言った。全ポジションで、こちらのほうが優れている。ひとつ残らず。両チームの先発で選抜チームを作ったら、全員が緑と金のジャージだ。わたしたちはイングランドがフィジカルでニュージーランドを圧倒するのを見ていた。同じことを、ウェールズに対してやらなければならない。彼らにとって3度目のワールドカップ準決勝だが、これまでの2回、彼らはいずれも負けている。

ウェールズのヘッドコーチ、ウォーレン・ガットランドは気持ちを調えるよう選手に伝えていた。大事なのはスキルや戦術ではなく、正しいプレーをし、しかもそれを継続することだ、と。コーチ・ラシーも同じように考えていた。これはそうした点まで互角の試合だった。またヘッドコーチは敬意を抱きあっており、ウォームアップのときには握手を交わし、短いハグをしてたがいの健闘を祈っていた。

試合は誰もが予想したとおりになった。タイトでフィジカルで激しく、キックが多用された。また小競りあいで熱くなる場面も多かった。ルカニョはジョシュ・アダムスと、マピンピはジョージ・ノースとやりあった。規律、何をおいても規律だ。この試合は、最後までやり通したチームが制するだろう。試合開始から30分ほどで、ようやくスペースが生まれた。フィールドの右側でシブがわたしにパスし、数メートル前進してルカニョへ。ルカニョは内に切れこんでからウィリーにオフロードパス。ウィリーはさらにファフにまわし、ようやくジョシュ・アダムスの強烈なタックルで倒れた。少しずつ、ゆっくりと圧力を加えるが、ウェールズはしっかりと追いついてくる。ハーフタイムは9対6で迎えたが、彼らはすでに負傷でトマス・フランシスとノースを下げていた。このゲームは何度も見返したい名勝負ではないかもしれない。だが、ときにはそれもやむをえない。観る者を楽しませることも必要だということは全員わかっているが、それ以上に、勝たなければならない。

ハーフタイムにコーチ・ラシーはふたつのことを続けるよう指示した。「規律を守り、フィジカルで支配する」

後半は追い風になり、ハンドレのキックはさらに数メートル飛距離を伸ばした。ファフは体が2倍はありそうなジェイク・ボールとやりあったが、いかにも彼らしい。ファフはどんなに大きい相手でもひるむことなく向かっていく。ウェールズはペナルティを得て、9対9の同点とした。まさに狭い溝のなかでの戦いだ。こうしたじりじりとした展開では、ひとつのトライが大きな意味を持つ……そしてついに、そのときが来る。ダミアンがダン・ビガーのタックルをかわす。3人のディフェンダーを引き連れているが、誰も止めることはできない。ハンドレのコンバージョンも決まり、16対9になる。

もちろんこれで試合が決まりはしない。彼らはこちらのゴールラインに猛攻をしかけ、フェーズを重ね、ビッグマンを突進させてきた。20フェーズを過ぎてペナルティを得るが、彼らはゴールの3点ではなくスクラムを選択する。これは相当に大きな決断だ。だが、理に適った判断でもある。スクラムではフォワードが密集するため、その外にスペースが生まれるからだ。

ボールがセカンドローの足元にあるとき、エイトマンのロス・モリアーティは、覆いかぶさってくるファフの抵抗に遭いながら巧みにボールを拾ってスクラムハーフのトモス・ウィリアムズにパスした。ウィリアムズが突っこむことで数的優位を生み出し、すばやくアダムスまでボールをまわし、アダムスがコーナーにトライした。タッチライン付近からリー・ハーフペニーがコンバージョンをねじこみ、ふたたび同点。まだまだ勝負の行方はわからない。

こんなときこそ、アレドの殺人的なコンディショニング・セッションが生きてくる。たとえ彼の故郷のチームが相手であっても。このために、彼はわたしたちをあれほどいじめ抜いたのだ。一瞬がすべてを決定づけ、全員がクリアな思考を保たなければならない、こんな試合のために。ウェールズはわれわれの22メートルラインまで押しこむがゴールラインへは到達できず、そしてついに、リース・パッチェルが狙ったドロップゴールが外れ、わたしたちはひと息つく。

フローがわたしと交代で入る。これこそボムスコッドを導入した狙いだ。状況を立て直し、決定的な仕事をすること。フローはまさにそれをやってのけた。アラン・ウィン・ジョーンズがボールを持ってしかけてきたとき、ウェールズのモリアーティとディロン・ルイスよりわずかに早くディフェンスに入った。そのコンマ数秒で、フローはジャッカルでターンオーバーを狙うかどうかの判断を迫られた。成功すればターンオーバーできる。だがもし失敗すれば、相手に決めやすい位置でのペナルティキックを与えてしまうリスクがある。試合は残り6分で、つぎの得点は決定的な意味を持つ。

この判断にすべてがかかっている。この試合。このチーム。さらにはワールドカップの行方まで。フローは世界でも有数のジャッカラーで、この場面に十分なスキルがある。そしてこれはコーチ・ラシーのチームだ。選手たちはいつも、ポジティブに考え、躊躇せず行けと言われている。フローはボールに覆いかぶさる。両脚を広げ、地面から両手を離し、やってくる相手の選手を受け止める。孤立したアラン・ウィン・ジョーンズはボールから手を離さない。ペナルティ、緑。ノットリリースザボール。立ちあがるフローに選手たちが押し寄せる。そして彼の上に飛び乗る。このプレーが勝負を分けた。ウェールズはブレイクダウンに寄るのがこちらよりもわずかに遅れた。それがすべてだった。

ベンチに並んですわっているウィリーが言った。「ハンドレがタッチの外に蹴り出す。ラインアウトを取って、モールで前進。ペナルティ。ハンドレが決める」

ウィリーの予言どおり進んでいく。タッチの外に蹴り出す。ラインアウトを取る。モールで前進し、ペナルティを得る。あとはハンドレがキックを決めるだけだ。かなり左寄りの場所からで、決して簡単なキックではない。だがハンドレになら、ここですべてを賭けてもいい。彼は与えられた時間を使いきって準備する。トレーニングから何千回と行ってきたルーティンだ。そうやって観客の声を消し、重圧を消し、試合状況を忘れる。自分の足とボール、ゴールポストだけを意識する。

ハンドレがど真ん中に決めると、試合は残り4分になった。

時計の針が進むなか、狙いどおり相手陣に彼らを釘づけにする。ファフがロングキックを敵陣22メートルラインに蹴りこむ。相手のラインアウトを奪い、スクラムからペナルティを取る。これで決まりだ。

もう、彼らに反撃する時間は残っていない。ハンドレの能力を考えればもらったも同然の位置だが、彼はペナルティキックを狙わない。キックミスをして、相手にカウンターのチャンスを与えるというごくわずかな可能性さえ残さないためだ。彼はタップし、観客席に蹴りこみ、試合は終わる。

試合後のインタビューで、わたしは南アフリカの人々がソーシャルメディアですばらしい応援をしてくれていることに感謝し、国民たちに呼びかけた。「メッセージをたくさん送ってください。そうすればベストを尽くせます」試合後の更衣室では、全員で腕組みし、「ボカ!」の叫びを上げるまえに、選手たちに言った。「あともう1試合だ。それから、トロフィーには出場23人ではなく、『南アフリカ』という国名が刻まれる。トレヴァーとジェシーも含めた、全員で勝ち取ろう」

そして、2チームが残った。イングランドと南アフリカ。

そろそろ、しっかりと用心しなければならない。トレーニングはそれまで、周囲をアパートメントで囲まれた見晴らしのいいピッチで行われていた。それを見て、動画を撮影し、イングランドのキャンプに送ることは誰にでもできた。たぶんそんな人はいないだろうが、人生最大のビッグマッチのまえには何が起こるかわからない。そこでやりかたを変えることにした。日本戦のまえの屋内でのモールのセッションは彼らの抵抗を打ち砕くトライにつながった。今回は、イングランド戦で拮抗した時間帯に、大事なポイントで使えるべつの作戦を考えた。そのムーブには、ザ・ムーブという洒落た名前が与えられた。

イングランドでプレーしていた選手の知恵を活用した。ファフはセール・シャークスでトム・カリーのチームメイトだ。スカルク・ブリッツとヴィンセントはサラセンズで、ジェイミー・ジョージ、マロ・イトジェ、ジョージ・クルーズ、オーウェン・ファレル、エリオット・デイリー、ヴニポラ兄弟とプレーしている。癖や弱点、やる気をくじいたり、冷静でいられなくしたりするものに関わる内部情報には、計りしれない価値があった。

イングランドの報道陣は自分たちのチームがすでに片手をトロフィーにかけており、あとは実際に勝利するだけ、と主張していた。２００３年のワールドカップで優勝したイングランドの選手、マット・ドーソンはイングランドと南アフリカの選抜チームを作っても、スプリングボクスの選手はひとりも入らないと言った。だが、元スプリングボクスのジョン・スミットはこの件について、イングランドの報道陣とラグビー関係者は、決勝をもう終わったもの、既成事実とみなすことで、かえって重圧を抱えるという悪手を打ったと言った。

また何度も耳に入ってきたのが、カミカゼ・キッズと呼ばれるイングランドのふたりのフランカー、トム・カリーとサム・アンダーヒルのことだ。彼らは大会最高のフランカーだ、若いが信じられないほど有能だ、オールブラックスを打ちのめし、今度は南アフリカも同じ目に遭うだろう、といった声だ。イングランドのディフェンス・コーチ、ジョン・ミッチェルは彼らがデイヴィッド・ポーコックやリッチー・マコウよりも優れた選手だと語った。

フェリックスがわたしのところへ来て言った。「これはなんとかしなきゃいけないな、シヤ。ほかに言いようがない。彼らはすごいという話で持ちきりだ」それに対してわたしは、「いいさ。まあ見ててくれ。たしかに彼らはほかのチームを圧倒したかもしれない。わたしたちも同じように圧倒したら、真っ先に握手して、彼らの実力を認めてやろう。だけどそれまでは、いつだってドウェインとピーター・ステフ、それに自分の肩を持つよ」

ウィリーは準々決勝で肩を負傷していた。フィジオがリハビリに取り組む一方で、コーチ・ラシーは心理と感情面を受け持った。チームのミーティングで、彼はウィリーのベストプレーを集めた6、7分の動画を見せた。彼自身のトライやお膳立てしたトライ、彼が攻撃で数的優位を作った瞬間、つねに自分の前方で起こっていることに目を配り、ディフェンスを組織する姿。これはもちろんウィリー自身の士気を高め、チームの彼に対する信頼を揺るぎなくさせたが、それ以上に、このチームが大事にしているものを教えてくれた。われわれは気落ちした仲間を放っておかない。つねにたがいを支える。よい軍隊がすべてそうであるように、誰ひとり置き去りにはしない。

全員が、これがただの1試合ではないこと、おそらくは単なるワールドカップ決勝を超えたものであることを知っていた。ワールドカップ決勝は南アフリカ人にとって聖なるものだ。わが国はこれまで2度その舞台で戦い、2度勝っている。ワールドカップ優勝経験がある4か国のうち、決勝で負けたことがないのはわが国だけだ。その週の最初のセッションはひどい状態だった——ウェールズ戦で疲弊し、週のあいださまざまなことを完璧にこなさなければならないため緊張していた。するとコーチ・ラシーはミーティングを開き、あまり心配しなくていい、と言った。「もっと視野を広げてみよう」と彼は言った。「わたしたちは特権を与えられている。金銭の心配をしなくてもいいし、つぎの食事にありつけるのかわからないということもない。朝起きたとき、今日1日をどう耐え抜こうかと思い煩うこともない。この1週間、南アフリカの目が注がれているだけじゃない。彼らの心がわれわれについている。

この1週間、君たちは自分自身であるだけではないし、ただのスプリングボクスの一員でもない。この1週間は、君たちが南アフリカなんだ。それを心にとどめよう」

〈君たちが南アフリカなんだ。それを心にとどめよう〉

1995年の優勝は、新しい国家に未来は明るいと伝えた。それからほぼ四半世紀を経たいま、わが国の虹《レインボー》は多くの人にとって輝きを失いかけている。女性や外国人への暴力は増加し、社会のあらゆる場所で犯罪が猛威をふるっている。経済は瀕死の状態で、生きるうえで欠かせないサービスが不完全であるか、あるいはまったくない。失業率は急激に高まっている。ひとつの勝利が、わたしたちの国にとってきわめて重要だ。2000年にローレウス世界スポーツ賞が創設されたとき、ネルソン・マンデラが語った言葉はいまもその強さと正しさを失っていない。「スポーツには世界を変える力がある。スポーツの人を動かす力、人々を結びつける力は稀に見るものだ。スポーツは政府よりも大きな力で人種の壁を打ち壊す」

わたしには歴史がついている。それは、期待の重みや、かつてそれを経験した人々の存在だ。エリス・パークでのマンデラ大統領とピナール。そして12年後、スタッド・ド・フランスでのジョン・スミットとタボ・ムベキ大統領。ムベキ大統領はマンデラ大統領の後継者であり、タタはマンデラ大統領の右腕だった。ピッチ上と同じように、政治の世界でも力が受け継がれている。1995年の優勝メンバーには、すでに亡くなった人もいる。わたしは数か月前にジェームズ・スモールの葬儀に出席していた。そしてオールブラックス戦では、チェスターの写真を背番号に印刷して臨んだ。古い傷を越えて、新たな夢が紡がれていく。

そしていま、6週間前に大会が始まったときと同じ場所に戻ってきた。横浜だ。

プロスポーツの世界では、ほとんどつねに明日があるものだが、ワールドカップはべつだ。あと4年待たなければ、つぎはやってこない。決勝戦を2回戦った選手はごくわずかで、そこで2回勝った選手はさらに少ない。わたしたちにとって、これがただ一度のチャンスかもしれない。それを決して無駄にしてはならない。

「大一番のプレッシャーは好きなんです」とハンドレは語った。「そのためにトレーニングしてきたんだし、長い時間をスポットライトが当たらない場所で費やしてきた。子供のころから、自宅の裏庭で『このキックはワールドカップの決勝で蹴っているんだ』と考えて、しかも試合展開まで想像しながら練習していたんです。そのころから、生涯ずっとこのときの準備をしてきました。その気持ちを忘れずに、それをうまく生かして正しい方向に使ったチームが、たぶんワールドカップを手に入れることができる。決勝ではそれが鍵になるでしょう」

わたしは父にスタジアムで観戦してほしかった。わたしたち親子に、つぎにこんなチャンスが来るかどうかは誰にもわからない。父は海外へ出たことがなかったから、パスポートすら持っておらず、ましてビザや航空チケットもあるはずがなかった。おまけに、とてつもない数の人々が南アフリカから日本へ向かっていて、チケットは取りづらかった。レイチェルとチーム運営責任者のアネリー・マレーが動き、コネのあるところにもないところにも、頑張って働きかけてくれたらしい。そしていまだに経緯は謎のままだが、結果的に父は飛行機で来日し、わたしがラグビー選手のキャリアで最大の試合に出場するのを観ることができた。このことはわたしにとって今後もずっと、言葉にできないほど大きな意味を持つ。

決勝戦の朝、レイチェルが子供たちを連れて散歩に行っているあいだ、わたしは30分間聖書を読んだ。試合があろうとなかろうと、毎日行っている習慣だ。この時間に、神が自分に与えてくれたものに感謝し、また自分自身に集中する。このとき、かなりあとで知らされたのだが、レイチェルはそろそろ読書が終わっているはずの時間に戻ってきた。だがレイチェルが部屋に入ってきたとき、わたしは白い下着1枚の姿で、ドアに背を向け、片手に聖書を持って何かをしゃべっていた。わたしはトランス状態で、神とともにべつの世界をさまよっていた。レイチェルは子供たちをそっと部屋の外に出させてロビーに下りていった。わたしは彼らが入ってきたときも、出ていくときも何も聞こえなかった。わたしの意識はそこになかった。


「何も考えず、ただプレーしてくればいい」と、コーチ・ラシーは言った。「自分たちよりも強いチームに負けるんだったら、それもしかたないことだ」

この試合はわたしの代表50キャップ目で、ちょっとしたお祝いがあった。チームには、50キャップや100キャップの記念試合はあまり縁起がよくないという意識があった。誰かが大きな節目に達した試合では、なぜか勝率がよくなかったからだ。だが今日は、誰もそれを気にしてはいなかった。

コサ語の実況では、カウンダが国全体に応援を呼びかけた。「立ちあがれ、ポロクワネ！　立ちあがれ、ツワネ！　立ちあがれ、マメロディ！　立ちあがれ、ハウテン、ソウェト！　立ちあがれ、マンガウング！　立ちあがれ、キンバリー！　立ちあがれ、エテクウィニ、ウムラジ！　立ちあがれ、ウムタタ！　立ちあがれ、バタワース！　立ちあがれ、イースト・ロンドン、ムダントサネ、ポートエリザベス、ズウィデ！　立ちあがれ、ケープタウン、ランガ、ググレツ！　われらの土地から生まれた子が、南アフリカのラグビー史上最高の試合を導いている」

はじめに、台風19号の被災者に捧げる黙禱が行われた。カナダチームの選手たちがナミビア戦中止のあとに撮影した動画を思い出す。彼らは町に出て、地域の人々の清掃作業に参加した。たくさんのものを与えてくれた人々に対してお返しをするのもまた、ラグビーの大切な要素だ。

先週の試合では、イングランドはオールブラックスに対して完璧な立ちあがりを見せていた。最初のラインアウトを取り、相手をピッチの左右に走らせ、開始2分で先制トライを決めた。立ちあがりで試合のすべてが決まるわけではないが、少なくともある程度は展開を決める。イングランドが作りだした流れは試合中ずっと変わることがなく、オールブラックスにつけいる隙を与えなかった。

だが、この試合はまったくちがう立ちあがりになる。開始1分でコートニー・ローズがノットロールアウェイを取られ、こちらがペナルティを得る。ハンドレのキックは逸れたが、イングランドは勢いに乗ることができない。1分後、カイル・シンクラーがマピンピにタックルしようとして、味方のイトジェのひじに頭を打って倒れた。意識を失い、腕を宙に浮かせたまま地面に倒れている。決して見たくない姿だが、しばらく倒れたままだ。だがどうやら、意識を失っていただけでほかの怪我はしていないらしい。マッチドクターが診察するあいだは、ただ待つしかない。わたしはチームを集め、集中するよう声をかける。

彼らにとっては大きな痛手だ。シンクラーは重要な選手のひとりで、混戦で強烈な力を発揮するだけでなくパスもうまく、彼のまわりからべつのランナーが突っこんでくる。これほど早い時間に彼を失うとは、かなりの不運だ。代わりに入ったダン・コールは、おそらくスクラムではシンクラー以上に強いが、32歳という年齢で、ワールドカップ決勝をあと78分間戦わなければならない。ここがつけこむチャンスになる。フォワードの平均体重はこちらのほうが軽いが、気にならない。アレドのコンディショニングの腕の見せどころだ。体は絞っているが、パワーを犠牲にはしていない。

シンクラーの脳震盪による中断から5分ほどでプレーが再開された。彼らはかなり混乱していた。ファレルはインゴールでパスミスをした。ボールのバウンドによってはルカニョがトライをしていただろう。コールはスクラムで反則を犯し、ヤングスのパスはタッチをそのまま割り、こちらがラインアウトを得た。それぞれは小さなミスだが、それが積み重なって、小さな悪魔が入りこんで疑いの種を播いていく。ついてない、何かがおかしいぞ。彼らは現実を受けいれられないような表情をしていた。開始10分が過ぎ、まだハーフウェイラインさえ越えていない。彼らは勢いがつかず、じりじり後退していた。われわれは順調で、前へ向かっていた。

「彼らは手詰まりになったら、少しずつ自制心を失ってくる」コーチ・ラシーはこの週、そう言っていた。「そこにつけこめ。圧力をかけ、疲れさせ、仲間割れさせろ」

ウィリーが敵のあいだに切れこむ。本来の調子だ。ハンドレがわたしに渡す。わたしはマピンピに。だが押し戻される。ハンドレが自分のキックを追いかけ、ジョージ・フォードとの空中の争いを制して自分でつかむ。その後、ファレルがディフェンスに突っこんできたところで、わたしがジャッカルする。彼はボールを放さず、またペナルティを得る。今度はハンドレがきっちりと決め、まずはわれわれがスコアボードに3点を刻む。

われわれはイングランドを圧倒し、スクラムを組めばほとんど毎回彼らの反則になった。反則はそれ自体が嫌なものだが、それだけではない。それはこちらが押していることの証であり、両チームに浸透して、こちらにはエネルギーを、彼らには疑念を与える。「かかってこい、という気持ち」と、ビリー・ヴニポラはこの週の記者会見で語っていたが、われわれはまさにそれに応えていた。何度でも何度でも、われわれは彼らにかかっていった。

ボンギが負傷し、こちらがひとり足りなくなって、イングランドはわれわれのゴールラインに迫った。チェスリンは体が2倍もあるローズを倒すなど必死で守ったが、イングランドがペナルティを得て、3対3になる。ボンギとルードはピッチを出て、マルコムとフランコが代わりに入る。予定よりかなり早いが、しかたない。タックルの音がスタンドまで響くようなワールドカップ決勝の激しい戦いでは、こうしたことも起こる。こちらがスクラムの反則からペナルティを得て、ハンドレが決め、6対3とする。

30分が経過し、おそらく試合を決めることになる攻防が始まった。イングランドがフェーズを重ね、この試合で最も団結し、意図を持って攻撃してくる。アンダーヒルが突っこみ、ジョージ、もう一度アンダーヒル。さらにゴールラインに近づいてくる。カリーが22メートルラインでボールを持つ。マコ・ヴニポラ、イトジェ、トゥイランギ、ローズ、ビリー・ヴニポラ、もう一度カリー、もう一度ローズ。あと5メートルだ。

ここだ。すべてを押しのける力と、決してどかすことのできないもの。ふたつの究極がぶつかりあう。「砂に線を引くんだ」かつてドウェインが言ったことがある。「こっち側に、おれたちが守る家族、国、仲間たちがいる。誰ひとりその内側に入れることは許されない」トライラインはもはや、芝生の上に引かれたただの白線ではない。それは国境であり、われわれは命にかけてそれを守る。

ビリー・ヴニポラが前進し、フランコが倒す。ヤングスからボールを受けたアンダーヒルがしかける。ビーストが低く、ドウェインが高くタックルし、ふたりで止める。イングランドはラインまで数十センチまで迫り、審判がアドバンテージを見たため、彼らはいつでもペナルティの権利を確保してさらに攻めてくる。コールがラックからボールを拾うが、ピーターステフが後ろへ押し戻す。ボールはヤングスのもとへ渡る。ヤングスはもう一度密集に突っこむが、またピーターステフがいる。そしてフランスがのしかかる。ショートサイドに並んだバックスにボールが出る。フォードがつかまり、ローズも突破できない。

ウィリーが守備の指示を出し、ディフェンダーを配置し、スペースを確認する。カリーからマコ・ヴニポラへ。フランスとビーストがダブルチームし、3頭のサイのように3人のプロップがぶつかりあう。今度はマコの弟ビリーがしかけ、マルコムとフランコが押し倒す。観衆の声援で、自分が頭のなかで考えていることすらよく聞こえない。イングランドのファンはトライを決めろと声を上げ、スプリングボクスのファンは耐えろと声を上げる。イングランドはもう一度ショートサイドに出す。トゥイランギからローズへ。そしてチェスリンとハンドレが飛びつく。信じられないエネルギーだ。このために、こんな瞬間のためにラグビーは行われるのだ。ワールドクラスの2チームが、限界まで力をふりしぼり、死力を尽くしてたがいを倒そうとする。

〈ラインを見て、ポジショニングを確認する。何が何でも抑える。テクニックなんかどうでもいい。た

だ身を投げ出し、体当たりする。やつらは絶対にラインを越えない〉

ハンドレがショートサイドの増員を指示し、まもなく突進してきたコールにタックルする。彼らはいまや、まさにライン上まで押してきた。わたしがつぎのコンタクトに備えて陸上選手のように手をつくと、ちょうど下に白線がある。ラックの左側だ。こちらにまわってきたら、誰であれつかまえる。ヤングスが周囲を見まわし、選択肢を考慮する。わたしは一瞬でも早く対処するために、その目と手元を見る。もう一度ビリー・ヴニポラだ。〈来いよ、ビリー。来い。かかってこい〉ビリーはラックの脇に猛然と突進し、フランスとわたしが全力で当たる。衝突の痛みは噴きだしたアドレナリンがかき消す。やつをラインに近づけないこと、いまはそれがすべてだ。

彼らはこちらのビッグマンを突破する方法はないと見て、ワイドに展開する。デイリーがボールを浮かせてワトソンにまわすが、ワトソンはタッチラインに詰まり、内側に切りかえしたところでウィリーがつかまえる。ラックを形成し、ファレルが球を出すが、パスが遅れ、ウィリーが押さえこむ。ウィリーが15秒とあいだを置かずに2度大きなタックルを決めた。コーチ・ラシーがウィリーにこだわるのはこのためだし、ウィリーもまたこうしてその期待に応えた。またローズが前進してくる。ファフはヤングスの目の前に出て焦りを誘う。彼らはまた左へ展開し、メイをフリーにしようとするが、チェスリンとハンドレが倒す。

不思議なものが目に入った。仲間の何人かが笑みを浮かべているのだ。戦いの真っ最中、最も過酷な衝突が行われているときだというのに。全員がまだやるべきことに鋭く意識を向けている。だが、数人の顔に笑顔が見える。流れが変わりつつあるのがわかるからだ。イングランドはラインを越えられないだろう。イングランドがどれほど強くぶつかってきても、突き抜けることも、まわりこむこともできない。上からも下からも突破できない。イングランドは続けて右に展開したが、少しひるんでいるようだ。デイリーはルカニョのタックルをかわしてカリーにパスしようとするが、カリーは前に落とす。20以上のフェーズと、一生とも思えるような数分前のアドバンテージに遡ってペナルティとなる。

よし。彼らは3点を得たが、われわれはそれよりはるかに大きいものを手に入れた。彼らは今日、ゴールラインを突破することはない。南アフリカは、過去2度のワールドカップ決勝戦で一度もトライを決められたことがない。その記録は、今日途絶えることはない。残り50分、イングランドはペナルティキックだけで勝利を目指さなくてはならない。わたしたちはたがいの顔を見交わし、この究極の戦いでわかったことを確認し、うなずきあう。

ペナルティキックで6対6とされるが、前半にこちらがあと2つのペナルティを得て、ハンドレが決める。ハーフタイムを迎えてスコアは12対6、そしてはっきりとこちらのほうが力は上だ。

「もう技術的なことはいい。あとはフィジカルとメンタルだけだ」コーチ・ラシーは言った。勝利への意欲を持って全力を出しきれば、相手よりも早く起きあがってぶつかっていけば、勝てるぞ。世界最高の栄誉まで、あと40分だ。ワールドカップの決勝で前半リードしたチームが後半逆転を許した例はかつてない。

後半のイングランドはローズに代えてジョージ・クルーズが出てきた。スクラムを引き締め、激しく戦ってくるという明確なしるしだ。だが、流れは変わらない。ヴィンセントとキッツィーが入ったばかりの44分に、またスクラムの反則でペナルティを取る。ハンドレはミスをしない。15対6。ワントライワンゴール以上のリードを奪う。

イングランドはさらなる手を打つ。マコ・ヴニポラに代えてジョー・マーラー、フォードに代えてヘンリー・スレイド。この早めの交代が功を奏した。今度は彼らがスクラムでの反則でペナルティを得た。ファレルが蹴り、15対9の6点差に戻される。この点差はまだ均衡がとれている。長くこちらが優勢に進めてきたが、ここで流れを変えられては元も子もない。彼らを勢いづかせるわけにはいかない。

またすぐにペナルティを与えてしまう。右ワイド、距離は45メートル。わたしは自分を落ち着かせた。われわれはウェールズと日本の猛攻に耐えてきた。今回も大丈夫だ。キックは最後に逸れ、点差は6点のまま。

ラックからファフのパスを受けたウィリーが左足でロングキックを蹴り、デイリーを後ろに走らせる。すばやくプレッシャーをかけて蹴り出させ、ラインアウトを得る。ここで3点取れば、ワントライワンゴール以上の差に開ける。コーチズ・ボックスではコーチ・ラシーがザ・ムーブの指示を出しているが、われわれはすでにその態勢に入っていた。まさに打ち合わせたとおりの状況だ。フィールド上のポジションもよく、試合はまだ拮抗している。

ラインアウトからすぐにボールをダミアンにまわし、彼とバックス陣がブレイクダウンのボールを争っているあいだに、そのすぐ左にフォワードが集まる。ファフがドウェインにボールを渡し、フォワード陣がすぐにそのまわりで列を作る。両プロップが脇、わたしがその後ろ、フランコとエベンがわたしの両脇で、後ろにピーターステフがつく。ダン・コールがドウェインをタックルする態勢に入るが、すでにモールが形成されている。どちらかのチームから第2の選手がプレーに関わったとき、というモールの成立条件は満たされている。いまドウェインにタックルすればペナルティだ。だが、タックルをしなければ……そう、イングランドは日本戦でのわれわれのモールを見ており、その威力を知っている。7点を失う危険を冒すよりも3点を与えたほうがましだ。コールは瞬時に判断してドウェインにタックルし、ペナルティを与えた。

ハンドレが決め、点差は9点となる。これでイングランドはリスク覚悟で攻めなければならず、それがこちらにチャンスをもたらすだろう。

リスタートから、トゥイランギがドウェインにタックルし、ドウェインはボールを放さずにペナルティを与える。ファレルが決めて18対12。残り20分で、まだ突き放すことはできない。だが点差を縮めるために疲弊した相手に対し、こちらはまだ力を残している。

わたしはフローと交代する。わたしのゲームは終わった。

〈全力を出しきり、つぎの選手にバトンを渡す〉

そのときが来た。ヤングスが自陣22メートルラインからボックスキックを蹴る。ウィリーがキャッチするがマーク・ウィルソンのタックルを受け、ラックができる。そのとき、ショートサイドでルカニョが声を上げ、ボールを要求した。ルカニョには、自分とマピンピのバックスふたりに、相手のフォワードが対峙して速さのミスマッチが起きているのが見えている。ボールがまわってくれば、そのスペースをつくことができる。

そのつぎの展開はほとんど注目されることはなかったが、これはチームに変容が起こっていることの、小さいがたしかな証拠だった。ルカニョは自分がチームの一員として、思うままにプレーできると感じている。黒人のセンターが白人のスクラムハーフにボールを要求するのをためらっていたのは、それほど昔のことではない。そのころ、ラグビー選手といえば基本的に白人であり、黒人選手にはほとんど戦術に関する責任が与えられなかった。だがコーチ・ラシーはそうしたすべてを取り払った。ルカニョはチャンスを見つけ、ボールを要求した。ファフはその要求を聞き、ルカニョの判断を信じてパスした。

ルカニョからマルコム、マピンピへと速いパスがまわり、マピンピはマーラー、コール、クルーズを置き去りにして、デイリーがフィールド中央からカバーにまわる途中であるのを見ると、前方にキックする。ルカニョは自分の前にバウンドしてきたボールを確実にとる。デイリーが追いつきそうだが、勢いからして、ルカニョが自分でトライを狙えばかわせただろう。だが、彼は一瞬左を見て、ボールを強い絆で結ばれた仲間のマピンピに渡す。マピンピはインゴールに駆けこみ、ゴールポストのそばにボールを置く。ルカニョは躊躇も、考えることさえもせず、ただパスを出した。ワールドカップの優勝を決定づけるトライを自分で決めずに、仲間に渡した。

〈一緒に決めるんだ〉

スタジアムが沸き立つなか、ルカニョは涼しい顔でインゴールに走りこむ。生涯最大のゲームではなく、まるでトレーニングセッションのように。自信とチームワーク、無頓着さ、堂々たる姿。これがワールドカップ決勝で南アフリカが決めた史上はじめてのトライだ。1995年と2007年は相手にトライを許さなかったものの、こちらもトライを決めていなかった。そしてそれがわが国の歴史で最も多様で、大勢の人々を代表するふたりの黒人選手の手から生まれたことは大きな意味がある。これで25対12となったが、まだ試合は決まっていない。たしかにイングランドはツートライツーゴールが必要で、前半の究極の戦い以外は脅威を感じさせることはなかったが、ベンチにすわっていると安心はできなかった。

相手の勝利の可能性をなくす方法はふたつある。得点と時間の経過だ。時間が経つにつれ、少しずつ自信は出てきたが、残り時間とは関わりなく、つぎの得点でがらりと状況が変わってしまうこともありうると思っていた。

残り7分。イングランドはまだ緑の壁を抜ける方法を探しているが、はじき返されつづけている。マルコムが相手陣10メートルラインでスレイドにタックルすると、ボールがこぼれる。ルカニョがピーターステフに、ピーターステフがタッチ沿い、ベンチのわれわれの目の前でチェスリンにパスする。チェスリンがボールを持つまえに、すでにわれわれは立ちあがっている。魔法の足の威力は知り尽くしている。

マーラーがカバーする。チェスリンは速度を落として相手を釘付けにし、グースステップでかわして加速する。ファレルがカバーし、チェスリンをタッチに追いこもうとするが、ファレルは疲れており、しかも体の向きが悪い。彼はチェスリンではなくタッチラインのほうを向いており、まるでかわしてくれと言っているようだった。チェスリンにはそれで十分だった。体重をまず右足に乗せて、サイドステップで内をすり抜ける。彼にしかできない、速く暴力的なステップだ。ファレルは片手をかけるが、止めることはもちろん、速度を落とさせることさえできない。ビリー・ヴニポラがカバーに来るが、チェスリンは速すぎ、ラインを越えるまえに追うのを諦める。チェスリンはボールを置き、拳を宙に突きあげる。わたしたちはベンチで大騒ぎだ。これで決まった。

試合終了を待たずに、トロフィーに国名が刻まれた。「SOUTH AFRICA」と。先週選手たちに伝えたとおり。出場選手23人のものでも、マネジメントやスタッフを含めたチーム全体だけのものでもない。国全体とすべての国民がそこに含まれる。これはその全員のものだ。

ホーンが鳴る。80分が経過した。ハーシェルが後ろにパスを送り、それを受けたハンドレが観客に向かってボールを蹴り出す。われわれは喜びを爆発させた。わたしはピッチに駆けこみ、チェスリンの脇に膝をついた。チェスリンはしゃがんで、状況を飲みこもうとしていた。

〈世界チャンピオンだ。おれたちは世界チャンピオンだ。おれたちは世界チャンピオンだ〉

わたしはスリップした一度をのぞき、すべてのブレイクダウンにカミカゼ・キッズより早く到達した。ターンオーバーはカリーが1回。そのほかには、彼らに何も仕事をさせなかった。そのことと、加えてスクラムでの圧倒が勝利を決めた。マピンピとチェスリンのトライはこちらがリードし、相手が追う展開で生まれた。「フォワードが勝敗を決め、バックスが点差を決める」と言われるが、このワールドカップ決勝はまさにその典型だった。

記者のエルマ・スミットがわたしをつかまえた。わたしが、「優勝してくださいって言ったよね。優勝してって。優勝したよ」と言うと、彼女はわたしの胸で涙を流した。

試合後の公式インタビューに臨んだ。

「生まれてからこんな南アフリカは見たことがありません。国からのすべての応援に感謝します。食堂や酒場で観戦している人々、農場の人々、ホームレスの人々。本当にありがとうございます。わたしたちの国は多くの問題を抱えています。でも、こんなチームがあるんです。選手たちはさまざまな背景、さまざまな人種から集まり、ひとつの目標を目指しました。わたしたちは南アフリカを愛しています。全員がひとつになれば、どんなことでも達成できるんです」

わたしはイングランドの全選手を探し、この大会でのすばらしい成績を祝福し、最後は一歩届かなかった無念さを思いやった。

わたしたちの順番が来た。選手たちはひとりずつ登壇してメダルを首にかけてもらい、トロフィーのそばで待った。わたしはコーチ・ラシーに一緒にトロフィーを掲げてほしいと言った。彼がいなくては、この優勝は決して成し遂げられなかっただろう。だが彼は断った。この時間は君たちが主役であって、わたしではないから、と。どうしてもと言ったが、彼の気は変わらなかった。まったく当然ながら、選手以外のたくさんのスタッフが壇上に上がったが、この完全な勝利の瞬間にも、コーチ・ラシーはステージの前方をほかの人々に譲っていた。そんな人物がいるのかと思うなら、たしかにここにいる。彼こそそうだ。ちょうど6週間前、彼はオールブラックス戦の敗北を自分がかぶった。いまは、ワールドカップ優勝の栄誉をすべてわたしたちに譲ろうとしている。「勝利には1000人の父親がいるが、敗北は孤児である」という言葉がある。コーチ・ラシーはまさにその正反対だ。ヘッドコーチとして、彼は世界一だ。だがひとりの人間としては、それよりももっとすばらしい。

わたしはメダルを授与され、トロフィーを掲げた。これこそ、長いあいだ夢見ていたものだ。トロフィーをつかみ、それを高く掲げるまでの時間はほんの1秒か2秒だったが、そのあいだに多くのことが頭を駆けめぐった。まるで100倍の速度で早まわしされた映画のようだが、どれもくっきりと見えている。祖母が砂糖水をくれる姿や、モッセル・ベイで開催されたU12の試合ではいた紫のボクサーパンツ。グレイ校での初日。さらには開始4分で訪れたスプリングボクスでのデビュー戦、レイチェルにヘリコプターでプロポーズしたこと、子供たちの誕生、リエマとリペロを自宅に連れて帰り、はじめてクリスマスを一緒に過ごしたこと、キャプテンとしての初戦でエリス・パークのピッチに入っていったとき、などなど。わたしをここに連れてきてくれたすべての出来事、いまのわたしを作ってくれたすべてのものや人。そうしたものがすべてこの瞬間に頭をよぎった。

わたしは全員のタイミングをはかり、出せるかぎりの声を上げながらトロフィーを空に突きあげた。花火が打ちあげられ、輝く雨が落ちてきた。タタ、ラマポーザ大統領もわれわれとともに壇上に上がっていて、トロフィーを下げたとき、一緒につかんだ。彼は背中に6番が入ったスプリングボクスのジャージを着ている。ちょうど24年前のマンデラ大統領と同じだ。ジャージはいまでは綿からハイテク繊維になり、体にぴったりしていて余裕のない作りだが、それが象徴するものは変わらない。タタとマンデラ大統領は固く結ばれた仲間だったことから、この優勝がひとつの物語を完結させたように感じられた。マンデラ大統領はきっとこの光景が見たかっただろう。このチームは、人種間の和解という彼自身の考えに加えて、真の変容を通じて国家を代表している。

レイチェルとニック、ケジア、父と一緒にピッチ上で過ごした。わたしはレイチェルを抱き寄せた。スタジアムの騒音と体のなかのアドレナリンのせいで、話したい言葉がまとまらなかったが、伝わっていてくれたらと思う。君がいなければ、わたしはいまのこの自分にはなれず、ましてやこんなことは成し遂げられなかった。それは君のおかげで、どうやっても伝えられないほど愛している。わたしはイギリスのＩＴＶネットワークのインタビューを受けた。ケジアを腕に抱えたままで、ニックがマイクをつかみ、インタビューの主役の座を奪った。ブライアン・ハバナがいた。彼は泣いていた。「できればシヤにはいずれ、大統領選に出てほしい」と彼は言った。

試合後の記者会見で、コーチ・ラシーはこの週にチームの考えかたに変化があったと語った。南アフリカは多くの問題を抱えているが、ラグビーについて語ることはそのひとつであってはならない。むしろラグビーは、重圧ではなく希望を生み出すものであるべきだ。希望は、語るだけでは生み出せない。まずはわれわれがよいプレーをすること、そして人々が土曜日に仲間とともに試合を観て、政治的な違いがあったとしても、楽しく過ごすことを通じて希望が生まれる。ゲームの80分のあいだは、誰もが心をひとつにできる。選手として、そうした希望を生み出せるのは特権だ。

コーチ・ラシーはまた、こうしたときにはしばしば見過ごされるが、自分の妻やパートナーのことを考える重要性についても語った。わたしたちにはありがたいことに家族がいて、トレーニングやプレーの時間を与えられている。彼が望むのは自分の子供たちと、国中のすべての子供たちを鼓舞し、誇りを持ってもらうことだった。飢餓や貧困が蔓延《まんえん》するなかで、南アフリカにはチャンスを必要とするたくさんの人々がいる。彼はこの日の勝利によって人々が希望を持ち、国がよい方向に向かうことを願っていた。人は自分の出身地や、人生を通じて関わりあってきた人々を忘れることはできない。

シャワーを浴び、着替えをしたあと、多くの熱狂的なサポーターの姿を見ながらホテルのチームの部屋に戻ると、パーティが行われていた。

わたしはチームの部屋で少し眠り、そのあと自分の部屋に戻って眠った。何かを逃してしまうという心配はなかった。この9週間にわたしたちが成し遂げてきたことは、決して忘れることはないし、奪われてしまうこともない。重要なのはその記憶と絆であって、試合後のパーティではない。

2度目に眠りに落ちるとき、頭のなかで繰りかえしひとつの言葉が駆けめぐった。

〈やったぞ。やったぞ。やったぞ〉

2日後に帰国すると、そこにはそれまで見たこともない光景があった。ヨハネスブルグのO・R・タンボ国際空港に着くと、文字どおり空港全体が揺れた。わたしたちが到着したとき、空港のセキュリティは大変なことになっていたはずだ。ほとんどすべての警備員が、自分たちの持ち場を離れてわたしたちのところに声をかけに来ていたからだ。歓迎は想像を絶していた。到着ロビーのフロアと吹き抜けの2階、3階に人があふれていた。全員がそこで何時間もわたしたちを待っていた。なかには、12時間近く待っていた人もいるという。わたしがトロフィーを持ってそこを通ったときの音……あれを思い出すと、いまでも興奮する。南アフリカ警察音楽隊が演奏を行い、人々は繰りかえし「ショショローザ」を歌っていた。あの場所にはたくさんの幸福と喜び、希望と愛があった。

そして優勝パレードが行われた。その規模はまさに信じがたいほどだった。たとえばケープタウンでは、選手たちのバスだけでなく、南アフリカラグビー協会職員用バス、メディア用バス、3台の大型バス、5台の四輪駆動車、9台の南アフリカ警察車両、7台のメトロ警察車両、2台の救急車、さらに誰にもわからないほど数が多い先導用の二輪車。グランドパレード広場にはステージが設置され、わたしたちが登場すると、ケープタウン市民数千人が歓声を上げた。マイクが渡されたが、わたしは話す言葉を用意していなかった。いつもどおり、ただ心に浮かんだことを話した。

「とても大変な道のりでした。チームとは20週間ともに過ごしました。なかでもいちばんすばらしかったのは、この1週間です。見てください」わたしはステージで後ろに立つチームメイトたちを指し示した。「わたしたちはみな、人種も、育ってきた背景も異なっています」そして、観衆を指し示した。「周囲の人を見まわしてください。異なる人種、異なる背景の、異なった人々がいるでしょう。でも、わたしたちのために、こうして特別な歓迎をしてくれている。わたしたち南アフリカ人はいがみあい、言い争うのをやめるべきです。南アフリカという国をいちばんに考えましょう。どうもありがとうございます」

人種のことだけではない。わたしがラグビーで好きなのは、体型や体の大きさに応じて果たすべき役割があることだ。強く頑丈なプロップ、キリンのような第二列、小柄なスクラムハーフ、飛ぶように駆けるウイング。陸上をのぞいて、これほど多様性を大切にするスポーツはほかにない。こうしたまったく異なる人々がその才能を合わせることでできあがったチームは、個々の能力よりも大きなことを成し遂げる。それはラグビーだけでなく、人生でも同じことだ。成功するためには、あらゆる人が力を合わせる必要がある。また、わがチームで最も体の小さなふたりの選手、ファフとチェスリンがチームに最も大きな影響を及ぼす選手だというのもすごいことだ。人々を勇気づけるために話をするときには、体が小さくてスプリングボクスには入れないかもしれないと考える子供たちにも声をかける。子供たちはチェスリンやファフを見て、大事なのは体の大きさではなく、心の大きさであることを理解する。

優勝パレードはヨハネスブルグ、ダーバン、イースト・ロンドン、ポートエリザベスをまわった。わたしたちはできるだけ多くの人々と接しようとした。とくにチームのメンバーたちの出身地では。マピンピはムダントサネ、ルカニョはキングウィリアムズタウン、ムズワンディレはニューブライトン、それにもちろん、わたしはズウィデ。コーチ・エリックに教わり、アフリカン・ボンバーズでプレーしたわたしの始まりの地、ダン・ケケ・スタジアムの外でトロフィーを掲げたときは、心臓が体から飛び出してしまいそうな気がした。８歳のわたしがこれを見上げていたら、どう思っただろうか。

タウンシップを訪れるのはこれがはじめてという白人選手もいた。彼らはその歓迎ぶりに驚いていた。人々は情熱的で、休みを知らない。夜になっても、チームのホテルの外には数百人が集まっていた。つぎの空港に着くたびに、さらに数千人が待ち構えていた。わたしたちの体は疲れきっているが、群衆に囲まれるとアドレナリンが噴き出た。歓声と叫び声で音がすさまじく、旗やプラカードがあちこちに掲げられ、人々がバスの脇を走り、大量のスマートフォンが光を求めるひまわりのようにこちらに向けられ、動画が撮影された。

パレードの最後には、力を使い果たしていた。どこへ行っても毎回、同じだけのエネルギーを出さなければならず、それで疲れきっていた。誤解しないでほしい。このパレードはまさにわたしたちに与えられた特権で、絶対に成し遂げたかった。新たな場所に行くたびに——なかには群衆の数が多すぎて、入っていけない場所さえあったが——そこには優勝トロフィーや選手たちを目にする最初で最後の機会を待ち構えた人々がいて、やる気のないそぶりなど決して見せられない、ということを全員が意識していた。

そのなかでも、たぶんほかの何より際立った出来事があった。ヨハネスブルグのヘルプメカール・カレッジという高校を訪れたとき、男子生徒のひとりが自分のスパイクをチェスリンに渡し、サインをもらった。そのあとわたしがサインされたシューズを戻したとき、彼が涙を拭う姿をテレビカメラが捉えていた。この15歳の少年は、学校の茶色い帽子をかぶり、まるでヴィクトリア朝時代のロンドンから来たような雰囲気で、わたしたちを見上げ、感極まっていた。その姿はまさに、このパレードツアーを象徴していた。

数週間後、レイチェルとわたしはブライトロック・プレーヤーズ・チョイス・アワードに出席したとき、この少年を招待することにした。そこでソーシャルメディアでこの少年の情報を呼びかけると、すぐにレボ・モゴマ君だとわかった。彼とお母さんは、前年に彼のお父さんを亡くし、つらい思いをしていた。この招待は彼にとってとても大きな出来事だった。彼にいちばん好きな選手を尋ねると、わたし（思ったとおり、センスがいい）と、自分と同じウイングのチェスリンだと答えた。チェスリンもその日の表彰でバックライン・プレーヤー賞の受賞者だった。ところが所属クラブのトゥールーズに戻ってしまっていたので、ビデオ通話で話をさせてあげた。レボはそのあとチェスリンの代理としてステージで賞を授与され、大喜びしていた。こんなふうに人に力を貸すのは、とても嬉しいものだ。

わたしたちの勝利そのものは、何も解決しないことはわかっている。決勝の前日、南アフリカの格づけ見通しは「安定的」から「弱含み」へと引き下げられた。わたしたちが優勝トロフィーを勝ち取ったこのとき、わたしたちの国では平均して1日に58人が殺害され、114人がレイプされ、20万人が屋根のない場所で夜を過ごしている。ワールドカップで優勝しても、殺人やレイプは止まらない。電力や水の供給不足は解決しない。食料や住居、金銭をもたらさないし、殺された人は戻ってこず、レイプされた女性への暴力を取り消すことはできない。

だが、ワールドカップでの優勝は、暗闇のなかの光、変化の象徴であり、若者の手本となる選手や将来のヒーローが活躍する場所を与える――そう、それはよいものをもたらしている。ここから大きな変化が起こるかもしれない。ここから世界は変わるかもしれない。

# 第6章
# 社会

ワールドカップ決勝の前夜、ホテルのロビーでレイチェルとふたりで過ごし、わたしたちの助力が効果をもたらす、南アフリカに必要な変化のリストを書きだした。取り組むのは大きな問題がいい。こうして、変化を可能にするために何が必要かを考えはじめた。また、できるだけ早く行動に移さなければならない。わたしは自分の影響力が大きくなってきており、それも大きな変化を生み出すことに利用できると感じていた。スポットライトを浴びるのはすばらしいことだが、それは永遠には続かない。この影響力が行使できるのは限られた時間かもしれないのだから、それを賢明に使う必要があった。

わたしがとりわけ心を動かされたのが、ジェンダーに基づく暴力の問題だ。それは社会の限られた部分の問題だと考える人もいるかもしれないが、そうではない。それは自分が男性か女性か、黒人か白人か、金持ちか貧しいかとは関係ない。これはすべての人に影響を及ぼす問題だ。善人が何もしなければ、それだけで悪が勝ってしまう、という古い言葉がある。何も言わないのは、実際には何かを発言しているのと同じことだ。沈黙すれば、現状を認めることになる。沈黙そのものは暴力ではないものの、間違いなく暴力を助長する。わたしは以前、自分の意見を言わずに部屋の隅でじっとしているタイプだった。あまりに大きな事柄に対して、長いあいだ沈黙してきた。だがわたしは変わった。

たとえば、自分が子供のころ、毎日殴られていたズウィデの女性たちのこと。いまでは人々は、その女性たちはなぜ何も言わなかったのか、と問う。それにわたしは、こう答える。どうすればよかったのか？　彼女たちは力では敵わない。みんなで集まって、もう許さないと宣言することはできただろう。広い場所で、みなが集まっているあいだは、誰も手出しはしないだろう。だがその夜、女性たちが自分の家に帰ると、また同じことが始まるのだ。それにそもそも、女性側が何も言わない、となぜ責められなければならないのか？　彼女たちにはなんの非もないというのに。

ジェンダーに基づく暴力について考えるとき、真っ先に浮かぶのが母のことだ。若くて美しく、傷ひとつない母の写真を1枚持っている。でも現実には、そんな姿は見たことがなかった。一度たりとも。いろいろな男たちに殴られて、顔があまりに変わってしまっていたからだ。そのことがわたしを打ちのめした。5歳のころ、通りで遊んでいて、男に殴られて折れてしまった母の歯を拾ったことがある。母は若さや、持って生まれた美しさを奪われてしまった。亡くなったとき、顔は傷だらけだった。

母は何百万人もの犠牲者のひとりにすぎない。わが国では性的暴力が増加している。南アフリカでは、3時間に1人の女性が殺されている。これは世界平均の5倍だ。ラグビーの試合観戦に、開始30分前に到着して、試合後には仲間たちと30分酒を飲む。わずかそれだけの時間で、平均して1人の女性が殺されているのだ。胸を刺されて、木に吊された状態で見つかった妊娠8か月のツェゴファツォ・プレや、ウイネーネ、ほかにも無数の名も知れない女性たち。わかっているだけでも、1日に100人以上の女性たちがレイプされる。しかもほとんどのレイプや性的暴行は届け出さえされない。わたしたちのところに届く悲痛な叫びのかげには、声を押し殺した、しかし苦しみにおいてはまったく変わらない、はるかに多くの女性たちがいるのだ。

これが毎日起こっている。そして、人々は毎日、それはひどいことだと話しているが、状況はまったく変わることがない。ときどき、ウイネーネの事件のように、人々が関心を寄せ、抗議の声が上がり、政治家が沈痛な口調で問題解決が必要だと語ることもある。だがしばらくすると人々は忘れ、ニュースの話題はほかのことに移り、一刻も早く改革しようという機運はしぼんでしまう。

現実には、この国も男性たちも、暴力事件があったとしてもそれを止めるための集団や個人としての意志を持とうとしていない。わたしたちの問題は認識の欠如ではないし、良心があるなら、「そんなことは知らなかった」とは言えないはずだ。わたしたちは女性に対する無残な暴力が蔓延しているのを見ているのに、それを変えようとしていない。女性たちはそれを知っている。政治的な意志。ジェンダーに基づく暴力を報道するさい、センセーショナルな伝えかたに頼らないこと。そして男性はジェンダーに基づく暴力に関して女性の味方として関与すること。これらがなければ、変化は起こせないだろう。

これほどまでに暴力が多いことには、さまざまな要因がある。アルコール、薬物、貧困、真剣に対処しない警察、法制度の不十分さ、政府のなかに、女性問題に関して女性の立場から主張する女性が少なすぎること。こうした要因のすべてが問題を悪化させているが、最大の原因のひとつは、女性の地位が低く、男性に頼らざるをえないことだろう。

男性は女性と性行為をする権利があると感じている。男性たちはつねに、男女の力関係はそういうものだとみなしてきたからだ。世論調査によれば、南アフリカ男性の大多数は、女性は夫に従うべきだと考えている。およそ半数が、夫は妻と性行為をする権利があるので、夫の行為は決してレイプとはみなされないと考えている。多くの男性は、家庭内の暴力を「家のなかの問題を解決している」と捉えている。これらは、子供のころに刷りこまれた価値観の問題だ。男の子はタフで強く、感情を抑えるようにと教えられるが、こうした教育は男の子をふたつの点で傷つける。第一に、男の子たちは自分の弱さを認められなくなる。不安な感情をもたらす状況にどのように対処すればいいのかわからないのだ。第二に、男の子たちは自分と異なるふるまいをする女性と対立してしまう。女の子に対して力をふるわない男の子たちはほかの男の子たちから馬鹿にされる。男の子たちは、抵抗しない弱い女の子を相手に選ぶ。自己主張する女の子たちは分をわきまえさせ、鼻をへし折ってやらなければならないとみなされてしまう。これでは女性に勝ち目はない。

性的虐待は早期から始まる。そしてしだいに過激になっていく。最初は侮辱され、中傷され、性行為の対象に貶められる。それから、性的嫌がらせやつきまとい。そして性的暴行。つぎはレイプ。殺人。すべての男性がこの一連の行為の最後まで進んでしまうわけではないが、それまで何もしなかった男性がいきなり殺人を犯すわけでもない。そしてひとつ重い行為をするごとに、さらに重い行為をする権利があるかのように思ってしまう。女性への攻撃は、身体的な暴力が実際に行われるよりもはるかにまえに始まっている。仲間の男性同士の会話で、すでに自分と関わりのある女性への接しかたや、自分が知らない女性をどうみなし、どう接するかが決まってくる。そして、誰もがしているならそれは社会的に受けいれられるのだと思って、多くの男性が自分も同じことをする。実際にそのかされることすらある。

こうしたことは男性の責任だが、男性はそれに向きあってはいない。「なぜ女性は虐待する男から離れないのか」とは言われるが、「なぜ男性は女性を殴ることをやめないのか」とは言われない。年間にレイプされる女性の数のことは話題になるが、レイプをする男性の数は話題にはならない。これは偶然ではない。このように話題にすることで、レイプをしたのが誰なのかはうやむやにされてしまう。実際には、男性がレイプをしているのであり、問題の取りあげかたから変える必要がある。

行動に気をつけなければならないのも女性だけだ。ほとんどすべての女性が通りを歩くときは自衛のために指のあいだに鍵を挟んで手を握りしめ、毎日通る道を変えている。電話をするふりをし、友だちに決まった時間に電話をするように頼む。来た道を引き返し、店のウィンドウの前でぶらぶらしているふりをして後ろを歩いてきた男を先に行かせる。夜はできるだけ街灯のついた通りを選び、バーの不快な男が嫌なことをしないように、いい顔をしてやる。車に乗った瞬間にロックをかけ、酒を飲んだあとはひとりで帰らないようにする。友人が無事に帰ったかどうかをメールで確認し、真夜中まで帰宅したというメールがないと心配になる。ほとんどすべての女性が、生涯を怯えて過ごさなければならない——つぎはわたしかもしれない、と。

消防隊では、部屋全体に火災が広がることを「フラッシュオーバー」という。すべての人が燃え尽きて灰になってしまうと気がつくまで、社会は変わらないだろう。わたしたち男性は、自分自身で気づき、問題を解決したいと声を上げるべきだ。わたしたちは学び、声に耳を傾け、発言をするべきだ。

そうでないと、悪循環が起こる。若い男性がこうした問題にさらされていると、彼らは問題のある行動をし、それによってつぎの世代も同じ問題にさらされ、問題は終わることがない。わたしたちは男性を、ただ男性であるというだけで悪者扱いしてはならない。実際には、男性であれ女性であれ、フェミニストであるというのは、ジェンダーに基づくステレオタイプを拒否することなのだ。たとえば、男性はそもそも暴力的なのだというステレオタイプもそのひとつだ。男性と男らしさとは区別しなければならない。男らしさとは植えつけられたものであり、そのなかには、たとえば攻撃性などのように、文化的に教育されているが、教育しなおすことで取り除くことのできるものもある。フェミニストであるとは、男性の健全な人間性を信頼し、ジェンダーに基づく暴力を促進する構造を解体することだ。暴力はあまりに行き渡っている。わたしは性教育でコンドームのつけかたを教わったが、女性や女の子への暴力はいけないと教わったことがない。

だが、わたしは男性として、女性に手を上げるようでは男性と名乗ることはできないのだと気づいた。自分が心地よく感じるためだけに、女性にひどい言葉を浴びせるようではその資格はない。だが、問題解決に立ちあがる男性はまだまだ少なすぎる。とりわけ、わたしたちラグビー選手は。わたしたちはとくに男らしい男たちとみなされているから、立ちあがって「これは正しくない」と発言すれば、大きな影響を及ぼすことができる。また、ラグビー選手が立場を明らかにしなければならない理由は、率直に言えばほかにもある。男子ラグビーや、スポーツ全般の更衣室の文化は、女性に対する根深い差別的な態度を生み出すもとになっていた。だからこそ、それを改善するためにも重要な役割を果たしうる。

わたしは女性を殴ったことはないが、侮辱したことはある。わたしも問題を抱えた人間のひとりなのだ。わたしはかつてストリップクラブに行ったことがあるし、女性に暴言を吐いたこともある。だから実は、どの面《つら》を下げて、という面はある。だが、罪の意識を持ちつつ、わたしたちは自分を許さなければならない。罪悪感があるから何も発言しない、というのは許されない。過去はなかったことにはできないが、現在と未来の行動には責任を負うことができる。わたしはいま、新たなことを学んでいる。そして女性との接しかたや話しかたについて、かつて身につけた多くをぬぐい去ろうとしている。

わたしはいま、自分と普段関わりのある女性にも、そうでない女性にも、敬意を示し、保護し、支え、声を聞くようにしている。つねに正しい行動ができたわけではないし、失敗してしまうこともたくさんあるが、態度を改善しようと決意した。それまで女性の仕事とされてきたこと、料理や掃除、アイロンがけ、整理整頓などにも取り組むことで敬意を示そうとしている。友人たちが、いま子守をしているんだ、と言うと、わたしはこう答える。「それは親として当然のことだよ」わたしは料理をする動画をインスタグラムに投稿している。料理番組みたいに完璧なものじゃない。大事なのは、家のことにもっと関わろう、暴力につながりかねない意識を生み出す男女の役割の区別をなくそう、と男性たちに促すことだ。生活は変わった。責任は、わたしたち全員にある。男性であるわたしたちは、ただ家族のために稼ぐだけではいけない。このごろは、妻たちも稼いでいるのだ。わたしたちの国で女性たちが求めているのは、平等だ。そのためにわたしたち男性はやるべきことをやり、ほかの男性たちにも責任ある行動をとるよう促さなければならない。

スポーツの場面でも、コーチは変えなければならない点を伝えるべきだ。こんなふうに女性に接してはならない、と。わたしは友人たちのあいだをまわって、訴えなくてはならない。こんな女性の扱いかたは認められない、だからやめるべきだと伝えなければならない。こんなふうに女性を扱う人間は友だちではない、と。人の考えはそれぞれだから、という態度をとるほうが簡単だ。知り合いに向かって自分の考えを訴えるのは、はるかに大変なことだ。黙って通りすぎるほうが、はるかにたやすい。何もしないほうがずっと楽だ。だがたくさんの人々が行動を起こせば、たとえ小さなことでも変化を起こせる。そしてそのためには、ほかの人が行動を起こしているのを見ることだ。わたしの人生に関わった女性たちがいなかったら、わたしは決していまのようにはなれなかった。もし立ちあがって女性たちのために声を上げることをしなかったら、南アフリカの女性たちを失望させるだけでなく、わたしを育ててくれた祖母や叔母、母を失望させることになる。わたしは自分が目にしてきた出来事を無駄にしたくない。それはいまも、自分の母や叔母が暴行されるのを見て育つ子供がもう出ないように、という思いに駆りたてる。わたしは誰にもそんな経験をしてほしくない。

わが国の男の子たちをきちんと教育すれば、女の子たちを守る必要はなくなる。女の子たちに自衛の方法を教える必要もなくなる。男の子たちが暴力をふるうよう教えられていなければ、女の子たちはそもそも身を守らなくてもよいのだ。女の子はスポーツや医学を学ぶべきだ。重要なのは家や学校での教育だ。わたしが小さいころ、暴力はいけないと教えてくれる人は誰もいなかった。子供のころ、わたしはコミュニティでも自分の家でも暴力を見たが、「それは根本的におかしなことだ」とは誰も言わなかった。わたしは自分の息子ニコラスにはこのことを厳しく言っている。おそらく、厳しすぎるくらいに。だがそれくらい、その重要性をしっかりと認識してほしいのだ。もしすべての男性が自分の息子たちに厳しくすれば、コミュニティの女の子に関する心配も少なくなる。

息子たちにふたつのことを教えるべきだ。第一に、女性と男性は平等であり、女性たちを攻撃するのではなく、敬意を示し、守らなくてはならないということ。男の子を立派な男性に育てるのは、小さなことの積み重ねだ。大事なのは、女の子や女性と接するとき、毎回気をつけ、相手を尊重することだ。女の子や女性の様子を見て、話に耳を傾け、敬意を持って話す。第二に、わたしたちは息子たちに、自分の感情を見せるのは男として駄目なことではないと示さなくてはならない。恐れや失望、不安はまったく普通の感情であり、そうした気持ちになっても男らしさを失うわけではないのだ。わたしはニコラスにこのふたつを教えている。レイチェルへの接しかたもそうだし、自分の気持ちの扱いかたという面でも。そうすることでニコラスに、泣いてもいい、疑問を抱いてもいいのだと教えている。

男性たちが弱さを見せ、泣き、友人を大切に思っていると伝えあうのは重要なことだ。わたしはもっと若いころ、それができなかったが、いまはその埋め合わせをしようとしている。ある晩、ストーマーズのチームメイト、クリス・ヴァンジルと暖かい部屋で向かいあったことがある。何年もまえから知り合いだったが、深く語りあったのはその晩がはじめてだった。いまではわたしたちは、たがいが大切にしているものを理解しあっている。ただのチームメイトであることを超えて誰かを知ることで、あらゆる面で相手との距離が縮まる。その人が何に駆りたてられているのか、どういう理由で行動しているのか。最も重要な問いは、「なぜ」だ。こうしたことを理解するには、たがいに責任ある行動をとらなければならない。

女性だけでなく、男性も男の子にこうしたことを教えるべきだ。そのためには、男性同士もそばにいて、子供たちのよい父親でなければならない。父親になるのは誰でもできるが、子供をちゃんと育てるのはまったく簡単ではない。わが国では、生物学的に父親になった男たちは多くの場合、虐待を行う。女性を大切にし、愛しているからではなく、ただできるからという理由で性行為を行う男性は、妊娠した女性を支えもせず、子育てにも加わらない。その男は、何人もの女性に同じことをしているかもしれない。すると子供たちは責任ある父親というものを見ないで育ち、女性だけがつぎの世代の子供たちを育てるという最も重要な仕事を行うのを見ることになる。子供たちはそれでいいんだと思い、自分が大人になると同じことを繰りかえすようになる。この連鎖は終わることがない。

誇らしいことに、わたしは国連のスポットライト・イニシアチブのためのグローバル・アドボケイトに就任した。これは女性や女の子へのすべての暴力をなくすための取り組みだ。女性たちは長いあいだ、とても苦しんできた。わたしたちの世代で、女性へのこうした暴行を止めよう。

また、変容はもっと広い分野で起こる必要がある。わたしたちは変容についてさかんに議論しているが、変容は自分の心のなかから始まるものだ。それによって、ものや人の見かた、人への接しかたが変わっていく。また、変容は草の根レベルで行われなければならない。子供たちは自分の目で見ることで、はじめて夢見ることが可能になる。子供たちにはチャンスと施設が与えられなければならない。それが本当の平等だ。タウンシップそのものを変えないかぎり、それは真の変容ではない。子供たちを自分のコミュニティから切り離してはならない。優秀な人々をコミュニティから連れ出してしまったら、コミュニティは育たないだろう。ロールモデルが、遠い広告塔やテレビではなく毎日そこにいるべきだ。そういう人々がみなタウンシップの外へ出ていってしまえば、子供たちは尊敬するべき人を失ってしまう。

変容は草の根レベルで行われなければならない。これまでスプリングボクスに所属した選手の90パーセントほどは、20校ばかりの名門校の出身だ。

これはラグビーだけの問題ではない。ほかのあらゆる分野の可能性にとって重要なことだ。本来は脳外科医やロケット科学者、法学者、ロックスター、芸術家になれるはずだったのに、能力を発達させることができずに埋もれてしまった、あるいはそんな才能があることすら気づかれずに終わってしまった数多くの人々がいるはずだ。こうした状態は変えなければならない。真の変容とは、ズウィデの学校に通う将来のシヤ・コリシが、グレイ校の生徒たちと対等に競いあえる環境を作ることだ。もしも将来のシヤ・コリシが奨学金をもらってグレイ校に通い、そこでちがう生活をするようになるのであれば、現在とシステムは変わっていないことになる。それは変容ではなく、同化にすぎない。

たしかに、わたしは成功した。だがそれは、そのシステムをくぐり抜けてきたからだ。勘違いしないでほしい。わたしは本当に毎日、感謝している。グレイ校がわたしに与えてくれたチャンスや、そのチャンスを与えてくれた慈善家のヴィンセント伯父との友情は、わたしの人生で最もかけがえのないもののひとつだ。それでも、わたしとは異なり、自分の文化を離れなくても成功できる環境が子供たちに与えられるべきだ。

コリシ財団を立ち上げたとき、南アフリカの不平等を変えることを目標に掲げた。変化をもたらすあらゆる行動が、それがどれほど小さくても重要だ。わたしたちは応える心と、差し出す手、学ぶ頭を持って取り組んでいる。財団のスローガンは、「ひとりひとり、すべての人を思う（Remember the

One, One By One）」だ。〈ひとりひとり、すべての人を思う〉自分の行動によって変わる、ひとりの心、ひとりの人、ひとりの人生を意識すること。わたしたちはそれをいつも心に持っている。その言葉は、すべての人が、その人の置かれた状況にかかわらず、大事なのだと思い出させてくれる。わたしたちは本当にひどい状況に置かれた人を助けたいし、またそれほどひどくはないものの、問題を抱えた人に手を差しのべたい。自分がある人の人生に関わると、今度はその人がべつの人に関わり、その輪は広がっていく。それは『タルムード』のなかの言葉と同じだ。「ひとりの命を救う者は、世界を救う」。人を助けることで、わたしたちみなが救われる。

この目標を推進するために、3つの原動力がある。第一に、行動を惜しまないこと。その場へ行って行動を起こし、思いもよらなかった人生を生きる。第二に、協力。他者と関係を築き、ともに働くことでひとりよりもよい働きができる。それは、人は相互関係のなかで生きており、つねに他者を尊敬しなければならない、というウブントゥの原則にも適っている。ウブントゥはズールー語で、「あなたがいるからわたしがいる」という意味を持つ言葉だ。そこには、人を助けることの重要さが込められている。祖母はわたしを助けてくれた。そしてわたしはほかの人々を助けようとしている。またそれは、相手が誰であれ、全員に同じように接するということでもある。誰かに何かを求めるからでも、誰かの上に立ちたいからでもない。学校では、年上の人が部屋に入ってきたら立ちあがりなさい、敬意を示し、先生のことは「サー」や「マム」と呼びなさいと叩きこまれるが、それもこのひとつだ。第三に、学ぶこと。計画を実行するうえで最善の方法を調べて実践し、自分の過ちから成長しつづけ、古い教えを検討しなおし、より行き届いた教えを伝えていく。

財団を立ち上げるまえ、わたしは南アフリカの苦しみについてほとんどの人に劣らず知っていると思っていた。たとえば、飢えがどのようなものかを知っている。それに、胃が食べものを求める音で目覚めたことがある。そんなとき祖母にできるのは、優しい言葉をかけ、砂糖水を用意するくらいだった。もしラグビーで成功しなかったら、きっと財団から物資をもらう側にいただろう。それでも、新型コロナウイルス感染症が蔓延し、人々の暮らしを支援するために巡回することになったとき、そこで見たものには心が痛んだ。リンポポ州で食料を降ろしたときには、住民たちは動物と同じ水を利用し、子供たちはその水で体を洗い、女性たちは背中に赤ん坊をおぶって、その水で料理をしていた。出会ったひとりの男性は、自分の家を恥ずかしがり、最初は入れてくれなかった。そしてようやく入ったとき、そのわけがわかった。ドアを内側に開けるだけのスペースさえなく、ドアをはずさなければならなかったのだ。ごく普通の大きさの扉だ。それほど狭い場所に暮らしていることを想像してほしい。わたしは胸が痛んだ。

わたしはノースウエスト州へ行った。物資を積んだ荷車を押し、タウンシップのなかを巡回した。そこでは、いっさい何も行われていなかった。子供たちが楽しんだり、してみたいと思うようなものは何もなかった。それを見てわたしは考えた。わたしたちは国として何をしているんだろう？　どうしてこんな状態を放置するのか？　なかでもひどかった出来事がある。キッチンでスープを作っているところを訪れ、家に食料を降ろすと、人々は新型コロナウイルスが蔓延してありがたい、とわたしたちに話すのだ。いままではこんなに支援してもらったことはなかったから、と。ズウィデでわたしが食料を届けた人々のなかには、子供のころのわたしに食料をくれた人々もいた。ある日、ズウィデのある家に食料を運びこむと、年老いた女性が出てきてそれを受け取り、驚くような話をした。涙にむせびながら、こんなふうに話してくれた。「まさかこんな日が来るとはね。あなたが子供のころ、うちのまわりをうろうろして、食べものをもらっていたんだよ。わずかな食べものをあなたに分けていたの。いままではうちが食べるものがなくなって、こうしてあなたが直接食料を届けてくれるなんて！」

だがもちろん、こうした出来事は例外で、一般には新型コロナウイルスによって不平等はさらに拡大した。社会的距離など取ろうと思っても取れないタウンシップでは、感染の拡大は急速だった。そこでは、もともと健康水準が低かったため、ほかの地域よりも人々の健康への影響が大きかった。呼吸器の疾患や糖尿病、高血圧、結核、そしてもちろんＨＩＶなどの持病を持つ人々は、症状に数日苦しめられるばかりか、命に関わることもあった。貧しい地域の病院は普段から混みあい、予算も足りなかったため、豊かな地域の病院よりもはるかに早く、新型コロナウイルス感染者への対処が困難になった。インターネット接続のない地域の子供たちは、ほかの地域の子供たちよりもリモート学習への対応がはるかにむずかしく、効率が悪かった。

そしてこうした教育格差は、これまでもつねに白日のもとにさらされていた。たとえばラグビーの大会では、タウンシップのチームと豊かな郊外の白人中心のチームとは異なっていた。まさに、何もかもが。試合が行われる場所によって、砂のグラウンドのこともあれば、丁寧に手入れされた芝生のグラウンドであることもあった。裕福なチームは使っている道具も上等で、両親のサポートもあった。彼らの両親は数時間仕事の休みをとり、観戦することができた。いくつもの仕事を掛け持ちし、ようやく最低限の収入を得ているタウンシップの人々とはちがっていた。

わたしの財団では、ラグビー場の建設も行っている。わたしが子供のころ、適切なラグビー場がなかったからだ。10チームが、すべて同じジャージを着てプレーしていた。1チームの試合が終わると、その汗を吸ったジャージをつぎのチームに持っていき、それを着てつぎのチームがプレーしていた。わたしはまだ12歳のころ、自分が成功したら各チームにジャージを買おうと決意した。そしていま、それが達成できた。各チームに校名と記章が入ったソックスと短パン、ジャージを購入した。それはすばらしい、わたしにとって最も誇らしい瞬間だった。わたしは南アフリカの子供たちの暮らしを変えたい。だから、自分が子供のころに突き当たった壁に改めて向きあい、つぎの世代のために改善するのは、とても重要なことだった。わたしはタウンシップの人々に、よい教師や設備を提供したい。子供たちに朝目を覚まし、学習する動機を持ってほしい。子供たち全員に同じチャンスを得てほしいし、学校のトーナメントでは、道具の品質や選手たちが持参した食事の量で、どのチームがどの地域から来たかわかってしまうという状況を変えたい。

どんなに優秀な政府でも、すべての問題を片付けることはできない。わたしたちは個人としても組織としても、全員が改善を目指さなければならない。わたしはパートナーになる企業に、社会に必要とされるものを提供するよう呼びかける。たとえばパナソニックは、電気の通わない地域に暮らす貧しい家庭のために10万台のソーラーランタンを寄付した。オープンビューは貧困地域で衛星テレビが無料で視聴できるようにし、娯楽だけでなく教育番組を提供している。ケロッグはわたしの母校、エムセンゲニ小学校に今後5年間、1日3食の食事を提供する。また校庭とトイレを改修し、コンピュータ室と図書館を建てることで、スポーツと学業に優れた子供たちが才能を磨けるようにする。それはひとつの州のひとつのタウンシップにあるひとつの学校のことにすぎないが、それが国全体に広がったときのことを想像してほしい。地道な活動を続ければ、やがて何かが変わり、大きなことが起こる。そして人々は、こうしたことは可能なのだとわかるだろう。これは南アフリカ国内だけの問題ではない。イギリスではサッカー選手のマーカス・ラッシュフォードが無料給食の提供を拡大する運動をしている。それには、わたしやマーカスなどが所属するエージェンシーであるロック・ネイションが関わっている。主張すべき意見があり、そのための手段があるなら、使わない手はない。

わたしの夢は、自分の財団がもう必要ではなくなることだ。それを達成する方法は、教育しかない。教育は最も重要だ。なぜなら、教育だけが、単に金を稼ぐ以上の役割を果たす可能性に気づかせてくれるからだ。教育だけが、土地を利用し、食物を育て、その一部を売って必要なものを買い、残りを食べるためにとっておく、という持続可能な地域の存続方法をもたらすことができる。誰もが目的や目標を持っている。スプリングボクスに入れなければ失敗だ、というような高い目標である必要はない。いまは店のレジ係をしているが、店を経営できるようになりたいと思っている人はたくさんいる。それは、ワールドカップの決勝でプレーするのと同じくらいきらびやかなことではないかもしれない。だがもちろん、同じくらい重要なことだ。むしろさまざまな点で、ワールドカップ決勝よりも重要だろう。

有名であることが嫌になることもある。つらいことがあっても、どうにかその立場を維持していかなければならない。逆境をはねのけて成功した人々の物語は勇気を与えるが、もしある日、その逆境が改善され、成功がそれほど特別なものでなくなったら、そのときこそ人々はやればできると思えるだろう。そうした成功物語を読み、感動するのはすばらしいことだが、そもそもそうした物語が必要とされる現状から目を逸らしてはならない。わたしの場合も含め、そうした物語にはふたつの面がある。まず、生涯ずっとその地位を保てるとはかぎらない。また、ずば抜けた才能とかなりの幸運がなければ、貧困からは抜け出せないという状況であってはならない。かなりの努力を重ね、前向きな考えかたを持っていたとしても、それだけでは成功は約束されないし、成功できなかったとしても、それは人格的な欠陥や弱さのためとはかぎらない。もちろん、逆境をはねのけた人々の物語に勇気づけられるのはいいことだ。だが同時に、そうした人々がそもそも逆境に直面しなければならなかったことへの怒りや衝撃も忘れないでほしい。

わたしにとって最も重要なのは、そうした不平等をなくすことだ。わたしはピッチ上でよい選手でありたいが、それ以上に、ピッチを離れたときによい人間でありたい。自分が世界一のラグビー選手でないことはわかっている。史上最高の選手のひとりとして記憶されることはないだろうし、また、それでかまわない。わたしが大事にしたいのは、自分がどんな人間かということだ。わたしは誰かの人生をよりよくするために、何をしているだろうか？　つぎのシヤ・コリシが自分と同じ苦闘をしなくてもいいように、何をしているだろうか？　わたしは人々に自分の物語を届けなければならない。ターンオーバーやトライはやがて忘れられるが、そうしたことは人々の記憶に残る。わたしたちのファンには、助けを必要とする人々も多い。そして助けることができるなら、そうすべきだし、しかも発言するだけでなく、行いで示さなければならない。大事なのは言葉よりも行動だ。

目標は遠い。わたしが生きているあいだにそこに到達することはできないだろう。わたしはラグビーを労働とはみなしていない。わたしがしているのは好きなことだ。そしてできるだけ多くの人、とりわけ自分と同じ背景を持つ人たちを勇気づけたい。重要なのは金銭ではない。できるだけ多くの人を助けたい。わたしが知るべきは、自分が誰のために、なぜ行動しているかだ。チャンスが来たときに、わたしは何をしたか？　人々の注目が集まっているときに何をしたか？　こうしたことは、やがて破られてしまうスポーツの記録とはちがい、ずっと残る。

それがわたしの人生の目的であり、ラグビーはそのための舞台だ。大人たちが幼い子供の手本になることはとても重要だ。子供たちがアメリカなど、ほかの国に目を向けなくてもいいように、自分の国でどうやって成功したかを見せる必要がある。希望が失われることは、大きな問題だ。わたしは望みのない状況にいる子供たちに希望を与えたい。自分と同じような、あるいはもっとひどい境遇で育った人々に、希望を持つことは可能なのだと伝えたい。わたしのような立場の誰かが経験を伝えることで、子供たちが憧れる人物、かつて自分と同じ境遇にいて、子供たちが自分と同じように苦しまないように戦っている人物がいると知らせなくてはならない。

これはわたしの戦いだ。その戦いは、つぎの世代を鼓舞しつづける。そしてその世代は、つぎの世代に対して同じことをする。鼓舞した人が多いほど、それはさらに加速し、十分な人々の心に届いたとき、文化全体が変わる。進歩や平等に反対する少数の人はつねにいる。そうした人々に時間や労力を割いていられない。ほかの人々の人生を変えようとしているのだから、あらゆることに全力で当たらなくてはならない。自分から動き、むずかしい交渉も行わなければならない。人々の考えを変えなければならない。

わたしは南アフリカを心から信じている。この国は地上で最高の場所にも、最悪の場所にもなりうる。

わたしたちはインテンシティの高いピッチで生きているようなものだ。それと比べれば、ほかの場所は退屈に思えるかもしれない。この本の最初に書いたように、わたしたちは偉大な国民であり、善良な国民だ。わたしは人々がたがいに反目しあうのではなく、支えあう国や世界を信じている。そこでは人々は足の引っ張り合いをするのではなく、たがいの成功を喜ぶ。ジャーナリストのジャスティス・マララは、ワールドカップ決勝から間もない2019年11月11日のサンデー・タイムズ紙にこう書いている。

「わたしたちの南アフリカは、気前よく心が広い。わたしたちの南アフリカは、笑うことを好み、全存在をかけて笑うことを求めつつ、同時にわたしたちを貶めようとする否定的な声を拒絶する。欠点はあるが、美しい国だ、わたしたちの南アフリカは。最高の南アフリカは、夢の国だ。その野蛮な過去を記憶にとどめ、まったく不平等な現在を生き延び、公平で正しい未来を希求する。現在の選択によって過去を克服できると知っている人々の国だ」

現在の選択は、何にもまして重要だ。誰もが自由でないかぎり自由ではないし、誰もが安全でないかぎり安全ではないし、誰もが平等でないかぎり平等ではない。

# 第７章
# 結束

２０２１年1月23日、わたしはニューランズ・スタジアム最後の試合でプレーした。カリーカップの準決勝シャークス戦でウェスタン・プロヴィンスの一員として戦い、敗れた。また、新型コロナウイルス感染症対策のため、無観客での開催だった。はじめて試合が行われてから１３１年という時間のなかで、この場所では南アフリカのラグビー史上最高の瞬間や試合が行われ、その証人となってきた。おとぎ話の世界なら、スーパーラグビーの決勝で、満員の観衆の前でストーマーズが土壇場の逆転優勝を決める試合で幕が閉じられるのだろうが、スポーツは人生と同じく、おとぎ話とはちがう展開になる。

ストーマーズとウェスタン・プロヴィンスの選手たちは、２０１０年のサッカー・ワールドカップのために建設されたグリーン・ポイント地区にあるケープタウン・スタジアムに移る。だがわたしは彼らとは離ればなれになる。ニューランズでの最終試合となった準決勝は、アカデミー時代から過ごしたウェスタン・プロヴィンスでのわたしの最後の試合にもなった。ウェスタン・プロヴィンスは子供のころからプレーすることを望んでいたチームだった。自分がいつか加入した姿を思い描ける唯一のチームだった。学校を卒業するとともに入団し、118試合に出場した。わたしよりも出場試合数が多いのはスカルク・バーガーだけだ。クラブでの幸せな思い出は多すぎて、どこから挙げていけばいいのかわからない。試合や勝利のことだけでなく、チームメイトやコーチたち、笑ったこと、仲間たち、一体感。それにもちろんファン。彼らのやむことのない応援やポジティブな歓声、気持ちを高めるかけ声に後押しされ、わたしはたくさんの試合を戦った。

所属したのは11年だが、そこで経験したことへの感謝は生涯続くだろう。ここへ来たときはほんの少年だったが、いまは一人前になった。その変化は、入団以来わたしやわたしの愛する存在を、チームの人々が温かく迎え入れ、しっかりと抱きしめてくれたからこそだ。そこで学んだのは、ラグビーのフィールド内のことだけではない。移籍の決断は、間違いなくこれまでで最もむずかしいものだった。数か月も悩み、考えつづけた。ある瞬間にこれこそ自分と家族にとって最善の選択だと確信したかと思うと、つぎの瞬間には人生最大の失敗だと思うこともあった。

では、なぜ移籍するのか？　そして移籍先がほかのチームではなく、なぜシャークスなのか？

理由はおもに3つだ。第一に、わたしは新たな挑戦がしたかった。わたしの人生はつねに挑戦の連続で、長くても2、3年おきには大きな進歩を繰りかえしてきた。ストーマーズからスプリングボクスへ、それからスプリングボクスの先発になり、キャプテンになり、世界チャンピオンになった。いつも新たな役割のなかで喜んで自分を試してきた。シャークスへの移籍も、やはり新しい挑戦になる。新しいチームに移るときには、コンフォートゾーンはない。わたしが誰で、これまでに何を成し遂げ、どんな経験をしてきていても、はじめはひとりの新入りにすぎない。

第二に、優勝したい。シャークスは南アフリカのフランチャイズチームのなかで、その可能性が最も大きい。わたしはこれまで、人生でひとつのトロフィーしか勝ち取ったことがない。たしかに、それはいちばん大きなものだが、大事なのはそこではない。トロフィーはプロスポーツの活力源であり、選手が勝ち取るトロフィーひとつひとつがただのカップではない。それには、そこに到達するまでのあらゆるものが含まれている。優勝カップは目的地だが、そこへいたるまでの旅も同じように重要だ。その記憶は選手とチームメイトのあいだで共有されるものであり、決して奪われることはない。

そして最後に、南アフリカにとどまりたい。2019年のワールドカップ決勝のメンバーのうち、23人がイギリス、フランス、日本でプレーしている。だが、わたしは同じことをするつもりはなかった。彼らの決断に反対するわけではない。だがわたしは、代表チームのキャプテンはその国のリーグでプレーするべきだと強く感じているし、また財団の仕事の面からも、南アフリカにいる必要がある。

わたしが合流した日、アカデミーに入ったばかりの選手たちが教習を受けていた。ダーバンのキングスパークの入り口を入ったところに、各面が東西南北に向いた四角のモニュメントがある。新入団選手たちはこの一体感を象徴する積み上げられた石の塔、イシヴィヴァネのそばに集まっていた。彼らはそれぞれ、自分にとって重要な記憶やモチベーション、座右の銘などを書いた石版を持っていた。その石版を塔に加えることで、彼らは自分の個人的な旅だけではなく、集団の旅に参加することになる。その石は多くの人々の苦闘や夢、希望や恐れを表している。

彼らに会って、自分が彼らくらいの年だったころのことを思い出した。キャリアはまだ始まったばかりで、自分の前にはこれから歩いていく道と、無限の可能性が広がっていた。わたしは彼らに、もうその道を歩いてしまった人としてではなく、まだその道を進みながら、曲がり角の先に何があるのかを探している人と思ってほしかった。わたしには、彼らと同じように学ぶべきことがある。わたしがシャークスのキャプテンになるのではないかという予測もあったが、わたしはそれを望まなかった。ルカニョ(・アム)はキャプテンとして重要な役割を果たしていたし、それを奪うべきではないと考えていた。わたしがスプリングボクスのキャプテンであっても、それは関係ない。それぞれの仕事をこなすことはできるし、エベンがスプリングボクスのキャプテンを務め、ストーマーズではわたしの指揮のもとでプレーした時期もあった。また、シャークスのキャプテンにならないことで、わたしはより自由にプレーすることができるだろう。ひとりの選手として練習場へ行き、トレーニングや必要なことをして、あとは家に帰って家族と過ごすことができる。

だがそれ以上に、南アフリカのラグビーは生涯に一度かもしれない挑戦に直面していた。ブリティッシュ・アンド・アイリッシュ・ライオンズのツアーだ。

前回ブリティッシュ・アンド・アイリッシュ・ライオンズが南アフリカを訪れたのは2009年のことで、わたしはまだ高校生だった。ライオンズのツアーは大規模で、それまでに見たことがないほどのものだった。あらゆる面で特別だった。誰もが興奮して彼らの姿を見ようとし、行く先々で人だかりができた。もちろん、数万人のライオンズファンが南アフリカを訪れ、国中をまわって、スタジアムを赤い海にした。スプリングボクスのアシスタント・コーチであるムズワンディレ・スティックはサザンキングスの一員としてポートエリザベスで彼らと対戦したとき、速くて強いフィジカルに衝撃を受けたという。

今回の準備は、実際に彼らが到着する何か月もまえから始められた。アナリストはビデオやデータを送ってきた。わたしのワールドカップのときの数値と現在の数値が比較されていた。かなり下がっている。相当にひどい下がりかただった。大きな衝撃を受けたが、わたしはそれに対して取り組むのに適した状況にいた。ダーバンに着いたとき、スタッフからすぐにプレーしなくてもいいと言われていた。試合に向けた筋力トレーニングとコンディショニングに集中することができた。

ダーバンは蒸し暑く、トレーニングは過酷だった。早朝の最初のトレーニングセッションですでに大量の汗が噴き出る。空気は蒸しタオルのようだ。手の汗のせいで滑り、ウェイトを載せたソリのハンドルやトラクターのタイヤの端がなかなかつかめなかった。ただでさえきついトレーニングが、気候のせいで余計に困難だった。だが、それが心地よかった。チームに加わるとまずランニングが課せられた。そのランをこなし、これで終わりだと思って戻ってくると、さらにランの指示。コーチは、2度目のランで誰かがタイムをオーバーしたら、全員やり直しだと言った。自分が時間内に走りきれるという自信はなかったが、全員をもう一度走らせるわけにはいかない。スタンドオフのカーウィン・ボッシュがわたしを見て、「走れるよ」と言った。その言葉に後押しされてどうにか完走し、ほとんど力を使い果たした。だが、これこそわたしに必要なものだった。過酷なトレーニングをくぐり抜け、必要な力を取り戻さなければならなかった。

新型コロナウイルス感染症の情勢のせいで、長いあいだライオンズのツアーの詳細は不確定だった。

ある日、ツアーは1年間延期されるという噂が流れたかと思うと、つぎの日にはわれわれがヨーロッパ、さらにはオーストラリアまで遠征するという話になっており、さらにつぎの日には南アフリカで行われるが、無観客になると伝えられた。わたしたちは、プレーできるのなら、どんな条件でも気にしなかった。どこへでも行く準備はできていた。コーチ陣は最高の準備をしてくれたが、これほど多くのことが不確定な状況ではなかなか調子が出なかった。

結局、ツアーは計画どおり行われることになり、それに先だってジョージアとの強化試合が組まれた。試合ができることにみな興奮した。チェスリンやハンドレ、ウィリーといった、海外でプレーする選手たちとは、2年前のワールドカップ以来会っていなかった。新型コロナの感染防止プロトコルのためハグさえできなかったが、みなと会えただけでも嬉しかった。チームはほとんどワールドカップの優勝メンバーから変わっていなかった。ビーストとフロー、スカルク・ブリッツは代表を引退し、ドウェインとRGは怪我をしていたが、ほかのメンバーは集まった。だが、トロフィーを掲げて以来、このチームでのプレーははじめてで、懐かしい思いだった。

こうした共同体の感覚はキャンプの雰囲気にも表れており、コーチ・ラシーの時代とあまり変わっていなかった。現在のヘッドコーチ、ジャック・ニーナバーは長くコーチ・ラシーのもとで仕事をしていた。方針は一貫しており、スタイルもよく似ていた。彼は大きく変えるのではなく、さらに進化させようとした。そのため新たなやりかたに適応する必要はなかった。わたしの立場から、いちばん大きな変化と呼べるのは、コーチと呼ばせないことくらいだった。「ただのジャックでいい」と彼は言った。「わたしが君を〝シヤ選手〟なんて呼んだら、おかしいだろ？　それと同じだよ」

ジョージア戦ではチーム力は落ちていた。だがそれは想定済みだった。重視していたのは試合で力を出しきることで、それについては十分に達成できた。ジョージアはタフな相手で、フィジカルが強力だった。1番から15番までの全員が、タックルはハードで低く、モールでもスクラムでも脅威になった。

その翌週末にジョージアとの第2戦が行われる予定だったが、新型コロナの感染爆発により中止になってしまった。それからは、まさに隔離だった。自分の部屋に入り、食事は持ってきてもらうか、誰もいない時間に取りに行き、戻ってきて自分の部屋で摂る。毎日新型コロナの検査を受けた。ズームで指示を受けながら、室内にあるものでできるフィットネスのセッションを行った。ベッドを使ったステップアップや、床での腕立て伏せ、椅子をウェイト代わりにする、などだ。最初は不満に思ったが、抵抗しても状況は悪くなるだけだと気づいた。こうなってしまったものはしかたない。わたしは落ち着き、状況を受けいれた。それでも自分が陽性になり、ホテルの別棟に行かなければならなかったときは、受けいれるのは簡単ではなかった。症状は1日鼻水が出たくらいだったが、重さは重要ではなかった。

結局、わたしは17日間隔離されて過ごした。ヨハネスブルグからのチャーター機で移動して心臓と肺の検査を受け、全体練習に加わったのはテストマッチ第1戦のわずか1週間前だった。そしてそのとき、われわれは決意した。どんな言い訳もしない。負ける理由は決して探してはならない。勝つための解決策を考えよう、と。

たしかに、準備はかなり予定から外れた。ライオンズはこちらよりもはるかに多くの試合を経てきている。最近行われた南アフリカ国内でのフランチャイズチームとの対戦だけでなく、各選手はナショナルチームでも試合をこなしていた。ワールドカップ以降、彼らは2度のシックスネーションズとオータムネーションズを戦っていた。それに対して、われわれはジョージアとのテストマッチ1戦のみだ。また、ドウェインなど重要な選手が欠けたなかで、チームの成熟度が試されるだろう。ドウェインは世界最高のエイトマンであり、彼が欠けるのは大きな痛手だ。フィジカルが強く、テクニックがあるだけではない。ずば抜けたラグビーIQでゲームを読み、周囲の選手を奮い立たせる。

だが、探すのは言い訳ではなく、解決策だ。ゲームまでにこなせなかった準備のことを心配するのではなく、これまでにできた準備を最大限に生かさなければならない。ライオンズの準備は、わたしたちがコントロールできることではない。ドウェインがいないことを嘆くのではなく、どうやって補うかを考えなくてはならない。

わたしがプレー復帰の手続きに通らなかった場合、あるいは新型コロナに感染したばかりでプレーするのは危険だとジャックが判断した場合のことも話しあわれていた。ムズワンディレは言った。「よい知らせを待っているが、かりに残念なことになっても、チームにはほかにも優秀な選手たちとすばらしいリーダーたちがいる。シヤがプレーできないなら、その代役ができる選手たちがいる」わたしもいつも言っていたように、キャプテンはすべてを自分でやるわけではない。わたしは周囲の人々がいなければ何もできないし、誰かが代わりにその役目を果たすなら、わたしと同じサポートを受けることになるだろう。

テストマッチ第1戦まであと数日というとき、テストマッチは3戦すべてがケープタウン・スタジアムで行われることが、南アフリカラグビー協会のジュリー・ルーCEOから発表された。「今回のシリーズは、すでに新型コロナウイルス感染症によって大きな計画変更を余儀なくされています。そして現在の状況でハウテン州（ヨハネスブルグのロフタス・ヴァースフェルド・スタジアム）に再度移動することはリスクを増加させるばかりでしょう。現在は両チームに感染者も隔離者もおらず、隔離されたバイオセキュアな環境にあります。いまロフタス・ヴァースフェルド・スタジアムへ戻れば、新たなリスクが生じてしまいます。両チームが、最も力を出せる状態で、これから3週間に記憶に残るシリーズを戦うことを誰もが望んでおり、この決定が、それを実現するための最善の判断であると考えます」

ケープタウンでの連戦は、高地の薄い空気で戦うという問題に対処しなくてもよいため、ライオンズにとって有利になるというのが一般的な見解だった。高地に慣れているのはわたしたちのほうだったから、これでひとつ有利になりうる条件が消えた。だが、それはどうにかできることではなかったから、心配はしなかった。場所やスタジアムによる優位さなどを考えていたら、目の前の試合に集中できなくなる。芝生が生えていて、白いラインとポストがあれば、プレーはどこででもできる。

2年前の日本では、国に希望を与えるためにプレーしているのだという気持ちが強かった。このシリーズも、まさに同じ気持ちだった。デルタ株による新型コロナウイルスの第3波が国中に広がっており、政治的な対立や社会不安のなかで多くの人々が亡くなっていた。成人の3人にひとりが失業し、かつてないほど頻繁に停電が起き、職や暮らし、家族や希望に関して、毎日のように新たな不安が生じていた。人々はスタジアムに入れないだけでなく、集まること自体が禁止された。ブライの場やパブ、酒場は、南アフリカ人が集まってスプリングボクスの試合を観る場所だ。だがそうした場所も営業できないか、できたとしてもきわめて制限された条件が課せられた。

こうした状況でラグビーをするのは軽率で無意味な行為であり、侮辱的だとさえ考える人々もいた。

だがわたしたちはその反対だと感じていた。いつにもまして、いまこそ試合をしなければならない。われわれにはプレーする特権と、ほんの80分間でも人々に問題を忘れさせるチャンスが与えられている。たしかに国の問題を解決することはできないし、状況を好転させることもできないが、ほんのわずかなあいだ、人々を笑顔にすることができたら、何もないよりもはるかによいことだ。わたしはいつも、できるだけ多くの人の状況を変えたいと思ってきた。たとえそれがひとりかふたりであっても、それで十分だ。

ワールドカップ以降、これが最大のゲームだった。ある意味では、ワールドカップ以上だったかもしれない。南アフリカにとって、ライオンズとのシリーズは12年に一度のことであり、またワールドカップとは異なり、楽勝のゲームは存在しない。最初から最後まで、激しい試合になるだろう。何より、スプリングボクスの選手として、またそのキャプテンとして、ワールドカップとライオンズとのシリーズの両方で勝つことは大いなる名誉だ。

スカイスポーツが各試合前に放送する短い動画を作成した。数人の選手が、思いや試合の重要性を語っている動画だ。最初はハンドレ。

「緑と金のジャージには、特別な意味がある」

ピーターステフ「何もないところから這いあがってきた選手もいる」

ルカニョ「想像を絶する場所から」

わたし「この国の歴史には影がある」

マピンピ「だが、それは汚点ではない」

エベン「ラグビー人生でただ一度」
ボンギ「おれたちはこの戦いに挑む」
ピーターステフ「チームがひとつになって」
ハンドレ「おれたちは世界チャンピオンだ」
わたし「おれたちはスプリングボクスだ」

シリーズ第1戦はハンドレの代表50キャップの記念試合だったので、彼が先にひとりで入場した。ハンドレは南アフリカにとってとりわけ重要な選手で、またすばらしい人物でもあり、5万5000人のスタンディングオベーションを受けるのにふさわしい。だが、観客の入場は許可されなかった。無観客はやはり受けいれがたかった。もし観衆に見守られるに値し、それを必要とする試合があるとすれば、この試合こそまさにそれだった。情熱的なスプリングボクスファンと数万人のライオンズファンの赤い海。その多くは、この旅行のために何年もかけて貯蓄してきている。ホームのわたしたちをアウェイ戦のように感じさせることができるのはライオンズだけだ。

「スプリングボクスが南アフリカのフィールドに出ていったときの、地の底から湧き上がってきたような轟音」と、1997年にライオンズとのシリーズでスプリングボクスのキャプテンを務めたゲイリー・タイヒマンは言った。「それはわたしが聞いたことのあるどんな音ともちがっていた。魂がこもった、感動的で、時を超えた音。あの場所へチームを率いて出ていったことは、生きているかぎり記憶からなくなることはないね」

だが、今回はそれがない。その対策として、自分たちで声を出すことにした。コミュニケーションのレベルを上げ、80分間励ましあい、小さなことでも喜ぶ。こうすることでチームがひとつにまとまることができる。

わたしはハンドレのあとから、チームを率いてピッチに出て、選手たちとつぎつぎに手を叩き、ハグをした。国歌斉唱のために整列したとき、同一のジャージと短パンの下に、チームメイトたちがさまざまな色のスパイクを履いていることに気づいた。どれも明るい鮮やかな色だ。これはまさに、虹の国にぴったりだ。

開始わずか3分で、ルカニョが飛んできてエリオット・デイリーに強烈な当たりを喰らわせた。観客が入っていれば息をのんだような激しさで、ましてそれを受けた選手にはかなりの衝撃だっただろう。われわれの決意を示すには完璧な方法だった。

20分過ぎにエベンが相手陣22メートルでラインアウトを奪い、モールからわたしが前進してあと5メートルに迫るが、ブレイクダウンで孤立し、マロ・イトジェにターンオーバーされた。

前半はこちらが優勢だった。ニシキヘビのように、じわじわと彼らの陣内へ攻めこんだ。ハンドレとファフのキックにより、的確に巧妙に陣地を奪い、ライオンズを下がらせ、緑の壁が押し寄せていく。セットプレーもオープンプレーも好調で、ハーフタイムの12対3というスコア以上にこちらが支配していた。

「流れを渡さないように気をつけろ」控え室でコーチ・ラシーが言った。「どこかでギアを上げてくる。相手が上げてきたときにさらに上回る力を出して封じこめよう」

やはり、後半開始後の最初の得点が大きな鍵になるだろう。こちらが取れば、勝利にかなり近づく。彼らが取れば、盛りかえしてくるだろう。

最初の得点は彼らだった。ドライビングモールからルーク・カウワン＝ディッキー。われわれが何度もとってきたようなトライを相手にやられるのはいい気分ではなかった。ダン・ビガーがコンバージョンを決め、さっきまで余裕のあった点差が、わずか2点差にまで詰め寄られた。

2分後にはルカニョのグラバーキックを、ウィリーが押さえてトライした――少なくとも、わたしたちはそう思った。ニック・ベリー主審の最初の判定はトライだったが、その後オフサイドで取り消しになった。かなり厳しい判定だが、不満を並べてもしかたがない。厳しい判定を下されるのは自分たちであることもあれば、相手であることもある。どちらにせよ、同じように向きあわなくてはならない。

4分後、今度はしっかりと決めた。ライオンズはラックの守りにかける選手を減らし、ワイドへの展開を誘ってきたので、それに乗った。マピンピが左のタッチライン沿いを走り、前方にボールを蹴る。ピーターステフが捕らえそこなったボールをファフが押さえた。またしてもビデオ判定になったが、ピーターステフからのボールは後ろに落ちており、トライが認められた。ハンドレはコンバージョンをはずし、点差は7点。

だがライオンズは調子を取り戻してきた。リスタートからフェーズを重ね、ペナルティを得て、ビガーが決めて17対13。数分後、またその繰りかえしでさらに3点加え、63分にはまたペナルティを決めて17対19になる。

試合の流れは変わり、それを取り戻すことはできなかった。取りかえそうとすればするほど、規律を失ってしまった。ペナルティ1本で再逆転できるのだが、少なくともキックが届く範囲では1本も取れなかった。そして残り2分のモールでピーターステフがオフサイドを取られ、交代で入ったオーウェン・ファレルがポールのあいだに蹴りこみ、17対22で試合終了となった。

メディアの批判は予想どおりだった。そのなかには優位な状況から勝ちを逃したチームへのものもあったが、かなりの割合がわたし個人に向けられたものだった。わたしが積極的に審判に働きかけず、ライオンズのキャプテン、アラン・ウィン・ジョーンズのほうがベリー主審のところへ行き、うまく影響を与えていたというのがその内容だった。この批判で、自信が少しぐらついた。わたしはチームだけでなく国を背負ったキャプテンなのであり、国民たちを失望させたくはなかった。

それでも、自分以外のものになることはできない。わたしは年上や権威ある人々には敬意を示し、礼儀を示し、人の話を聞くようにと教えられて育ってきた。審判がなんと言おうと、その判定は絶対だ。審判が離れなさいと言えばわたしは離れる。口答えはしない。審判は過酷な仕事であり、それをさらに過酷なものにするのはわたしのするべきことではない。だからわたしは怒り、声を上げ、叫ぶといったことはしない。そんなことをしたら、わたしではなくなる。わたしがキャプテンであるべきではないと考える人がいるなら、それでいい。それはその人たちの意見だ。だがピッチ上であれどこであれ、自分と、自分の価値観に正直であることはそれ以上に重要なことだ。

エベンやハンドレ、ルカニョなど中心選手たちと話をした。やるべきはゲームの主導権を握ることだ。この試合では期待をそれほど下回ったわけではないし、前半はこちらのほうがはるかにいいチームだった。焦ったり、一からやり直したりする必要はない。いくつかの部分、たとえばモールや空中戦は後半、とくにハイボールのキャッチでうまくいっていなかったが、もう少しだけすばやく、鋭く、断固として取りに行けばいい。トレーニングでも、その点に注意を向けた。この第1戦と第2戦の中間のトレーニングは、わたしが加わったなかでも最高のトレーニングのひとつだった。洗練され、熱心で、レベルが高かった。

何より、これはかつて経験したことのある状況だった。ワールドカップでは初戦のニュージーランド戦を落とし、残りの試合をすべて勝つしかなくなった。今回の第1戦も同じだ。この試合で負けたことで、残りの2試合を勝たなくてはならなくなった。第2戦はワールドカップの準決勝、第3戦はワールドカップの決勝と同じだ。わたしたちはそう考えた。

コーチ・ラシーが第1戦でのきわどい判定について語った動画がオンラインで投稿された。彼はディレクター・オブ・ラグビーとして明確な判定を求めた。両チームのコーチや選手、審判による話しあいは珍しいものではない。通常は、審判団と両チームのコーチ、キャプテンがテストマッチの前日にミーティングを開き、明確にすべき点を話しあう。そしてこのような試合後の動画によるフィードバックもごく普通のことだ。ただこの動画に関して唯一普通でなかったのは、オンラインで一般公開されたことだった。

コーチ・ラシーは必要なら自分ひとりが批判を受けると言った。「もしこれで、わたしが試合中にウォーター係を務めることが認められないなら、それでいい。やめておこう。これで罰則を受けるなら、わたしはチームの運営から離れる。もしスプリングボクスに問題が及ぶなら、わたし個人の問題として対処する。わたしは公平なシステムと、勝敗を争う両チームの平等な扱いが必要だと信じているからだ」

その週ずっと、プレッシャーは高まりつづけた。わたしは心を鎮めるためにいつものように聖書を読み、祈りを捧げたが、心の乱れを完全に消すことはできなかった。もしこの試合を落とせば、敗北が決まる。

金曜日、記者会見の直前に、ワールドラグビーの記者エルマ・スミットの短いインタビューを受けた。9歳だった自分にアドバイスを送るとしたら、何を伝えるかと質問され、わたしは答えはじめたとたんに涙が出てきて、最後まで言うことができなくなった。その質問が何かを刺激したということではない。それよりはるかに答えにくい、個人的な質問にも答えてきた。ただ、あまりに大きなプレッシャーがかかり、それを吐きださずにはいられなかったのだ。

ハンドレが近づいてきた。「まあ、落ち着こう。おれたちはいいチームだ。気楽にいこうや」

家族に会うことで慰められた。心に平和が戻ってきた。家族といると、純粋な喜びや無条件の愛で満たされた。子供たちはわたしのプレーやキャプテンシーに関する批判など気にしなかった。ただパパと一緒にいたがった。

第2戦はキッツィーの代表50キャップで、先週のハンドレのように、彼がチームよりも先にフィールドに出た。わたしは選手やスタッフが作ったトンネルのなかを手を叩きながらくぐり抜け、リラックスしようとした。今日という日は、すべての日と同じように、神の手に委ねられている。ピッチに駆けこみながら、わたしは無人のスタンドに向かって声を上げた。それは戦いのまえの咆哮《ほうこう》であり、またこの試合でプレーできるという純粋な喜びの表現でもあった。

堂々と、毅然とした態度で戦わなければならない。そして、開始2分でそのときが来る。アラン・ウィン・ジョーンズがラックでのマピンピのポジショニングに腹を立てて突っかかると、すぐに両チームの選手が集まって乱闘になった。中心にいるのは、もちろんエベンだ。彼とアラン・ウィンはどちらも笑みを浮かべながら胸ぐらをつかみあっている。今日、この試合だけは、絶対に後ろに下がるわけにはいかない。

ピーターステフがわずか20分で交代になる。彼は調子が万全ではなかった。試合のあらゆる面で重要な選手を失うのは相当な痛手だが、やはり不満を言っている暇はない。言い訳ではなく、解決策だ。わたしは自分が唯一影響を及ぼしうるもの、つまり自分のプレーに集中した。今日は調子がよかった。的確にタックルし、ラックでは強く当たり、しっかりとボールキャリーした。ときどき何をやってもうまくいく日があるが、今日はそんな日だった。

ドゥーハン・ファン・デル・メルヴァがチェスリンの足を蹴り、シンビンになった。その数分後、チェスリンがコナー・マレーに空中で当たり、またしても押しあい、もみあい、襟をつかみあっての乱闘になった。まずトム・カリーとチェスリンが突きあい、エベンはマロ・イトジェと、ウィリーはスチュアート・ホッグとやりあった。予想どおり、ぎりぎりの攻防だ。われわれはシリーズの負け越しを回避するために、彼らは勝利を決定づけるために戦っている。試合終了のときには、どちらかが失望することになるが、それは絶対にこちらではない。

チェスリンにもイエローカードが与えられた。ベン・オキーフ主審はアラン・ウィンとわたしを呼んだ。「両チームにイエローカードが出ている。この先もイエローを遠慮しないよ。君たちふたりは自分のチームをしっかりコントロールしてくれ」

何度もＴＭＯでの確認が行われ、プレーが中断された。だが、わたしたちはリズムを崩されなかった。むしろ、ゲームプランとつぎの行動に集中しつづけた。日本でのワールドカップと同じように、中断を優位に働かせた。笛が鳴るまでは激しく行き、プレーが止まったときにはできるだけ体力を回復させた。

６対６で、ハーフタイムが近づいていた。トライを許すわけにはいかない。前半終了間際の７点は心理的に大きいし、こちらがうまくプレーしているのにライオンズに点を与えたら、控え室に戻る彼らの大きな後押しになってしまう。ライオンズはこちらのゴールラインまで５メートルに迫り、アドバンテージを得ていた。マレーはボール付近に巧みなキックを上げ、ロビー・ヘンショーが追った。

〈駄目だ。トライは与えない〉

ヘンショーがキャッチし、地面にボールをつけようとするのを、３人で守った。ルカニョはヘンショーの下から、ダミアンが片側、わたしがその反対から。わたしはヘンショーの体に張りつき、腕をボールの下に潜りこませた。グラウンディングを許せば、トライになる。４人がもみあうなか、わたしは自分の腕を動かさないことだけを考えた。ボールの下を触っているかぎり、それを地面につけることはできない。

ライオンズはトライを決めたと考えた。わたしはトライされていないと考えた。判定はＴＭＯに委ねられた。審判団はいくつもの角度から何度も確認した。グラウンディングしていない。持ちこたえていた。ライオンズはアドバンテージの地点に戻ってペナルティを与えられる。ダン・ビガーが決め、9対6で彼らがリードしてハーフタイムに入る。だがこれまでのプレーのバランスを考えれば納得できた。

先週は、前半にこちらがゲームを支配し、その後彼らに支配された。後半の40分間の得点は5対19だ。今日は彼らが前半40分を優位に進めたが、まだスコアは拮抗している。

勢い。重要なのは勢いだ。先週やられたことを、今週はやり返さなければならない。後半は彼らを圧倒する。シリーズ敗退を食いとめる40分だ。12年間待ち望んだ機会だ。終わってしまえば、また12年待たなければならない。わたしがライオンズと戦うのは、この1回だけだ。そのチャンスを逃すわけにはいかない。これまで待ち望んできた情熱をかけて、ただ試合に勝つだけでなく、あらゆる面で上回りたかった。スクラム、ラック、モール、タックル、キック、ランのすべてで勝ちたかった。

後半に入って5分で先に得点した。天才ハンドレのいつものプレーだ。右から左へと展開していく途中で、ハンドレはパスの体勢をとった瞬間、ライオンズのディフェンスラインがわずかにずれていることに気づいた。瞬時にパスをやめて前方に蹴る。完璧なチップキックをマピンピがキャッチし、ホッグをかわしてトライ。これで11対9でリードすると、その17分後にはさらにトライを決めた。相手陣22メートルラインから斜めに前進してあと5メートルまで迫り、ファフがボールを持ち出して前方にグラバーキックで転がし、ルカニョがデッドライン寸前でボールを押さえた。またしてもTMOになり、ルカニョが腕でボールを地面に押し当てているのが確認され、トライが認められた。ハンドレのコンバージョンで18対9とワントライワンゴール以上の差に開く。

ライオンズは戦いつづけたが、いまやわれわれが支配していた。ハンドレがさらに3つのペナルティを決め、1本ごとに相手にダメージを与えた。最終スコアは27対9、そして後半はこちらの21得点に対して相手を無得点に抑えた。これこそコーチ・ラシーが言っていた勢いだ。

わたしは報道陣に語った。「この1週間は、これまでに直面したなかでもいちばんきつく、さまざまなことが起こりました。先週はたくさんのミスが出ていたので、この試合で自分たちがコントロールできることに意識を集中していました。重圧は巨大で、わたしにとってはワールドカップ以上でした。わたしは、祈り、読書し、家族と過ごすことで重圧に対処しました。すべてをコントロールすることはできませんが、フィールド上ではそれが可能です。ラインアウトやスクラム、ペナルティを与えないこと、そして全力を出しきること」

重要なのは、シリーズの勝敗を持ち越せたことだ。これだけ大きなものがかかった最終戦《ファイナル》は2年ぶりだ。勝者がすべてを得る。

第3戦への準備はこれまでと同じであり、また異なっていた。同じなのはトレーニングとリカバリー、フィジカルの準備で、異なっているのはわたしの意識だった。わたしは第2戦と同じ意識を取り戻そうとしたが、どうしてもできなかった。あの怒りはもう戻ってこなかった。理由はわからなかった。

だが、ジャックにはわかっていた。「もう状況は変わっている。だから怒りが戻ってこないんだ」

「じゃあ、どうやって怒りを取り戻せばいいんですか?」

「取り戻さない」

「取り戻さない?」

「そう。怒りは自分にとって必要なときに来る。いまはべつのものが必要なんだ」

チェスリンも同じことを言った。試合は毎回ちがう。だから準備も異なってくる。いつも同じことをしていればいいわけじゃない、と。そこで、わたしは自分にできる唯一のことをした。自分のプロセスに集中し、神の手に委ねる。

第3戦はダミアンの50キャップ目で、今回は彼がひとりでフィールドに出た。3人の選手がこのテストマッチ3戦で連続して節目のキャップ数に到達したというのは、このチームがいかに長くともに過ごし、多くの経験をしてきたかを示している。この一体感、この結束、それがワールドカップ優勝をもたらした。それがこのシリーズの勝利をもたらすだろう。きっとそうなる。

ライオンズはこちらのフィジカルに対抗するために数人選手を入れ替えてきた。そして早い時間帯にダン・ビガーが負傷で、怪我から復帰したばかりのフィン・ラッセルと入れ替わる。ラッセルはすぐにわれわれにとって新たな脅威になった。フラットにプレーし、自分の内側のサポートランナーを使って流れと反対側にポップパスを出すため、それに対応しなければならなくなった。

彼らは先週、前半に主導権を握ったが、今週はそれ以上だった。ラインアウトからのモールでケン・オーウェンズがトライし、しかもあやうくあとふたつトライされるところだった。ひとつはふたたびローリングモールでわれわれのゴールラインに数メートルまで迫ったが、トム・カリーがボールを落とした。そしてふたつ目はリアム・ウィリアムズがボールを持って突っこんできたが、外のジョシュ・アダムスにパスしてコーナーへ走らせていればわからなかった。だがこうしたことはトップレベルのテストマッチでは起こりうることだ。選手は強いプレッシャーのなか一瞬で判断しなければならず、スタンドやテレビの前で観ているると簡単に思えるが、ピッチでそれを行うのは非常にむずかしい。

6対10でリードを許してハーフタイムが近づいていた。先週の同じ時間帯に、絶対に失点はしないと決意していた自分を思い出した。いまもまた、決して点を与えてはならない状況だ。彼らはわれわれのゴールライン近くでスクラムを得た。アリ・プライスがボールを拾って前進する。わたしはすぐに彼をつかまえ、プライスがボールを放さずにペナルティとなり、陣地を回復した。

ライオンズに選ばれたことのある選手が言っていた。スプリングボクスはプランAがうまくいかないとき、プランAに変更する、と。面白い話だが、たしかにそうだ。わたしたちは同じことをしつこく繰りかえす。すると、やがてそれはうまくいくのだ。

この試合でもそうだった。55分に、ウィリーがフィールド右側でボールを持ち、その外にはチェスリンがいた。ウィリーがディフェンスを引きつけてチェスリンにパスをした。前にはまだディフェンダーがいたが、これはチェスリンだ。彼はどんなに狭い隙間でもすり抜ける。ウィリアムズのタックルをよけ、カウワン＝ディッキーをハンドオフでかわしてトライした。チャンスは小さかったが、こんな状況ではチェスリンに敵う選手はいない。まさに無慈悲だ。

これで13対10。ラッセルのキックで13対13に戻される。ハンドレの代わりに入ったばかりのモーネ・ステインがペナルティを蹴り、16対13。残り6分でラッセルがまた同点にする。16対16。スコアもゲームも拮抗している。シリーズのプレー時間は合計で4時間に迫っているが、まだ差はつかない。

あとわずか残り2分で、ライオンズがノットロールアウェイの反則を犯す。

モーネがキックに向かう。12年前、2009年のライオンズとのシリーズでも、彼はロフタス・ヴァースフェルド・スタジアムで驚異的なペナルティゴールを決めてシリーズの勝利を決定づけている。今回はそれほどむずかしいキックではないが、シリーズすべての結果がかかっているという重圧がある。わたしにはハンドレや彼のような選手たちがどうしてそれに耐えられるのか、まるでわからない。ジャックが5年ぶりにモーネをスプリングボクスに選んだとき、マスコミからもファンからも多くの疑念が寄せられた。いま彼はこのフィールドに立ち、ティーの上にボールを置く。時間を使い、自分のルーティンをこなす。

〈まさか、こんな巡りあわせがあるなんて〉

彼はトレーニングのキックのようにあっさりと決めた。

2009年に勝利を決めるペナルティを蹴ったとき、彼の後ろにはハインリッヒ・ブルソーが立っていた。いま後ろに立っているわたしも、ハインリッヒと同じく6番をつけている。もしかしたら2033年には、49歳になったモーネが試合残り数分で、やはり背番号6を後ろにしたがえて勝利を決めるキックを蹴るかもしれない。

まだ油断は禁物だ。ライオンズが反撃する時間は残っている。彼らは80分を過ぎ、時計の表示が赤になるところでスクラムを得た。つぎにプレーが切れれば終わりだ。そしてスクラムが崩れ、マチュー・レイナル主審はライオンズのコラプシングを取り、試合は終了する。わたしは喜びの声を上げ、最初にモーネ、つぎにマルコムに飛びついた。

新型コロナのため、メダルの授与はわたしが行うことになった。この予期しなかった特別な出来事のために、それぞれの選手と順番に短い時間をとり、メダルを渡すことができた。わたしが各選手の首にかけたメダルは、テストマッチ3試合中の2試合に勝ったというだけの意味ではない。それにはこの場所までわたしたちを導いてきた旅のすべて、たがいへの信頼、敗北を受けいれないチームの団結が込められている。わたしは、自分だけでなくチーム全体が、人々を勇気づける憧れの対象であってほしい。人々がパフォーマンスに勇気づけられるだけでなく、わたしたちが示そうとした価値観に憧れ、挫折のあとには成長しようと志してほしい。

各チームが隔離されており、さまざまな行動制限があったため、ライオンズの選手たちとあの試合についてあまり話すことはできなかった。彼らと同席し、もう少しいろいろなことを話せればよかった。ライオンズが4年前に行ったニュージーランド遠征では、最終戦のあと、オールブラックスの選手たちと交じって写された写真が残っている。秩序もなく両チームの46人の選手たちがすわって、しゃべっている写真だ。そうした機会が得られないのは残念だった。

試合後、観戦している多くの子供たちにどんな言葉をかけるかと質問を受けた。「このチームがなければ、わたしはここまで来ることはできませんでした」と、わたしは答えた。「わたしと似た状況の人々に、自分の夢を守って、と伝えたいです。いまどんな境遇にいても、夢を信じつづけてほしい」

わたしはいつも、これからもずっと心からそう思っている。才能など関係ない。信じて、努力し、機会と与えられたものをつかむことができれば、あなたは立ちあがれる。

きっと立ちあがるだろう。

# エピローグ

ラグビー選手として、わたしに残された時間がそれほど多くないことはわかっている。つぎの2023年ワールドカップにはもちろん出場したい。ワールドカップを連覇したのは2011年、2015年のニュージーランドのみで、その両チームを率いたリッチー・マコウはふたつの優勝トロフィーを勝ち取った唯一のキャプテンだ。われわれ、そしてわたしが同じことを達成できれば、言葉にできないほどの栄誉だ。もちろんそれは想像を絶するほどむずかしい――一度優勝するだけでも十分に困難だ――ことだろうが、すべての選手がその実現のために全身全霊で打ちこむだろう。

そのとき、わたしは32歳になっている。そしてそのあとまで、自分が少なくとも代表レベルでのプレーを続けている姿は思い描けない。体への負担はあまりに大きい。そしていずれにせよ、ラグビーはわたしの人生のなかで短い、一時的な要素にすぎない。スポーツ選手は男女を問わず、多くの人々が選んだ道で自分の立場を確立していくような年齢で、新たなキャリアを探さなければならない。だがわたしは、すでにその転換へのスタートを切っている。コーチ・ロビーが結婚式でわたしに言ったように、「フィールドで何をするとしても、やるべきことはフィールド外のほうがはるかに多い」のだ。

ラグビーはわたしの職業だが、わたしの天職ではない。すべてのプロスポーツ選手と同じく、その仕事はまもなく終わるが、神の意志によりわたしにはまだ長い人生が残されている。何より、わたしは自分をキリスト教徒だと思っている。わたしにとって大切なのは、キリストがわたしをどう思うかだ。わたしはほかの人々がわたしのことをどう思うかを気にしたり、そうした意見に価値があると考えたりすることをやめた。精神的な指導者と歩むことで、キリストの真理と救いの力を新たに発見した。この新しい生活が、わたしにかつてないほどの心の平和をもたらした。聖書のフィリピの信徒への手紙の4章13節に書かれているように、「わたしを強めてくださる方のおかげで、わたしにはすべてが可能」なのだ。わたしはいま、すべてを神に委ねたので、ほかの何もわたしに影響を与えることはない。神の計画は実現すると知っているから自由に生き、プレーすることができるし、また結局、大切にするのは神の計画だけだ。わたしは人生のすべてを理解する必要はないし、理解できないことはたくさんあるが、すべてのことは神の御業だ。わたしは自分の最善を尽くし、あとは神の手に委ねればいい。

わたしは人間であり、思いどおりにならないときもある。発言は正しくないこともあれば、正しいこともある。正しくない行動もするだろう。人はみな間違いを犯すが、ありがたいことに神はそれを受けいれるだけの余地を残している。わたしはコリントの信徒への手紙一の13章の言葉が好きだ。「愛は忍耐強い。愛は情け深い。ねたまない。愛は自慢せず、高ぶらない。礼を失せず、自分の利益を求めず、いらだたず、恨みを抱かない」

だがわたしはいまも毎日、神の道に従うと決断しなければならない。イエスはその決断を代わりに下してくれるわけではなく、選択肢を示すだけだ。そして毎日その道を歩くごとに、わたしの人生は少しずつ変わる。わたしは人生で多くの人々を失ってきた。たいていは急にではなく、また口げんかをしてとか、憎しみあってというわけではない。ただ、少しずつ離れてしまった。多くの人は、まったく悪い人々ではない。ただもうわたしとは合わなくなったか、あるいはわたしのほうが彼らに合わなくなっていた。パーティばかりしていたころは近くにいたが、表面的な友情しかなかった人々や、何かを得られるという思いだけでわたしと知りあおうとした人々だ。

わたしのいま最も重要な役割は夫であり、父であることだ。わたしは信仰や妻の愛、またザ・ワールド・ニーズ・ア・ファーザーのような団体の助けを借りて、父親としてのありかたを学んできた。この団体はその目的についてこう規定している。「さまざまな共同体の男性たちに父親としての訓練を行い、その役割の価値を理解してもらうこと。そして彼らに周囲の男性たちを訓練するツールを授けることで、よきものを男性たちの家庭に届け、コミュニティに広げていくこと」

彼らがもたらそうとしている5つの重要な文化的変化は、メンターのベンがわたしにもたらした精神的な旅とよく似ている。個人的な目標から神の目標へ、世俗的な価値から道徳的な価値へ、個人主義から共同体的思考へ、自己愛から自己犠牲の愛へ、受動的な子育てから自信を持たせる子育てへ。ステレンボッシュでのワークショップに出席したとき、ほかの参加者たちははじめ、有名なラグビー選手が来ているという目で見ていたが、すぐに自分たちと同じような人間だと認めてくれた。もう少しきちんと生活できるようになりたいと思い、過ちから学ぼうとし、プライドを捨てて助けを求めている人間だとわかってくれた。参加者たちはみな、学ぶことで子供時代の傷を癒やす必要がある人々だった。その傷のせいで彼らは、なかなか上手な子育てができずにいた。たとえば子供が悪いふるまいをすると怖くなってしまったり、自分が度を越して怒ってしまったり。ワークショップでは、しつけは子供と一緒に行うもので、子供に押しつけるものではない、という点が強調された。

わたしが子供のころはそうではなかった。しつけは押しつけられるものだったし、いつも暴力がつきもので、毎日いつ手を出されるかわからなかった。長いあいだ、ひどい出来事を見つづけたせいで、心が完全に萎縮してしまっていた。それはいまもわたしにさまざまな影響を及ぼしている。たとえば、怒鳴りつけられるのが好きではない。怒鳴られると、言葉が聞こえなくなり、その相手が自分の意識から消えてしまう（ただ幸運なことに、ラグビーのピッチ上では関係ないようだ。それはたぶん、暴力と怒鳴り声をある程度予期しているからだろう。ピッチ上では自分をコントロールするのは問題ないし、これまでのキャリアでイエローカードは1枚しかもらっていない）。

ずっとわたしは、こうしたことを話せずにいた。わたしは怒鳴った相手に謝り、何事もなかったかのようにふるまっていた。だが最近になってやっと、セラピストの診察を受け、過去の出来事を整理するようになった。そして、自分の感情について話し、考えを伝えることができるようになってきた。真の男は、自分には問題がないというふりをするのではなく、それを認める。そしてそれは、父親として二重の意味で重要なことだ。

わたしが歩かなければならない道は長い。それがどこに続いているのかも、自分がそこに到達できるかもわからないが、その道を歩くことそのものが信仰と愛の行為だ。それは世界をよりよい場所にするためにわたしが達成しようと願うすべてのことを含んでいる。ラグビーが終わったあとの人生は、ラグビー人生よりも、できればはるかに長く、より目標を持ち、より意義のあるものにしたい。わたしはこれまで、ズウィデを出発点として、横浜という目的地へと達する旅をしてきた。だがこれからの道はより大きな意味を持つものになるだろう。

# パーソナル・ステートメント

## 中心となる価値観

### 1．神とともに過ごす

［記述］
神との関係がわたしの人生の中心、核であるとみなしているので、生涯ずっと、祈りや説教を通じて、内なる部分で神と近くにいたい。神と親密で、つながりを持つことがわたしの願いだ。

［目に見える行動］
1日最低30分は聖書を読み、賛美歌を聴き、祈ることに捧げている。

## 2. 結婚

［記述］

彼女はわたしの人生で最も大切な人であり、ふたりで神がわたしたちのためにあてがったすべてのことを達成する。そして彼女がいるからこそわたしは責任ある人間でいられる。

［目に見える行動］

わたしが南アフリカにいるときは、週に1晩のデート。国外にいるときは毎日ビデオ通話をする。週に1度、一緒に家族のために料理をする。ともに聖書を読み、祈る。愛している。

## 3. 父として

［記述］

子供たちがキリストのなかに自己を見いだしてほしい。いつも変わらぬ愛と支えを感じてほしい。

［目に見える行動］

わたしが妻を愛することで、子供たちに愛とはどのようなものかを見せる。一緒にいるときは子供たちを意識する（携帯電話はどこかへ置く）。仕事など、ほかのすべてよりも子供たちを優先する。彼らはわたしたちがキリストの権威のもとにいることを知らなくてはならない。

## 4．コミュニティ

［記述］

収入が得られ、教育の機会があり、世代を超えて維持される強いコミュニティを作ることができれば、強い国を建てることができる。

［目に見える行動］

学校を建て、スポーツ施設を建てる。ビジネスを開始し、維持する方法を教育するよう企業に働きかける。教育プログラムを開始する。

## 5．人々に影響を与える

［記述］

神の御業は人々によって成し遂げられると考えている。そのため人々に力を注ぐことが重要だ。

［目に見える行動］

神が人生にもたらすものを人々に示したい。人々にはわたしを見るとき、わたしが神を崇拝していることをはっきりと見てほしい。一晩中外で遊ぶのとはちがう選択肢や幸福を与えること。わたしのメンターたちがわたしに対してしたように、人々に力を注ぐ。

## わたしの人生の使命（今後5年から7年間の目標）

**問題1**　わたしのキャリアは普通とは異なる。つまり、その期間が限られている。

**解決策**　この機会を最大限に生かし、幾世代も続く家族の財政的基盤を築く。わたしはこれを、フィールドの内外でスポンサーとともに勤勉に働き、ビジネスの機会を捉えることで達成する。

**問題2**　不利な状況に置かれた貧しい多くのコミュニティは、希望と勇気づけを必要としている。

**解決策**　収入をもたらす商品を生産でき、それが今後数世代にわたって継承できるようなひとつのコミュニティを作る。そのコミュニティの人々はほかのコミュニティに方法を教えていく。

**問題3**　南アフリカ代表キャプテンで、ワールドカップを連覇した人物はいない。

**解決策**　ワールドカップをもう一度勝つというのが神の意志ならば、それは実現する。わたしは神とともにその達成のためにできるかぎり努力する。前回と同じように、体を調え、キリストを通じてチームを導く。

# 謝辞

わたし、シヤムタンダ・コリシは自分の力だけで成功したわけではない。わたしという人間は、善意を示してくれた多くのコミュニティと個人の物語が絡まりあったモザイクのようなものだ。過去から現在まで力を貸してくれたすべての人の名前を挙げることは不可能だが、以下の人々に感謝を捧げたい。

ズウィデのコミュニティ、ヘザー・クレイマー、ハナ・サディキ、ヴィンセント・メイ、エリック・ソングウィーキ・マワワ、タムサンカ・ンクワナ、ヒルトン・ホートン、ケンドラ・ホートン、アンドリュー・ハイダキス、エムセンゲニ小学校、グレイ・ハイスクール、アフリカン・ボンバーズ、イースタン・プロヴィンス協会、ウェスタン・プロヴィンス協会、シャークス……そのほかとても多くの人々と団体。ありがとうございます。

著者

**シヤ・コリシ** SIYA KOLISI

現在ラグビー界で最もリスペクトされている選手のひとり。2018年にラグビー南アフリカ代表、スプリングボクスの主将に任命され、128年のチームの歴史ではじめての黒人主将になった。翌年には、チームをラグビーワールドカップ決勝でのイングランド戦の勝利に導く。2020年には妻のレイチェルとともにコリシ財団を立ちあげ、医療関係者に個人用防護具を提供し、南アフリカ国中で食料支援を行っている。

www.kolisifoundation.org

訳者

**岩崎晋也** IWASAKI SHINYA

書店員などを経て翻訳家。訳書に『アーセン・ヴェンゲル』『もうモノは売らない』『最先端の教育 世界を変える学び手』（以上東洋館出版社）、『トレイルズ』（エイアンドエフ）、『アメリカン・ベースボール革命』（化学同人）などがある。

# RISE
## ラグビー南ア初の黒人主将
## シヤ・コリシ自伝

2023(令和5)年9月8日　初版第1刷発行

著者　シヤ・コリシ
訳者　岩崎晋也
発行者　錦織圭之介
発行所　株式会社 東洋館出版社
〒101-0054
東京都千代田区神田錦町2丁目9番1号 コンフォール安田ビル2階
(代表)　TEL 03-6778-4343／FAX 03-5281-8091
(営業部) TEL 03-6778-7278／FAX 03-5281-8092
振替 00180-7-96823
URL https://toyokanbooks.com/

装幀　水戸部功
印刷・製本　藤原印刷株式会社
ISBN978-4-491-05306-6／Printed in Japan

ISBN978-4-491-05306-6